Ruth Rosenstock

Die Flucht nach vorne

Ruth Rosenstock

Die Flucht nach vorne

Biographie

2. Auflage 2020

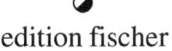

edition fischer

Bibliografische Information der Deutschen Nationalbibliothek
Die Deutsche Nationalbibliothek verzeichnet diese Publikation in
der Deutschen Nationalbibliografie; detaillierte bibliografische Daten
sind im Internet über http://dnb.d-nb.de abrufbar.

© 2020 by edition fischer GmbH
Orber Str. 30, D-60386 Frankfurt/Main
Alle Rechte vorbehalten
Titelbild: »Elternhaus und Synagoge« von Ruth Rosenstock
Schriftart: Times
Herstellung: ef/bf
Printed in Germany
ISBN 978-3-86455-177-2

Inhalt

*Für meinen Vater
und die ermordeten Juden
von Mikuliczyn*

Der Anfang in Königsberg

M eine früheste Erinnerung gehört einer großen Lampe. Sie hing über dem Wohnzimmertisch in der Wohnung meiner christlichen Großmutter in Königsberg. Es war eine Zuglampe. Sie war gelb und hatte Fransen aus Glasperlen. Wenn man an ihr zog, erklang sie wie ein Glockenspiel. Das ist sicher auch der Grund, weshalb sie mir in Erinnerung blieb. Ich muß damals wohl drei Jahre alt gewesen sein und war in dieser Zeit oft bei meiner Großmutter, ich liebte sie, und sie liebte mich.

Großmutter Moseleit, ich nannte sie Oma, war eine große, schlanke Frau, trug ziemlich lange Kleider, hatte langes graues Haar, das im Genick zu einem Knoten geflochten war. Meistens hatte sie eine Schürze um, sie konnte sehr gut kochen. Sie hatte kochen gelernt. Vor ihrer Ehe war sie Köchin im Pfarrhaus des Königsberger Doms, das erzählte sie mit Stolz. Der Dom ist eines der wenigen Bauwerke in Königsberg, das wenigstens als Ruine erhalten geblieben ist.

Oma war Witwe. Sie hatte außer meiner Mutter noch zwei Söhne. Onkel Max, den ich sehr mochte, und Onkel Fritz, den ich nicht leiden konnte. Mein Vater kam auch nicht gut mit ihm zurecht. Meine Mutter war die Älteste, Onkel Max war der Jüngste.

Oma wohnte in Königsberg im Stadtteil Sackheim in der Bülowstraße. Immer noch in derselben Wohnung, in der meine

Mutter groß geworden war. Beim Öffnen der Wohnungstür stand man direkt in der Küche. Ein großer, länglicher Raum, mit einem Fenster zur Straße, an der schmalen Seite. Gegenüber dem Fenster war der Herd, der mit Holz und Kohle beheizt wurde. An der langen Wand stand der Eßtisch ihm gegenüber, links von der Eingangstür der Küchenschrank, über dem Eßtisch hing ein Regal mit vielen bunten Kaffeetöpfen. Rechts vom Tisch war eine Tür, die ins Wohnzimmer führte, in dem die große Lampe hing. Im Rahmen dieser Tür waren große Haken eingeschraubt, in die für mich eine Schaukel eingehängt werden konnte, was mir natürlich großen Spaß machte.

Das Wohnzimmer war farbenreich, der Teppich, die Sofakissen, die Tapeten, alles war bunt, und ich war glücklich in dieser bunten Welt.

Das alles beherrschende Möbel war eine große Musiktruhe. Die hatte Onkel Max gebaut. Er war Möbelschreiner, und die Truhe war sein Gesellenstück. Onkel Max war wohl der erste Mann, den ich bewunderte, er konnte so vieles. Er konnte Möbel machen, er war Fußballer und spielte in einem Verein, er war Rettungsschwimmer und wurde oft an der Ostsee als solcher eingesetzt, er konnte wundervoll singen und Akkordeon spielen. Unvergessen bleibt er mir als Spanier.

In Königsberg ging man Silvester zum Maskenball. Meine Eltern, die auch kostümiert waren, brachten mich in dieser Nacht zur Großmutter. Dort war auch Onkel Max. An die Kostüme meiner Eltern kann ich mich nicht erinnern, aber an Onkel Max, er war ein Spanier. Er hatte einen schwarzen Anzug an, einen großen schwarzen Hut mit rotem Band auf dem Kopf und um den Bauch eine breite rote Binde. Er war ein schöner Mann, und auch deshalb liebte ich ihn. Als alle gegangen waren und ich mit Großmutter allein war, stellte sie mich auf den Wohnzimmertisch, und ich durfte wieder mal mit den Glasperlen der Lampe spielen.

Oma war ein lieber Babysitter, sie spielte mit mir, erzählte mir Geschichten und ging mit mir spazieren. Oft gingen wir durch das Sackheimer Tor über Grünanlagen zum Kupferteich, um dort die Enten und Schwäne zu füttern. Für mich hatte sie dann immer eine Tafel Schokolade dabei, Schokolade sollte nach dem Willen meines Vaters eigentlich nicht sein, das Spiel mit der Lampe auch nicht, aber das war ja gerade das Reizvolle.

Die Wohnung meiner Eltern war in einem anderen Stadtteil, auf den Hufen. Das Haus, in dem wir wohnten, stand in einem Garten und gehörte einem pensionierten Offiziersehepaar. Ich durfte im Garten spielen, und bei schönem Wetter war oft auch der »General«, wie mein Vater den Hausherrn nannte, im Garten. Er saß im Liegestuhl, las die Zeitung und schaute mir zu. Manchmal nahm er mich auf seinen Schoß und sang mir mit tiefer Stimme furchterregende Kriegslieder vor, sie waren schaurig-schön, und obwohl sie mir angst machten, wollte ich sie doch immer wieder hören. An eine Strophe erinnere ich mich heute noch:

Morgenrot!
Leuchtest mir zum frühen Tod?
Gestern noch auf stolzen Rossen,
Heute durch die Brust geschossen,
Morgen in das kühle Grab.

Ich glaubte nicht, daß diese Lieder meinem Vater gefallen würden, und habe sie deshalb auch nie zu Hause erwähnt. Ich entwickelte sehr früh ein Gefühl für Dinge, die man besser für sich behält.

9

Kurz bevor wir Königsberg verließen, um nach Insterburg zu ziehen, geschah etwas, das meinen Vater ziemlich verärgerte.

Familie, Freunde und Nachbarn aus der Bülowstraße überzeugten meine Mutter, daß es Sünde sei, ein Kind, gemeint war ich, ungetauft aufwachsen zu lassen. Während der Abwesenheit meines Vaters, der ja oft eine ganze Woche berufsbedingt unterwegs war, ging meine Mutter mit Oma und mir in die Kirche und ließ mich evangelisch taufen. Mein Vater hätte dem nie zugestimmt, er wollte, daß wir Kinder, wenn wir alt genug sind, selbst entscheiden, welcher Religion wir angehören wollen.

Meine Mutter wußte das und tat es trotzdem. Mein Vater war enttäuscht und auch traurig.

Für mein späteres Leben blieb dieser Akt aber völlig bedeutungslos, er brachte mir weder Schaden noch Nutzen. Als meine Mutter, Jahre später, zu einem Gestapomann sagte: »Meine Kinder sind getauft«, meinte der lakonisch: »Pferde kann man auch taufen.«

Aus beruflichen Gründen zogen meine Eltern, als ich knapp vier Jahre alt war, nach Insterburg in Ostpreußen. Wir wohnten in einer geräumigen Etagenwohnung. In dieser Wohnung wurde meine Schwester geboren. In der Nacht, als sie zu uns kam, nahm mein Vater mich auf den Arm und sagte: »Ich bringe dich jetzt zur Frau Klein«, das war die Nachbarin über uns, »du mußt heute nacht bei ihr schlafen, denn wenn der Klapperstorch kommt und sieht, daß wir schon ein Kind haben, nimmt er es womöglich wieder mit und bringt es anderen Eltern, die noch keines haben«. Das leuchtete mir ein, aber er mußte mir versprechen, mich sofort zu holen, wenn der Storch gegangen sei, und so geschah es auch. Er holte mich aus dem Schlaf, brachte mich in die Küche, wo meine Schwester von der

Hebamme gebadet wurde, und sagte: »Gefällt sie dir, ist sie nicht schön?«

»Nein, sie gefällt mir nicht, sie ist so rot«, war meine Antwort.

Mein Vater verehrte damals die Schauspielerin Lilian Harvey, und deshalb wurde meine Schwester Lilian genannt. Sie wurde auch ein sehr schönes Mädchen mit hellblonden Locken, wie die Schauspielerin sie auch hatte.

In dieser Zeit entdeckte ich meinen Hang zu schönen Menschen, und bei mir selbst fing ich damit an. Am Abend nach dem Baden, wenn ich mich unbeobachtet glaubte, ging ich ins Schlafzimmer meiner Eltern, zog mein Nachthemd wieder aus, stellte mich vor den großen Spiegel und betrachtete mich genau und kritisch. Mein Vater, der das wohl bemerkt hatte, stand eines Tages in der Tür und fragte: »Na, was machst du, findest du dich schön?«

Ich erschrak, fühlte mich ertappt, sagte dann aber trotzig: »Ja.«

»Du hast recht«, meinte er. Ich war stolz, denn ich wollte ihm gefallen.

Ich wurde oft von Fremden gefragt: »Wen hast du lieber, Papa oder Mama?«

Meine Antwort war immer: »Beide gleich toll.« Das war auch die Wahrheit. Trotzdem war das Gefühl für meinen Vater nicht nur Liebe, es war etwas Besonderes, es war Bewunderung. Immer wollte ich, daß er zufrieden, ja sogar daß er stolz auf mich ist, und ich glaube, er war es auch. Es gab viele Fotografien, auf denen er mit mir allein ist, und das bestärkte diesen Glauben. Jahre später wurde aus dem Glauben Gewißheit, indem er es mir mehrfach sagte.

Vater war ein richtiger Spielkamerad. Er turnte mit uns,

spielte Ball, Fangen und Verstecken. Mit mir spielte er Brettspiele wie Dame, Mühle, Halma, Mensch ärgere Dich nicht und auch Kartenspiele. Dabei machte er mir die Freude am Gewinn bewußt, aber er lehrte mich auch das Verlieren ohne Tränen. Er brachte mir die Druckbuchstaben bei, so daß ich mit gut fünf Jahren einigermaßen lesen und schreiben konnte. In seiner Freizeit wurde er nie müde, sich mit uns zu beschäftigen. Immer dem Alter angepaßt, forderte er meinen Verstand und beseelte meine Seele. Dazu gebrauchte er oft Vergleiche wie: »Ein Arbeiter mit sauberen Schuhen und geraden Absätzen stellt mehr dar als ein Arzt mit schmutzigen Schuhen und schiefen Absätzen.« Heute noch fällt mir dieser Satz ein, wenn ich meine Schuhe pflege. Er war mein erster Lehrer, der Baumeister meines Charakters. Er hatte auch Verständnis für so manchen Unsinn, den ich anstellte.

Besonders erinnere ich mich an einen Vorfall in der Insterburger Wohnung. Meine Mutter wollte mit einem großen Wäschekorb zur Heißmangel. Um ihr beim Tragen zu helfen, ging mein Vater mit, und ich sollte brav sein und auf meine Schwester aufpassen, die in ihrem Bettchen schlief. In einer Stunde wollten sie zurück sein. Die Stunde wollte nicht enden, es war mir furchtbar langweilig, da fiel mir der Nachbarjunge ein. Er war ungefähr zwei Jahre alt und wohnte auf der gleichen Etage unserer Wohnung gegenüber und hieß Jan. Auf mein Klopfen reagierte niemand, da die Tür aber aufging, trat ich ein. Jan lag in seinem Gitterbett und schlief. Ich weckte ihn und sagte: »Komm, wir wollen spielen, wir spielen Frisör.« Das gefiel ihm, so nahm ich ihn mit in unsere Küche. Er hatte wunderschöne lange, blonde Locken, für einen Jungen viel zu lang, fand ich, und meinen Vater hatte ich das auch schon manches Mal sagen hören, deshalb vielleicht die Idee mit dem Frisörspiel.

Ich setzte ihn auf einen Stuhl, und um besser an ihn heranzukommen, stellte ich mich auf eine Fußbank. Mit Kamm, Bürste und Schere machte ich mich ans Werk. Hätte ich nur die Schere weggelassen, wäre alles gut gewesen, so wurde es aber eine kleine Katastrophe. Ich nahm immer eine Faust voll Haare und schnitt sie kürzer. Sicher hatten er und auch ich einen Schutzengel, denn es floß kein Tropfen Blut. Bevor alle Haare in dieser Weise gekürzt waren, ging ich von der Fußbank runter, um mir mein Werk von vorne zu betrachten. Ich war entsetzt, er sah furchtbar aus, was sollte ich jetzt tun? Ich erklärte ihm, er müsse jetzt zurück in sein Bett, sonst würde seine Mama ihn suchen. Er ließ es sich gefallen, seine Mutter war noch nicht zu Hause.

In der Küche bemühte ich mich, alle Spuren zu beseitigen. Kamm, Schere, Bürste, Stuhl und Fußbank kamen zurück an ihren Platz, die Haare tat ich in den Ofen, wo die Kohlenglut sie verbrannte. Kurz darauf kamen meine Eltern zurück und gleichzeitig auch Jans Mutter. Als sie Jan sah, war sie furchtbar erschrocken und kam sofort zu uns. Aufgeregt schrie sie: »Herr Rosenstock, schauen Sie sich mein Kind an, jemand hat ihm die Haare abgeschnitten.«

Meine Eltern und ich eilten in die gegenüberliegende Wohnung. Die Eltern waren auch erschrocken. »Wer um Gottes willen hat das getan?« fragte mein Vater.

Ich nahm meinen ganzen Mut zusammen und sagte: »Das war ich.«

Mein Vater war kurz sprachlos, dann mußte ich erklären, warum und wie ich das getan habe. Ich sagte voller schlechtem Gewissen: »Wir haben Frisör gespielt.«

Sehr höflich entschuldigte sich mein Vater bei der Nachbarin und bat sie darum, mit dem kleinen Jan zum Frisör gehen zu dürfen. Das wurde ihm gestattet, und danach sah Jan wirklich wie ein richtiger Junge aus, auch seine Mutter war wieder versöhnt. Nur für mich war die Geschichte noch nicht zu Ende. Vater wollte mit mir allein reden. Wir gingen ins Wohnzimmer und setzten uns an den Tisch. Mit ernster Stimme erklärte er mir, was alles hätte passieren können, wie dankbar wir Gott sein müßten, daß er uns vor Unglück bewahrt hatte, daß aber auch alles schlecht und falsch war, was ich gemacht hatte. Nur ein Gutes war dabei, ich hatte den Mut gehabt, mich zu dieser Untat zu bekennen. Mit verständlichen Worten erklärte er mir, wie wichtig es in meinem Leben für mich und für andere sein wird, immer meine Taten zuzugeben, egal ob sie gut oder schlecht sind. Seine Taten müsse man verteidigen, wenn sie gut sind, oder zugeben, daß sie falsch sind. Alles andere wäre feige oder gelogen.

Die Bedeutung von Lüge und Feigheit erklärte er mir sehr oft, bei jeder passenden Gelegenheit, mit dem Erfolg, daß es für mich zum Prinzip und zum Bedürfnis wurde. Damit gewann ich später viele Freunde, aber viele haben meine direkte Sprache auch nicht gemocht.

Eine schöne Erinnerung ist mein fünfter Geburtstag. Wir fuhren nach Königsberg zur Großmutter. Außer einer Puppe und Schokolade durfte ich mir noch was wünschen. Ich wünschte mir, mit meinem Papa allein auszugehen. Ich wurde sehr schön angezogen, und er ging mit mir in sein altes Stammcafé, in dem er früher, als wir noch in Königsberg gewohnt hatten, Billard und Karten gespielt hatte. Es war ein elegantes Café mit viel Plüsch und großen Kristalleuchtern. Wir trafen dort einige Herren, und mein Vater stellte mich immer mit den Worten vor: »Das ist meine große Tochter Ruth, sie hat heute Geburtstag.«

Alle gratulierten mir, und ich war sehr stolz. Vater setzte sich mit mir an einen Tisch. Ich durfte selbst bestellen. Ich bestellte mir Apfeltorte mit Schlagsahne und fühlte mich wie eine Königin.

Was war in all dieser Zeit mit meiner Mutter? Sie war einfach nur lieb und gut und auch schön. Sie wurde von uns allen, aber besonders von meinem Vater sehr geliebt. Sie hatte nicht die Bildung wie er, sie hatte Herzensbildung. Sie war eine heitere und auch temperamentvolle Frau. Ihre Güte und Bescheidenheit grenzte an Aufopferung, was mich später, als ich erwachsen war, oft in Rage brachte. Ihre Sätze: »Das brauche ich nicht« oder »Das ist gut genug für mich« lösten so manchen Streit aus. Wenn ich an sie denke, sehe ich sie immer an der Nähmaschine oder in der Küche, und solange meine Schwester lebte, war sie meistens in ihrer Nähe. In friedvollem Einverständnis und ohne Absprache gab es bei uns wohl zwei Gruppen: meine Mutter und meine Schwester, mein Vater und ich. Aber das bedeutete keine Trennung, wir waren trotzdem eine feste Einheit. Mutters Leidenschaft war das Nähen. Alle unsere Kleider hatte sie genäht, und ich hatte immer das Gefühl, die schönsten Kleider zu haben. Solange ich denken kann, hat sie mit Nähen zum Familienunterhalt beigetragen.

Die Zeiten wurden unruhig, Hitler wurde Reichskanzler. Mein Vater wollte nicht in einem Land leben, in dem er nicht die gleichen Rechte hat wie alle anderen Bürger. Weil er aber Deutschland liebte und nicht an die »tausend Jahre« glaubte, machte er nur einen ganz kleinen Schritt. Wir zogen nach Danzig, Danzig war damals Freistadt.

Die Veränderung war spürbar. Es wurde bei uns nicht mehr

so viel gelacht und gesungen, die Eltern waren ungeduldig und nervös. Die Wohnung war klein und eng. Ich weiß nicht, warum, aber es gab auch keine Nähmaschine mehr. Mutter ging oft außer Haus nähen, während ich auf meine Schwester aufpassen mußte. Auf ein »Frisörspiel« wie vor nicht allzulanger Zeit in Insterburg wäre ich jetzt nicht mehr gekommen. Der Ernst der Lage wurde auch uns Kindern bewußt.

Etwas Neues, bis jetzt nicht Gekanntes begann. Am Sabbat zündete mein Vater Kerzen an, legte einen Gebetsschal um seine Schultern und betete in hebräischer Sprache. Damals und auch heute glaube ich, es war nicht nur das Beten, es war ein Bekenntnis zum Judentum, es war auch ein »Jetzt erst recht«.

Wenn meine Mutter nicht gerade außer Haus zum Nähen war, ging ich in den Kindergarten. Dort erlebte ich die erste Diskriminierung. Eines Tages wurden die jüdischen Kinder von den anderen getrennt, wir erhielten einen anderen Raum, der war weniger schön, und es gab auch fast keine Spielsachen. Auch auf dem Hof durften wir nicht mehr zusammen spielen. So gab es plötzlich zwei Gruppen, wir waren die Minderheit. Die anderen Kinder zeigten mit Fingern auf uns, lachten über uns, behandelten uns, als wären wir Aussätzige. Unsere Kindergärtnerin, die auch Jüdin war, gab sich sehr viel Mühe, dieses Übel aufzufangen, trotzdem waren alle traurig. Ich war nicht traurig, ich war nur wütend und hätte am liebsten eine Schlägerei angefangen.

Zu dieser Zeit kam mein Vater eines Tages mit zerschlagenem Gesicht nach Hause. Er hatte in der Stadt vorbeimarschierende SA-Horden nicht gegrüßt. So sind zwei Männer aus der Reihe gesprungen und haben ihn verprügelt. Wenn SA marschierte, mußten die Passanten stehenbleiben und mit erhobenem Arm salutieren. Das konnte mein stolzer Vater nicht tun.

Das geschah Anfang 1935, und meine Eltern überlegten, Deutschland zu verlassen, bloß, wohin? Für Amerika oder Palästina – Palästina war das Sehnsuchtsland meines Vaters – reichte das Geld aber nicht.

In Polen, Galizien, lebte meine jüdische Großmutter, die Mutter meines Vaters. Sie wohnte im eigenen Haus, das groß genug sei für uns alle, meinte mein Vater, und er fuhr dorthin, um die Lage zu erkunden. Meine Mutter, meine Schwester und ich blieben allein in Danzig zurück und warteten auf Nachricht vom Vater. Mutter ging täglich außer Haus zum Nähen, denn sie war nun unser einziger Ernährer. Ich war in der Zeit allein für meine Schwester verantwortlich. Das einzig Gute daran war, ich brauchte nicht mehr in den mir inzwischen verhaßten Kindergarten. Leider hatten wir kaum Brennmaterial, und obwohl es fast März war, war es immer noch kalt. Zu allem Übel bekamen wir Kinder den Keuchhusten, der war so schlimm, daß ich manchmal glaubte, wir würden ersticken.

Es vergingen Wochen, und wir hörten nichts vom Vater. Je länger er uns warten ließ, um so mehr verstärkte sich bei meiner Mutter das Gefühl, nicht nach Polen gehen zu wollen. Polen sei dreckig, verlaust, und außerdem beherrsche sie die Sprache nicht, betonte sie immer wieder. Sie versuchte mit Hilfe ihrer Mutter eine Wohnung in Königsberg zu finden, sie wollte mit uns zurück, wie sie sagte, nach Hause. Meine Mutter hat Königsberg ihr ganzes Leben lang als ihr Zuhause empfunden. Wie wäre unser aller Leben verlaufen, wenn wir damals zurück nach Königsberg gegangen wären?

Mikuliczyn

Drei Monate kein Lebenszeichen von meinem Vater, das paßte gar nicht zu ihm. Ich habe mich oft gefragt, warum? Ich glaube, er wollte damals aus unserem Leben verschwinden, um uns nicht zu gefährden, aber er hat es nicht geschafft, denn Anfang April kam der von mir so sehr ersehnte Brief. Vater schilderte die Situation in Mikuliczyn. Es sei ein herrlicher, in den Karpaten gelegener Lungenkurort. Es gäbe ein Haus, einen Garten mit einem Brunnen und Platz für uns alle. Er wäre sehr glücklich, wenn Mutter sich entschließen könnte, mit uns zu ihm zu kommen, aber er wolle sie nicht überreden, es sei ein großer Entschluß, und Mutter solle ihn selbst treffen.

Mutter war doch schon mit all ihren Zukunftsplänen in Königsberg, und es war sehr schwer, sie umzustimmen. Aber ich ließ nicht locker, ich wollte zu meinem Vater. Und schließlich gab sie nach. Oma in Königsberg war enttäuscht und traurig. Heute kann ich sie verstehen, doch damals ärgerte mich jeder Brief von ihr, ich empfand sie als meinen Gegner, denn mit jedem Brief von ihr wurde meine Mutter wieder wankelmütig. Diese Briefe ließen sie erneut an der Richtigkeit zweifeln, nach Mikuliczyn zu gehen. Letztendlich hatte ich doch gewonnen, wir bereiteten den Umzug vor. Es gab sehr viel zu tun. Alles, woraus unser Haushalt noch bestand, wurde verkauft. Für unsere Garderobe kaufte Mutter Koffer ein. Sie ging zum polnischen Konsulat und bekam die Einreiseerlaubnis nach Polen.

Rückwirkend bewundere ich meine Mutter. Sie hatte den Mut, mit zwei kleinen Kindern in ein fremdes Land zu gehen, dessen Sprache sie nicht sprach, in eine völlig ungewisse Zukunft. Es kann nicht nur meine Überredung gewesen sein, sie muß meinen Vater sehr geliebt haben.

Anfang Mai 1935 verließen wir Danzig. In Warschau mußten wir umsteigen, wir verbrachten eine Nacht im Wartesaal auf dem Bahnhof, und am Nachmittag des folgenden Tages kamen wir in Mikuliczyn an. Auf dem Bahnhof kam Vater uns mit ausgestreckten Armen entgegen. Die Küsse und Umarmungen nahmen kein Ende, wir weinten vor Freude. Alles war atemberaubend! Das erste Mal in unserem Leben sahen wir Berge, und diese wunderbare Luft! Ich höre noch Mutter sagen: »Die Kinder haben einen schlimmen Keuchhusten.« Aber Vater hörte uns nie nach Luft ringend husten, das muß diese saubere, ozonreiche Luft bewirkt haben.

Vater führte uns aus dem Bahnhof raus, und wir bestiegen einen von zwei Pferden gezogenen Fiaker und fuhren durch den Ort zu unserem neuen Zuhause. Die Fahrt dauerte relativ lange, denn Mikuliczyn war groß, es hatte sogar zwei Bahnhöfe. Zweimal fuhren wir über Brücken, die über den Pruth führten, der in zwei Armen durch Mikuliczyn floß. Ich war voller Unruhe und gespannter Erwartung. Endlich sagte der Kutscher »brr«, und die Pferde hielten an. Wir standen vor einem kleinen weißen Haus. In der Tür stand eine alte, große, schlanke Dame. Meine jüdische Großmutter. Sie trug ein langes, dunkles Kleid und auf dem Kopf ein Kopftuch. Sie wirkte auf mich abweisend, sie hatte nicht das lustige und fröhliche Lachen der Oma in Königsberg, das ich wohl erwartet hatte.

Nachdem sie uns begrüßt hatte, nahm sie meine Mutter an die Hand und führte sie, nein sie zog sie durch das Haus, bis in die Küche. Hier blieb sie stehen, hob majestätisch ihren rechten Arm, zeigte mit der Hand auf ein an der Wand hängendes, mit braunen Töpfen bestücktes Regal und sagte: »Das ist fleischig.« Sie machte mit der linken Hand die gleiche Bewegung zu der Wand gegenüber und sagte: »Das ist milchig.« An der zweiten Wand waren die Töpfe blau. Ihre Angst, wir drei »Nichtjuden« könnten ihre koschere Küche verunreinigen, war groß und hörte auch mit den Jahren nie ganz auf. Außer ihr durfte auch niemand sonst kochen. Einmal hatte meine Mutter während ihrer Abwesenheit Kartoffelbrei gekocht, das war für Großmutter eine Katastrophe. Mein Vater, der sie sehr verehrte, beruhigte sie, indem er ihr klarmachte, daß Mutter keine Fehler gemacht hatte, sie hätte das milchige Geschirr benutzt, weil Kartoffelbrei milchig sei. Sie beruhigte sich aber erst, als meine Mutter es ihr demonstrativ vorkochte. Danach allerdings aß sie sehr gerne Kartoffelbrei.

Wir waren in Mikuliczyn. Unglaublich viele fremde Eindrücke stürzten auf uns ein. Für mich galt es, sie zu erkunden, um sie letztlich zu beherrschen. Ich begann mit dem Haus. Es war ein langes, rechteckiges Haus, das schmal wirkte, weil die Räume wie auf eine Kette gefädelt aneinanderhingen. Es hatte ein spitzes, lang heruntergezogenes Dach, der Frontgiebel an der Schmalseite des Hauses zeigte nach Norden, zur Straße, auf der wir angekommen waren. Hier hatte das Haus einen Eingang, in dessen Tür Großmutter stand, als sie uns empfing. Der erste Raum und die zwei letzten füllten die ganze Breite des Hauses aus, die vier Räume dazwischen waren durch einen an der rechten Wand des Hauses entlanglaufenden Gang verbunden, von dem die Türen, wie in einem Hotel, in die jeweili-

gen Zimmer führten. Das nördliche Zimmer war das Gäste-
zimmer, es wurde im Sommer an Kurgäste vermietet, das ging
gut, denn es hatte ja einen eigenen Eingang. Der zweite Eingang
lag an der Breitseite des Hauses und führte in den Gang, aus
dem man in die Zimmer kam. Das erste Zimmer bekamen meine
Schwester und ich. Es folgte das Zimmer der Großmutter, das
Schlafzimmer der Eltern und das Wohnzimmer. Hier war der
Gang zu Ende, und eine Tür führte in die große Küche. Aus der
Küche kam man in den Vorratsraum, der auch Badezimmer
war. Zum Waschen gab es eine große Schüssel, gebadet wurde
in einem großen Holzzuber. Aus diesem Vorrats-/Baderaum
führte eine Tür direkt in den Garten. Das Haus hatte also drei
Eingangstüren. Alle Türen, die ins Haus führten, hatten rechts
oben am Türrahmen ein kleines Kästchen, ungefähr so groß
wie zwei nebeneinandergelegte Zigaretten, die »Mesusa«.
Das Kästchen hatte ein Fenster, durch das man das Wort
»Schaddai« = »Der Allmächtige« lesen konnte. Im Kästchen
befand sich eine winzig kleine Pergamentrolle mit Worten aus
dem fünften Buch Mose:

> *»Höre, Israel, der Ewige ist unser Gott, der Ewige ist der*
> *Einzige.*
> *Liebe den Einzigen vom ganzen Herzen und mit ganzer Kraft.*
> *Die Worte, die ich Dir gebiete, sollen Dir im Herzen bleiben.*
> *Du sollst sie Deinen Kindern einschärfen und davon reden,*
> *wo immer Du bist.*
> *Knüpfe sie als Denkzeichen an Deine Hand und trage sie als*
> *Stirnband zwischen Deinen Augen und schlage sie an die*
> *Pfosten Deines Hauses.«*

Vor dem Betreten des Hauses berührte man erst mit den Fingern
die Mesusa, dann die eigenen Lippen.

Der Mittelpunkt des Hauses war die Küche, eine große Wohnküche, in der das Familienleben stattfand. An einer breiten Eckbank stand ein großer, viereckiger Tisch, drum herum mehrere Stühle. Alles aus hellem Holz, wobei der Tisch der hellste war, er leuchtete fast, er wurde auch jede Woche mit einer Bürste gescheuert. Diagonal zur Eckbank war der Herd mit großem Holzbackofen, in dem die Großmutter wöchentlich Brot backte und den Hefezopf für den Sabbat. Dann gab es noch zwei Geschirrschränke, für milchiges und fleischiges Geschirr, und die bereits erwähnten Regale mit den blauen und braunen Töpfen.

Es gab kein elektrisches Licht, wir hatten Petroleumlampen in unterschiedlichen Größen, deren Zylinder sehr oft geputzt werden mußten, was ganz schnell meine Aufgabe wurde. Es gab auch kein fließendes Wasser, dafür hatten wir einen malerischen Brunnen in unserem Garten, mit glasklarem Wasser, für dessen Reinheit eine ständig im Brunnen lebende Kröte sorgte. Wasser holen war fast ein Balanceakt. An einem sicher vier Meter langen, runden Stab, der am Ende einen Haken hatte, wurde der Eimer eingehängt und in den Brunnen herabgelassen. Jetzt wurde das Wasser geschöpft, dabei verlor manchmal der Haken den Eimer, dann mußte man ihn angeln, was unterschiedlich lange dauerte, aber meistens blieb der Eimer am Haken, es war eine Sache der Geschicklichkeit. Nie kam die Kröte mit rauf.

In einem pedantisch sauberen Haushalt wie dem meiner Großmutter wurde sehr viel Wasser gebraucht, zumal man die Hände vor jedem Essen nur unter fließendem Wasser waschen durfte. Hierzu wurde aus einem Krug das Wasser über die Hände in eine Schüssel gegossen. Das ist ein Glaubensritual und gehört zur koscheren Küche. Somit war man sehr oft

Wasser holend unterwegs, und der Eimer mußte ja auch noch ins Haus getragen werden. Das war eine richtige Arbeit, die ich auch ganz schnell lernen mußte. Anfänglich machte es sogar Spaß.

Eine Toilette im Haus gab es nicht, für diese Bedürfnisse stand an einem Ende des Gartens ein kleines Häuschen mit zwei Türen.

Großmutters Anwesen wird, wie ich heute schätze, zirka zwölf Ar groß gewesen sein. In diesem Garten stand außer dem Wohnhaus die Synagoge. Ein relativ großes, viereckiges Holzgebäude mit zwei Etagen. Durch die Höhe der Synagoge wirkte das Wohnhaus klein, diesen Eindruck hatte man natürlich auch umgekehrt. Meine Großmutter hatte die Synagoge selbst auf ihrem Grundstück bauen lassen. Davon zeugte eine in der Synagoge befestigte Kupfertafel, auf der eingraviert in hebräischer und polnischer Schrift zu lesen war: »Gründerin der Synagoge Sarah Rosenstock«. Das Jahr weiß ich nicht mehr, aber es war nach dem Ersten Weltkrieg.

Großmutter war eine bemerkenswerte Frau, selbstbewußt, stolz, fast ein wenig unnahbar. Seit 1915 lebte sie allein. Großvater war nicht gestorben, er war von den Kosaken im Ersten Weltkrieg verschleppt worden und blieb für immer verschollen.

Die Familie war vor dem Krieg vermögend. Großvater besaß ein großes Sägewerk, dieses erstreckte sich fast über die ganze rechte Straßenseite. Als der Krieg zu Ende war, mußte Großmutter selbst für ihren Unterhalt aufkommen. Sie verkaufte erst das vom Krieg verschont gebliebene Holz, danach löste sie das Sägewerk auf, sie parzellierte das große Grundstück und verkaufte es Stück für Stück. Zum Abschluß ließ sie dicht neben ihrem Wohnhaus die Synagoge erbauen. So entstand die rechte Straßenseite, wie ich sie erlebte.

Mikuliczyn hatte zwei Synagogen, »unsere« war die größere und wurde »die Neue« genannt. An der Frontseite, zur Straße, hatte die Synagoge vier lange, über die ganze Haushöhe reichende ovale Fenster, wie Kirchenfenster, nur nicht bunt. Männer und Frauen waren getrennt, unten beteten die Männer, oben die Frauen, hier hatte Großmutter einen Ehrenplatz, der immer für sie frei war. In die erste Etage führte eine außerhalb des Hauses angebaute Holztreppe. Die Treppe wurde für mich der Platz, an den ich mich zurückzog, wenn ich ganz allein sein wollte, sie kannte alle meine Geheimnisse, sie wußte von meinem Glück, von meinem Zorn und von meiner Trauer. Ich wurde da fast nie gestört, denn die Frauen kamen hauptsächlich nur an den Feiertagen zum Beten, selten mal am Sabbat, aber nie an Werktagen.

In unserer Straße wohnten außer drei christlichen Familien nur jüdische Anwohner. Trotzdem fand das »Leben im Schtetl« nicht in unserer Straße statt, das wurde in dem Viertel um die »Alte Synagoge« gelebt. Das lag wohl daran, daß unsere Straße eine relativ junge Straße war. Die eine Seite war ja erst nach dem Ersten Weltkrieg entstanden, als Großmutter das Sägewerk auflöste. In der Straße wohnten viele Akademiker, Ärzte, Juristen und Lehrer, alles Juden. Unsere Nachbarn rechts waren polnische Katholiken, der Hausherr war der Polizeichef des Ortes. Die zwei anderen christlichen Familien waren griechisch-orthodox, sie waren Ukrainer und auch nicht direkt unsere Nachbarn. Ihre Häuser mit den großen Gärten lagen auf der anderen Straßenseite, sie betrieben Landwirtschaft.

Es gab in unserem Viertel nur diese eine Straße, sie war eingebettet zwischen Feldern auf der einen Seite und dem Pruth auf der anderen. Unser Grundstück lag auf der Wasserseite. Erstaunlicherweise erinnere ich mich nicht an den Namen der

Straße, vielleicht hatte sie keinen. Ich werde sie einfach »die Straße« nennen.

Unser Haus, der Garten und die Synagoge waren mit einem Holzzaun eingezäunt, danach kam eine Wiese, ein kleiner Graben, über den ein Holzsteg auf die Straße führte. Es war sehr heimelig, einfach idyllisch.

Der erste Freitag in unserer neuen Heimat war spannend. Gleich nach dem Frühstück begann Großmutter, sie wollte »Babby« genannt werden (das ist jüdisch und heißt Oma), mit Putzen und Aufräumen, es herrschte ausgesprochene Hektik. Es waren die Vorbereitungen für den Sabbat. War das Haus sauber und aufgeräumt, begann das Kochen für den Abend und das Backen im großen Backofen, der dabei gleichzeitig die ganze Küche erwärmte. Jeden Freitag wurde mindestens ein Hefezopf, meistens mehrere gebacken, sie wurden »Striezel« genannt. Es gab am Freitag nie Mittagessen, dafür gab es Reibekuchen, und der schmeckte wunderbar! Der Teig für den Reibekuchen wurde wie üblich hergestellt, das Besondere war das Backblech. Das war in acht quadratische, drei Zentimeter hohe Kästchen eingeteilt, die konische Wände hatten, dadurch konnte man den ganzen Kuchen nach dem Backen stürzen und erhielt acht einzelne, knusprig gebackene Reibekuchen. Diese wurden dann mit Sauerrahm gegessen. Das wurde mein Leibgericht. Dieses Gebäck gab es bei allen meinen jüdischen Freundinnen am Freitag.

Der Sabbat beginnt, wenn es dunkel wird, am Freitagabend. Wenn Vater vom Gebet aus der Synagoge kam, setzten wir uns alle an den weiß gedeckten, festlichen, kerzenbeleuchteten Tisch. Babby stand auf, bedeckte mit einem weißen Tuch ihr Haupt und sprach ein Gebet. Danach nahm Vater die Serviette vom Striezel, der mitten auf dem Tisch lag, segnete den Abend, brach ein Stück ab, tunkte es in Salz, biß einmal ab und reichte es zum gleichen Tun an uns alle weiter. Danach gab es köstliches Essen. Diese Zeremonie geschah jeden Freitag.

Am ersten Sabbat in Mikuliczyn geschah eine lustige und zugleich ärgerliche Begebenheit. Morgens nach dem Frühstück, ich war auf der Wiese vor unserem Haus, rief mich unsere Nachbarin von gegenüber der Straße, Frau Dresdner, und fragte mich auf jiddisch, ob ich Feuer machen könne? Ich bejahte, und sie bat mich in ihr Haus. Sie führte mich in ihre Küche, zeigte mir den Herd und gab mir Streichhölzer. Zu meinem Erstaunen war der Herd völlig eingerichtet, es lag Papier und Holz drin, man brauchte nur das Streichholz dranzuhalten, was ich tat, und das Feuer brannte. Sie bedankte sich und schenkte mir ein großes Brötchen. Hätte sie das bloß nicht getan. Ich rannte nämlich mit dem Brötchen nach Hause und erzählte belustigt meinem Vater, wie dumm die Frau von gegenüber sei, sie könne noch nicht mal ein Streichholz anzünden, und zeigte ihm das Brötchen. Mein Vater war zornentbrannt. Er nahm mir das Brötchen weg, und mit mir an der Hand ging er mit Riesenschritten, ich mußte rennen, um mitzukommen, zur Nachbarin. Böse schaute mein Vater die Frau an und sagte: »Damit das ein für allemal klar ist, meine Tochter ist nicht eure Schickse, ich verbiete mir das für alle Zeiten«, legte das Brötchen auf den Tisch, und wir verließen wieder das Haus. Ich wußte nicht, wie mir geschah, ob ich lachen oder weinen sollte. Mein lieber Vater empfand wohl seine Tochter als »benutzt«.

Mein Vater war ein stolzer und manchmal auch ein jähzorniger Mann. Er war ständig wachsam und glaubte, sich immer schützend vor seine Familie stellen zu müssen. Besonders jetzt, wo er Mutters »Fremdheitsgefühl« spürte. Es war belastend für meine Mutter, die Sprache nicht zu verstehen, und das verstärkte auch ihr Heimweh. Für uns Kinder war es auch nicht einfach, aber unsere Neugier war stärker.

Es hatte sich herumgesprochen, daß die Familie von Aaron Rosenstock angekommen sei. Die Nachbarn besuchten uns und brachten Willkommensgeschenke mit, Blumen, Obst, Wein und Kuchen. Da sie alle jiddisch sprachen, verstand sie auch meine Mutter einigermaßen, und das tröstete sie ein wenig, gleichzeitig wurde ihr Hilfe auf allen Gebieten angeboten. Die Frauen brachten zur Begrüßung ihre Kinder mit, und so lernte ich Dasia Scherzer kennen, sie war so alt wie ich und wurde meine beste Freundin.

Meinen Vater kannten die Menschen in der Straße, denn er war hier aufgewachsen. Er war fünfzehn Jahre älter als meine Mutter, meine Mutter war seine zweite Frau. Als junger Mann hatte er nach dem Abitur Mikuliczyn verlassen. Er ging zu Freunden der Familie nach Deutschland und machte eine kaufmännische Lehre. Zur Hochzeit einer seiner Kusinen fuhr er nach Hause, und auf dieser Hochzeit lernte er seine erste Frau kennen. Sie soll bildschön gewesen sein. Er heiratete sie nach kurzer Zeit und ging mit ihr nach Frankfurt am Main. Nach vier Jahren hatte das Paar zwei Söhne, Georg und Berthold. Ich hatte also zwei Halbbrüder. Die junge Frau litt an Depressionen, die Fremde und das Heimweh verstärkten diese Krankheit noch, und so geschah die Katastrophe. Sie stürzte sich aus dem dritten Stock, sie nahm sich das Leben. Mein Vater kam mit einem Schock ins Krankenhaus, die Söhne in ein jüdisches Waisenhaus. Dem Waisenhaus war ein Internat angeschlossen mit einer Schule, die bis zum Abitur führte. Es war eine private Einrichtung. Als mein Vater Jahre später nach diesem Unglück meine Mutter heiratete, hofften die Söhne, daß er sie in seine neue Familie holt, was er ihnen wohl auch versprochen hatte, aber nie tat.

Dies ist für mich ein großer schwarzer Fleck auf der weißen Weste meines Vaters. Für seine Söhne blieb es immer ein unverzeihliches Verhalten. Er erklärte sein Handeln damit, daß er wollte, daß seine Söhne jüdisch erzogen werden, wozu eine christliche Stiefmutter nicht in der Lage gewesen wäre. Das ist sicher richtig, aber er hätte es ihnen nicht versprechen dürfen. Schicksalhaft an diesem Verhalten ist, daß die Söhne, Gott sei gedankt, nicht mit uns in Mikuliczyn waren, als die Hölle ausbrach und die Barbaren zu herrschen begannen.

Mein Vater arbeitete bei einer Lebensversicherung. Sein Verdienst reichte gerade so für unsere Bedürfnisse, und so wollte Mutter wieder mit Nähen den Haushalt unterstützen. Sie begann Wäsche zu nähen, besonders Herrenoberhemden. Sie nähte für alle Bedürfnisse, elegante aus Seide bis zu Holzfällerhemden für die Arbeiter aus Flanell. Hierzu trennte sie ein Hemd meines Vaters völlig auf und machte sich ein Papiermodell. Sie hatte nie nähen gelernt, sie hatte Textilverkäuferin gelernt, sie war ein Naturtalent. Die Schneiderei meiner Mutter sprach sich ganz schnell herum, und sie bekam alle Hände voll zu tun. Es dauerte nicht lange, und meine Eltern stellten eine zusätzliche Näherin ein, auch kam einmal in der Woche eine Waschfrau. Allmählich konnte Mutter auch wieder lachen, und man hörte sie auch wieder singen. Auch mein Vater sang gerne, er hatte eine wundervolle Stimme und wurde oft gebeten, an Festtagen in der Synagoge zu singen.

Der Sommer ging zu Ende, und im September 1935 sollte mein erster Schultag sein. Eigentlich freute ich mich sehr darauf, aber es wurde ein schlimmer Tag für mich. Im Juli ging mein Vater mit mir zur Schule, um mich anzumelden. Ich sprach immer noch nicht polnisch, das war auch nicht zwingend notwendig, denn die Kinder, mit denen ich zusammenkam, sprachen alle mit mir jiddisch, und das verstand ich ganz gut. Die Rektorin, bei der mein Vater mich anmeldete, sprach mit meinem Vater fließend Deutsch.

Ich höre noch heute Vater sagen: »Meine Sorge ist, daß meine Tochter kein Wort Polnisch spricht«, und die Rektorin meinte: »Da brauchen Sie keine Sorge zu haben, Herr Rosenstock, Sie hören ja, wie ich Deutsch spreche, und ich werde die erste Klasse unterrichten.«

Beruhigt gingen wir nach Hause. Leider war es das erste und auch letzte Mal, daß ich diese Frau habe Deutsch sprechen hören!

Mein Schulweg dauerte vierzig Minuten, und am ersten Tag brachte mein Vater mich hin und meinte: »Zurück findest du doch allein.« Ich fand zurück, aber ich war unendlich traurig. Ich fühlte mich so verlassen, aber ich erzählte es niemandem. Erstens wollte ich meinen Eltern keinen Kummer machen, aber hauptsächlich wollte ich keine Schwäche zeigen. Ich ging auf die Synagogentreppe, meine Kummertreppe, ihr erzählte ich meinen ganzen Schmerz, das half ein wenig, es mußte reichen.

Als mein Vater mich vor der Schule verließ, ging ich zu den vielen Kindern auf dem Schulhof. Die Rektorin, die ich schon kannte, hielt eine Rede, sehr wahrscheinlich die Begrüßungsrede, ich verstand natürlich kein Wort, denn niemand sprach mehr jiddisch. Dann bildeten sich viele Gruppen. Einer dieser Gruppen, zu der auch Dasia ging, schloß ich mich an, es war auch für mich die richtige. Danach gingen wir alle, begleitet von der Rektorin, ins Schulgebäude, in der ersten Etage war unser Klassenraum. Es wurde wieder was gesprochen, und die Kinder verteilten sich in den Bänken, ich machte alles nach. Wir bekamen einen Stundenplan, dann standen alle wieder auf, verließen die Klasse und gingen zurück auf den Schulhof. Ich trottete hinterher und kam mir vor wie die Dümmste der Dummen. Es wurde wieder was geredet, dann nahmen sich die Kinder an die Hand und bildeten einen Kreis, ich reihte mich auch ein, dann sangen alle ein Lied, ich natürlich nicht, eine Fahne wurde gehißt, und der erste Tag war zu Ende!

Die kommenden Tage wurden leider nicht besser, im Gegenteil, es wurde noch viel schlimmer. Ich wurde zum Lachobjekt der ganzen Klasse. Wenn mein Name aufgerufen wurde, stand ich auf und setzte mich wieder, wenn ein anderes Kind aufstand. Von dem, was zu mir gesagt wurde, hatte ich natürlich kein Wort verstanden. Das fing an die Kinder zu belustigen, und sie begannen zu lachen. Erst verhalten und vereinzelt, aber es dauerte nicht lange, und es lachte die ganze Klasse. Das passierte täglich ein paarmal. Später, als wir schon etwas lesen konnten und ich was vorlesen sollte, gab es immer wieder Wörter, die ich falsch aussprach, und wieder hatte die Klasse was zu lachen. Unglaublich, aber die Rektorin griff nie ein, sie muß wohl Deutsche gehaßt haben und lebte diesen Haß an mir aus. In ihren Augen war ich eine Deutsche.

Ich eignete mich oft dafür, immer das zu sein, was gerade unbequem war. Für die Polen war ich die Deutsche, später war ich für die Deutschen die Polin oder die Jüdin. Von den Juden wurde ich aus dem Religionsunterricht gewiesen, weil ich getauft war. Die Christen wollten mich aber auch nicht in ihrem Religionsunterricht, weil ich evangelisch getauft war, und diesen Unterricht gab es nicht, es gab nur einen katholischen oder griechisch-orthodoxen Unterricht. Also hatte ich in diesen

Stunden immer frei. Es war nicht so einfach, ausgeschlossen zu sein, aber ich wurde damit allein recht gut fertig. Daß aber die Juden mich nicht wollten, das hat mich wirklich verletzt, denn da wollte ich dabeisein.

Das Lachen der Klasse war für mich sehr schlimm, das machte mich mit der Zeit stumm. Wörter oder auch Sätze, die ich bereits konnte, sprach ich auch nicht, aus Angst, ausgelacht zu werden. Nachts in meinem Bett zog ich mir die Zudecke über den Kopf, damit mich niemand hörte, und sprach polnische Wörter, hatte aber immer das Gefühl, nein, das hört sich noch nicht richtig an, sie werden wieder lachen. Und so sprach ich das ganze erste Schuljahr kein Wort Polnisch, aber ich verstand schon fast alles.

In meinem ersten Zeugnis gab es keine Noten, da stand nur ein Satz: »Wird versetzt in die zweite Klasse«. Mit dem Zeugnis ging ich auf meine Treppe und schwor: »Lieber Gott, die werden nie wieder Gelegenheit haben, über mich zu lachen, die werden mich bitten, ihnen zu helfen, und ich werde lange überlegen, ob ich es tue oder auch nicht!«

Ich bin meinem Schwur treu geblieben. Während der weiteren drei Jahre war ich immer die Klassenbeste. Oft wurde ich um Hilfe gebeten, manches Mal half ich auch, aber ich erlaubte mir auch das Vergnügen »nein« zu sagen. Nun ging ich gerne zur Schule und genoß auch meine Überlegenheit.

Das erste Schuljahr war zu Ende und vor uns fast drei Monate Ferien. Ich hatte inzwischen viele Freundinnen, aber ich sprach immer noch deutsch und die Mädchen und Jungen mit mir jiddisch. Eines Tages, es war herrliches Wetter, wollte eine Gruppe Kinder, ich war auch dabei, runter zum Wasser, zum Pruth. Wir liefen im Dauerlauf, dabei ging mir der Schnürsenkel an meinem Schuh auf, niemand merkte, daß ich zurückblieb, alle liefen weiter. Um den Abstand nicht zu groß werden zu lassen, rief ich, so laut ich konnte: »Czekajcie on mnie!« – Wartet auf mich! Plötzlich war der Bann gebrochen, ich war wie befreit und sprach ab sofort fließend Polnisch. Auch mit der Aussprache und dem Klang meiner Stimme war ich zufrieden, es hörte sich gut an!

Mit der Sprache kam eine neue Aufgabe auf mich zu. Ich wurde die Dolmetscherin meiner Mutter. Sie hatte inzwischen einen großen Kundenkreis, und das waren nicht nur Juden. Wenn mein Vater nicht zu Hause war und ich in der Nähe, dann mußte ich das Polnische übersetzen. Anfänglich machte es mich stolz, das hielt aber nicht lange an. Es begann mich zu nerven, wenn der Kunde die gleichen Fragen und Wünsche mehrmals wiederholte. Dann übersetzte ich nur das Wesentliche. Meine Mutter, die natürlich merkte, daß die Rede des Kunden um einiges länger war als meine Übersetzung, schimpfte oft mit mir und nannte mich »maulfaul«. Das war nicht ganz richtig, denn ich habe immer alles Wesentliche übersetzt. Mutter selbst weigerte sich, Polnisch zu lernen, ihr gefiel es nicht wirklich in Mikuliczyn, sie gab die Hoffnung nie auf, irgendwann wieder nach Königsberg zu können. Ihre Weigerung, Polnisch zu lernen, war ihre Art, gegen ihr Schicksal zu opponieren.

Bis auf diese manchmal ärgerlichen Dolmetscherpflichten begann für mich eine, wenn auch nur kurze, so doch wunderschöne, unbeschwerte und spannende Kindheit. Spannend war vor allen Dingen die jüdische Welt, in die ich langsam hineinwuchs. Babby war streng orthodox, dazu gehörte auch, daß ihr Kopfhaar geschoren war, weshalb sie immer ein Kopftuch trug und zu festlichen Anlässen eine Perücke. Alle Feste und jede Woche der Sabbat wurden bei uns strengstens mit allen Ritualen abgehalten.

So wurde zu Pessach das ganze Haus auf den Kopf gestellt, gereinigt und nach der letzten Brotkrume gesucht. Die Krumen, die man fand, wurden zusammengekehrt und im Garten verbrannt. Zu diesem Fest durfte sich kein Krümel gesäuertes Brot mehr im Haus befinden. Vom Speicher wurden neue Tischplatten, Geschirr, Töpfe und Besteck geholt und alles mit dem in der Küche vorhandenen ausgewechselt. Acht Tage lang aßen wir statt Brot Matzen. Damit wird an die Flucht der Israeliten aus Ägypten erinnert, die auch diese ungesäuerten Fladen aßen. Nach acht Tagen wanderte wieder alles zurück auf den Speicher, das übliche Geschirr kam auf seinen alten Platz, und die Küche war bis zum nächsten Pessach wieder die alte.

Am Laubhüttenfest bauten wir in unserem Garten aus einfachen Brettern eine Hütte. Innen war sie schön ausgeschmückt, mit Teppichen, Stühlen und einem schön gedeckten Tisch. Hier drin nahmen wir neun Tage lang alle Mahlzeiten ein. Dieses Fest erinnert an die vierzig Jahre Wanderschaft der Juden durch die Wüste.

An Rosch Haschana, dem jüdischen Neujahr, wurde den ganzen Tag in der Synagoge gebetet. Kurz vor dem Abend gingen die Männer an den Fluß, kehrten ihre Hosen- und Anzugstaschen nach außen und schütteten symbolisch die Sünden ins Wasser.

Jom Kippur, das Versöhnungsfest, ist das größte und heiligste aller Feste. Am Abend vor dem großen Tag gab es ein festliches Essen, und danach wurde bis zum nächsten Abend streng gefastet, es durfte auch nicht getrunken werden. Babby, die damals sicher schon Ende Siebzig war, genau wußte das niemand, auch nicht mein Vater, hielt das Fasten streng ein. Am Morgen des Jom Kippur zog sie sich festlich an, legte ein weißes Kopftuch um, nahm das Gebetbuch und einen mit Nelken gespickten Apfel und ging über die Treppe in die Synagoge zu ihrem angestammten Platz. Dort betete sie den ganzen Tag und kam erst kurz vor dem Dunkelwerden wieder heraus. Den Apfel benutzte sie, um daran zu riechen, es erleichterte das Fasten, wie sie sagte.

Weil Mikuliczyn zwei Synagogen hatte, mangelte es manchmal an den Feiertagen an Sängern, Vorbetern, dann wurde mein Vater gebeten, weil er eine so wundervolle Stimme hatte. Er sang fast immer an diesen Tagen, zum großen Stolz seiner Mutter, aber auch ich war restlos begeistert. Ich stand dann in der offenen Eingangstür und hörte zu. Einige Juden sahen es gar nicht gerne, wenn mein Vater sang, weil er aus ihrer Sicht nicht gläubig genug war und dazu noch eine Christin geheiratet hatte, aber sie mußten ihn akzeptieren, denn es gab keinen besseren Sänger. Diese Einstellung änderte sich auch nicht, als meine Mutter zum jüdischen Glauben gewechselt hatte. Sie tat es wohl auch nicht aus Überzeugung, sondern dem Frieden zuliebe.

Weil die Synagoge in unserem Garten stand, erlebte ich alle Feste und auch den religiösen Alltag sehr bewußt. Manchen Morgen, wenn ich noch nicht in der Schule war, oder während der Ferien schickte mein Vater mich zu einem Nachbarn, um ihn zu bitten, in die Synagoge zu kommen, dann war die Anzahl der Männer noch nicht komplett. Zu jedem Gottesdienst benötigte man mindestens zehn Männer.

Es war Brauchtum, daß umherziehende Händler, Bettler, Obdachlose am Freitagabend zum Sabbatgebet in die Synagoge kamen. Nach dem Gottesdienst wurden sie dann zum Essen in die Familien mitgenommen und wenn nötig durften sie auch übernachten. Wir hatten öfter solche Gäste. Wenn aber manchmal niemand so recht bereit war, einen Obdachsuchenden mitzunehmen, dann stritt mein Vater so lange mit den Anwesenden, bis wieder alle untergebracht waren.

Im Frühjahr 1937 starb die Großmutter. Sie wachte eines Morgens, ohne krank gewesen zu sein, nicht mehr auf. Sie wurde aus ihrem Bett gehoben, auf den Boden gelegt, und neben sie wurde eine brennende Kerze gestellt. Frauen kamen, um sie zu waschen. Sie wickelten Babby in ein großes weißes Tuch, dann wurde sie in einen ganz einfachen Brettersarg gebettet. Schon am späten Nachmittag des gleichen Tages wurde sie auf dem jüdischen Friedhof in Mikuliczyn beerdigt. Am Grab wurde der Sarg nochmals geöffnet, der Toten wurden kleine Holzstäbchen zwischen die Finger gesteckt. Sie sollen am Jüngsten Tag, wenn der Messias kommt, die Verstorbene stützen und ihr beim Aufstehen helfen. Dann warfen die Trauernden Erde in den Sarg, es wurde gebetet und der Sarg endgültig geschlossen. Noch am offenen Grab trat der Vorbeter zu meinem Vater und schnitt ihm zum Zeichen der Trauer mit einem Messer einen drei Zentimeter langen Schlitz in das linke Anzugsrevers. Alles, was mein Vater im folgenden Trauerjahr trug, ob Anzug oder Mantel, war zum Zeichen der Trauer so eingeschnitten.

Wieder zu Hause, wurde das Zimmer der Großmutter leicht verdunkelt. Auf den Tisch wurde ein weißes Handtuch gelegt und daneben eine Schale mit Wasser und ein brennendes Öllämpchen gestellt. Das geschah, weil die Seele der Toten sieben Tage lang nach Hause kommt, und dann muß sie sich ihre Hände waschen können, wurde mir auf meine Fragen erklärt. Das war schon geheimnisvoll genug, es wurde aber noch spannender, als mein Vater die kommenden sieben Tage die meiste Zeit des Tages sitzend und betend, nur in Socken, ohne Schuhe, auf einem niedrigen Schemel verbrachte. Das war »Schiwah«

sitzen. Sieben Tage kamen jeden Morgen mindestens neun Männer zu uns ins Haus zum Gebet. So wurde in jüdischen Häusern nach chassidischem Brauch getrauert.

Ich war froh, als diese Tage zu Ende waren. Ich empfand das alles als etwas gruselig, die tote Seele, die da immer ins Haus kam, machte mir angst. Es gab überhaupt in dieser katholisch-orthodoxen Gegend unsagbar viele gruselige Gespenstergeschichten, und für alles mögliche gab es einen Geist, und alles war irgendwie immer mit dem Tod verbunden. Sogar Erwachsene erzählten solche Geschichten und machten sie dann auch noch zu ihrer ganz persönlichen Erfahrung. Zweimal war ich selbst dabei, als Erwachsene ihre übersinnlichen Erlebnisse erzählten oder sie sogar demonstrierten, wie zum Beispiel Frau Wojtschek.

Nina Wojtschek war meine ukrainische Freundin. An einem schönen Sommertag halfen wir Mädchen ihrer Mutter beim Holzsägen. Nina sägte mit, und ich hielt das Holz, damit es nicht wackelte. Plötzlich ließ Frau Wojtschek die Säge los, hob eine Hand zum Himmel, machte das Kreuzzeichen und rief: »Ich segne dich im Namen Christi und taufe dich, wenn du ein Junge bist, auf den Namen Marek, bist du ein Mädchen, so sollst du Kasia heißen.« Erst war ich sprachlos, aber dann fragte ich doch, was jetzt passiert sei, und sie sagte: »Hast du es nicht gehört? Es war doch ganz laut, eine ungetaufte jüdische Seele flog vorbei, schrie nach Erlösung, und so habe ich sie getauft und sie vor dem ewigen Fegefeuer gerettet.« Ich hatte nichts gehört und wußte nun nicht, ob ich vielleicht schlechte Ohren habe. Ich ließ mir zu Hause von meiner Schwester ganz leise Worte ins Ohr flüstern, um meine Gehörstärke zu testen, so leise sie auch flüsterte, ich hörte es immer noch.

Wie sollte ich mir das erklären? Meine Mutter fragen, das

machte keinen Sinn, denn die hätte es sofort meinem Vater erzählt, und der sollte es auf keinen Fall wissen. Also dachte ich mir, sicher hören diese Hilferufe nur christliche Ohren. Christen sind besonders. Zumal mir Nina auch mal erzählt hatte, daß oft um zwölf Uhr nachts bei Vollmond ein Geist plötzlich vor dem Bett stehen kann, daß das aber nicht schlimm sei, man müsse dann nur sein Kreuz in die Hand nehmen, dann verschwindet er wieder. Schon wieder war ich benachteiligt, in unserem ganzen Haus gab es nicht ein einziges Kreuz. Ich war nun überzeugt, die Christen sind bevorzugt.

Ein anderes Mal war ich bei der Tochter unseres Nachbarn, dem Polizisten, bei meiner Freundin Anna. Es regnete, wir saßen in der Küche und spielten Karten, die Tür zum Wohnzimmer war angelehnt, und Annas Eltern hatten Besuch, man konnte ihren Vater reden hören, er hatte eine laute Stimme. Als er sagte, »was mir da mal passiert ist«, bekamen wir ganz lange Ohren, vergaßen das Kartenspiel und lauschten.

»Ich kam sehr spät vom Dienst nach Hause«, erzählte er, »wir hatten auf dem Revier eine kleine Feier, es muß so gegen zwölf gewesen sein. Als ich auf der Höhe des Friedhofs war, erschien plötzlich neben mir eine riesige weiße Gestalt. Sie war so lang, ich konnte ihr Gesicht gar nicht sehen, es verlor sich in den Wolken. Die Gestalt ging neben mir her, und ich sagte: Halt, wer bist du, wohin willst du? Und die Gestalt sagte nur, vorwärts, immer nur, vorwärts. Am Ende des Friedhofes löste sich die Gestalt auf, genau so, wie sie erschienen ist.«

Wenn ich bis jetzt noch kleine Zweifel an der Existenz von Geistern hatte, jetzt glaubte ich es ganz sicher. Der Polizist war für mich eine große Respektsperson, wie konnte man an seinen Worten zweifeln?

Wenn es dunkel wurde und ich allein war, glaubte ich mich

von unsichtbaren Gespenstern umgeben. Ich schlief abends schwer ein, wachte oft nachts auf, und erst wenn der Morgen dämmerte, schlief ich wieder ein. Das Aufstehen morgens fiel mir nach solch einer Nacht schwer. So sehr mir diese Geschichten angst machten, so sehr zogen sie mich an, alles, was unerklärlich war, besonders der Tod.

Als ich mal hörte, daß ein Pole in der Stadt aufgebahrt sei und daß viele hingehen, um ihm die letzte Ehre zu erweisen, ging ich auch hin. Ich kannte den Mann nicht, aber es muß eine bekannte Persönlichkeit gewesen sein, denn vor dem Haus war eine lange Menschenschlange, und in die reihte ich mich auch ein. Mit langsamen Schritten erreichte man das Zimmer, in dem der Tote aufgebahrt war. Der Raum war ziemlich dunkel, nur von großen Kerzen beleuchtet, die am Kopfende des Sarges standen, und es roch nach Weihrauch. Der Tote lag in weißen Kissen, hatte einen schwarzen Anzug an, und in den gefalteten Händen hielt er einen Rosenkranz. Ich ging wie alle einmal um den Sarg herum, dann verließ man wieder den Raum. Ich ging aber nicht nach Hause, ich reihte mich hinten wieder in die Schlange ein und betrachtete den Toten, den ich gar nicht kannte, mehrmals.

Zu dieser Zeit war ich acht Jahre alt. Mein Verstand muß mir wohl gesagt haben, daß es nicht gut ist, was ich tue, weshalb ich es auch nicht wagte, mit meinem Vater über meine Ängste zu spreche. Ich hätte dann ja auch von meinem Besuch bei dem Toten erzählen müssen. Bei der Vorstellung, das zu tun, sah ich meinen Vater die Hände über dem Kopf zusammenschlagen, ich hätte mein ganzes Image verloren, nein, das konnte ich nicht tun, mit der Angst mußte ich schon allein fertig werden. Ganz allein war es ja auch nicht, wir Mädchen erzählten uns gegenseitig alle unsere Ängste vor Gespenstern. Das hatte bloß wieder den Nachteil, daß man dann auch noch mit den Ängsten der anderen leben mußte.

Aber wir hatten ja nicht nur Angst, ganz im Gegenteil, wir waren eine fröhliche Mädchen- und Jungenschar, alle aus unserer Straße. Das waren: Eva, Perla, Anna, Nina, Dasia – Dasia war meine engste und beste Freundin. Dann die Gebrüder Leo und Moysche Meisler und noch ein Moysche, der Bruder von Perla. Es gab in der Straße eine große Wiese, so groß wie ein Fußballplatz, hier waren wir in den Ferien und an den Wochenenden fast immer zu finden. Hier spielten wir alle Ballspiele, Fußball, Handball und Völkerball. Im Sommer waren wir auch oft zum Baden am Pruth. Hin und wieder machten wir, mit Butterbrot versorgt, einen Ausflug in die Berge. Wir waren ein wahrer Freundeskreis.

Zu Hause ging das Trauerjahr langsam zu Ende, und einiges hatte sich verändert. Wir waren nicht mehr so koscher. Das hatte zur Folge, daß kein jüdisches Kind mehr von mir ein Stück Brot annahm. Meine Mutter hatte nichts an der Küche geändert, die Töpfe hingen nach wie vor an ihren von der Babby vorgegebenen Regalen. Meine Mutter hätte auch nie in einem milchigen Topf Fleisch gebraten oder gekocht, das hat sie auch später, als wir nicht mehr in unserem Haus waren, nicht getan. Aber mein Vater aß ab und zu gerne Schweinefleisch. Pessach aßen wir nach wie vor kein Brot, sondern Matzen, aber die Tischplatten und die Töpfe wurden nicht mehr ausgewechselt. Aber Jom Kippur wurde nach altem Brauch streng eingehalten. Während des Gottesdienstes am Sabbat gab es immer eine Pause, und in dieser Pause kamen zusammen mit meinem Vater oft einige Männer zu uns, um eine Zigarette zu rauchen. Das wäre früher unmöglich gewesen, am Sabbat ist Rauchen verboten.

Ich weiß nicht, ob mich diese Änderung gestört oder gefreut hat, ich glaube, es war mir egal. Ich war einfach glücklich in und mit meiner Familie. Obwohl es Dasias Eltern finanziell wohl besser ging als uns, Dasia hatte schönere und mehr Kleider und Schuhe als ich, ich hätte aber nie und nimmer mit jemandem tauschen wollen, ich fand es immer bei mir am schönsten und am besten.

Im Herbst dieses Jahres kam Vater eines Tages mit einem jungen polnischen Ehepaar, das zwei Kinder hatte, und sagte, sie seien obdachlos und arbeitslos und würden, solange sie in Not sind, bei uns wohnen. Sie brauchten auch erst Miete zu zahlen, wenn sie Arbeit finden, ab dann würde die monatliche Miete fünfzehn Zloty betragen. Sie zogen in das große Zimmer ein, das wir manchmal im Sommer an Sommergäste vermieteten. Es war eine christliche Familie, die Kinder waren kleiner als wir, ich war oft bei ihnen, spielte mit den Kindern und half zur Weihnachtszeit sogar den Tannenbaum schmücken, hierzu klebten wir lange bunte Papierschlangen und bastelten kleine Engel.

Diese Familie sollte uns noch viel Ärger bereiten. Zunächst lief alles ganz friedlich ab, bis der Pole Arbeit bekam und mein Vater nun, wie verabredet, seine Miete wollte. Der Pole weigerte sich zu zahlen, und nicht nur das, er wurde beleidigend und unverschämt. Er meinte, an einen Juden müsse er als Pole überhaupt keine Miete zahlen und es kämen sowieso bald ganz andere Zeiten. Jetzt sah mein Vater rot, mit drohender Gebärde ging er auf den Polen zu, dieser flüchtete in seine Wohnung und verriegelte die Tür. In seinem Zorn ging mein Vater an die Fenster, ich weiß nicht, ob er durch das Fenster in die Wohnung wollte, jedenfalls schlug er die Scheiben ein, und ausgerechnet in diesem Moment kam der Polizist, unser Nachbar, vorbei. Er stellte die beiden Männer zur Rede, und der Pole sagte, Vater würde ihn bedrohen. Der Polizist verhaftete meinen Vater wegen Hausfriedensbruch und nahm ihn gleich mit. Meine Mutter schickte mich am Nachmittag mit einer Decke und Essen ins Gemeindegefängnis. Ich durfte meinen Vater sehen, er sagte, er müsse eine Nacht hierbleiben und käme morgen wieder nach Hause.

Damit war die Sache aber leider noch nicht zu Ende. Es kam zu einer Gerichtsverhandlung. Der Pole hatte meinen Vater angezeigt, er behauptete, mein Vater hätte im Verlauf des Streites Staatsbeleidigung begangen, er hätte geschrien: »Du bist ein dreckiges polnisches Schwein, und in diesem verdammten polnischen Land ist auch nichts Besseres zu erwarten.« Seine kleine Tochter, sie war wohl sechs Jahre alt, benannte er als Zeugin. Das war natürlich alles gelogen, aber mein Vater nahm die Sache ernst und besorgte sich einen Rechtsanwalt, und ich wurde Vaters Zeugin. Der Pole hatte keinen Anwalt. Er erzählte dem Richter eine erlogene Geschichte, nichts von all dem hatte stattgefunden, und seine kleine Tochter wiederholte wortwörtlich die angebliche Staatsbeleidigung. Als ich befragt wurde, sagte ich, das sei alles nicht wahr, mein Vater hätte nur in der Wut die Scheibe eingeschlagen, gesagt hätte er von all den Behauptungen gar nichts. Dann befragte unser Anwalt das kleine Mädchen. Er nahm sie auf seinen Schoß und sagte: »Du bist aber ein großes und kluges Kind, woher weißt du das alles, was du uns hier erzählt hast?«

Und die Kleine sagte: »Das hat mir heute Morgen mein Papa gesagt, und wir haben viel geübt, damit ich es nicht vergesse.«

Damit hatte mein Vater den Prozeß gewonnen. Unser Rechtsanwalt verlangte noch, daß der Pole aus unserem Haus

42

ausziehe, ein Wohnen unter einem Dach wäre nicht mehr zumutbar. Der Pole mußte wegen falscher Aussage einige Tage ins Gefängnis, und als er rauskam, zogen sie endlich aus. Mein Vater meinte, ohne Anwalt hätte das schlimm enden können.

Im Frühjahr 1938 waren wir alle voller Freude und Erwartung, meine Mutter erwartete ein Baby. Sarah wurde im November geboren. Sie war ein wunderschönes Kind, sie wog bei der Geburt zehn Pfund und sah aus, als wäre sie drei Monate alt. Solange meine Mutter im Wochenbett lag, versorgten die Nachbarinnen uns täglich mit wunderbarem Mittagessen. Es war für uns eine sehr schöne Zeit, die leider ein schnelles, furchtbares Ende fand.

Sarah war sechs Wochen alt, als sie an einer Lungenentzündung erkrankte. Meine Eltern, meine Schwester und ich, wir waren alle verzweifelt. Der Arzt kam oft zwei Mal am Tag. Meine Eltern wachten im Wechsel ununterbrochen an Sarahs Bettchen. Alles Hoffen und Beten half nicht. Sarah war zehn Tage krank, dann mußte sie sterben. Das war der erste Tod, durch den ich den Schmerz des Verlustes und der Trauer erfahren habe.

Es war am späten Nachmittag im Dezember und draußen schon dunkel. Mutter hatte sich ein wenig hingelegt, sie war völlig erschöpft. Das kleine Bettchen stand in der Küche, weil es hier am wärmsten war. Vater und ich standen davor, hielten uns an der Hand und hörten den immer schwächer werdenden Atemzügen zu. Wir hielten uns noch fest, als der dünne Atem schon eine Weile verstummt war. Dann sagte Vater ganz leise: »Lauf zur Frau Dresdner, sag, Sarah ist tot, es soll jemand kommen.« (Es ist dem Glauben nach Angehörigen verboten, den Verstorbenen zuzudecken oder seine Augen zu schließen.) Ich ging wie in Trance raus in die Dunkelheit und fühlte mich unendlich traurig und auch sehr allein gelassen. Mein Vater hatte in seiner Trauer nicht wahrgenommen, wie stark er mich in dieser Situation überforderte.

Viel später kam es mir dann wie eine Gnade vor, daß Babby und Sarah eines natürlichen Todes haben sterben dürfen. Sie hätten die Zeit, die drei Jahre später kam, nicht überlebt, dazu wären beide zu schwach gewesen, Großmutter zu alt und Sarah zu klein.

Damals hatte ich eine Puppe aus Zelluloid, die sah aus wie Sarah. Die Puppe war mir mal runtergefallen und hatte im Hinterkopf ein Loch. Eines Tages bemerkte ich rein zufällig, wenn ich die Puppe gegen das Licht hielt, in das Loch hinein-schaute und das Gesichtchen von innen sah, dann sah es aus wie das der toten Sarah. Ich hütete die Puppe wie ein Heilig-tum, und immer wenn mich die Sehnsucht und die Trauer über-wältigten, verzog ich mich mit der Puppe auf die Treppe. Ich schaute durch das Loch in die Puppe hinein und zauberte mir Sarah herbei.

Mit der Zeit läßt die Lähmung der Trauer nach, und die Nor-malität kommt zurück. Mutter saß wieder an der Nähmaschine, Vater war beruflich oft unterwegs, Lia und ich gingen zur Schule, und nachmittags waren wir draußen und spielten mit anderen Kindern im Schnee.

Mikuliczyn hatte immer strenge und schneereiche Winter. Die stille, klirrende Kälte wurde durch das Glockengeläute der Pferdeschlitten unterbrochen. Es wurde ja alles mit Pferden transportiert. Ich habe in unserer Straße nie ein Auto gesehen. Das in den Bergen gefällte Holz wurde durch unsere Straße gefahren. Im Winter geschah das mit Schlitten. Mit riesigen

Eisenklammern wurde das der Äste entledigte Holz mit dem unteren Ende an den Schlitten geklammert, der Rest schleifte durch den Schnee. Oft sah man auch Winterkurgäste, die sich auf Skiern von den Schlitten ziehen ließen.

Mikuliczyn war ein schönes, kleines Städtchen, eingebettet in den Waldkarpaten. Die Wälder bestanden fast ausschließlich aus Nadelholz. Wegen der sehr guten Luft war Mikuliczyn ein Lungenkurort. Hauptsächlich im Sommer, vereinzelt auch im Winter, hatten wir Kurgäste. Aus ganz Polen kamen Menschen, die es sich leisten konnten, zu uns zum Kuren. Zur Versorgung und Unterbringung dieser Gäste, oder auch Patienten, gab es ein großes staatliches Sanatorium und einige Hotels und Pensionen. Manche Hotels waren nur im Sommer geöffnet.

Es gab zwei Klöster, ein römisch-katholisches und ein griechisch-katholisches, zwei Kirchen, zwei Synagogen und drei Friedhöfe. Es gab aber nur eine Volksschule, zum Gymnasium fuhren die Kinder ins Internat nach Stanislau oder Lemberg. Der größte Arbeitgeber war das staatliche Sägewerk, es war sehr groß und hatte eine eigene Schmalspureisenbahn. Haushoch waren die Holzstapel, und es roch wunderbar nach Holz und Harz.

Der Zug hielt zweimal in Mikuliczyn, am Süd- und am Nordbahnhof. Der Pruth floß in zwei Armen durch den Ort, der eine parallel zu unserer Straße und direkt hinter unserem Haus. Unseren Garten trennte vom Wasser nur eine große Wiese, die am Ende circa zwei Meter abfiel, und dann floß der Pruth.

Im Unterschied zu dem Flußbett im Zentrum des Ortes, das tief war und auch eine starke Strömung hatte, an einigen Stellen war deshalb Baden verboten, war das Wasser, das bei uns vorbeifloß, nicht tief. Der Wassergrund war steinig, und wenn es lange nicht geregnet hatte, konnte man hier den Fluß zu Fuß überqueren, was wir Kinder liebend gerne taten.

Die Bevölkerung setzte sich aus drei Gruppen zusammen, Polen, Juden und Ukrainer. Die Beamten waren überwiegend Polen, die Juden waren Kaufleute. Ärzte, Juristen und Lehrer waren sowohl Polen wie auch Juden. Die Ukrainer waren Landwirte. Sie betrieben aber auch Viehzucht und Holzwirtschaft. Sie wohnten in den Bergen und verkauften im Sommer ihre frischen Waren, die sie bis vor die Haustüren brachten. Wunderbare Walderdbeeren, Blaubeeren und Pilze, auch Eier, Butter, Milch und Sahne. Alles war wunderbar frisch und billig.

In diesem kleinen Städtchen erlebte ich – bis auf den Schulanfang und den Tod von Sarah – eine wunderschöne Kindheit. In der Schule die Beste und zu Hause geliebt. Glücklich, mit vielen Freunden. Wenn ich auch manchmal glaubte, ich müsse zu oft »erwachsen« sein. Dabei dachte ich an das Zylinderputzen, das Wasserholen und das Dolmetschen und daran, daß ich in meinem Zimmer den Boden wöchentlich naß aufwischen mußte. Ich glaubte, die könnten mich ruhig ein wenig verwöhnen. Gemeint waren natürlich meine Eltern.

Das glaubte ich endlich erreicht zu haben, als ich Masern bekam. Ich hatte hohes Fieber und dachte, so, jetzt müssen sie sich um mich kümmern, um mich ganz allein. Aber diese Rechnung hatte ich ohne meinen Vater gemacht. Er meinte, Masern seien eine so ansteckende Krankheit und Lia würde sie in jedem Fall bekommen, so sei es besser, um die Dauer der Krankheit zu verkürzen und damit nicht ein Kind nach dem anderen krank wird, daß beide zusammen krank wären. Sprach es, und Lia mußte sich zusammen mit mir in unserem Zimmer aufhalten. Ganz schnell bekam sie auch Fieber und lag in ihrem Bett, das dicht neben meinem stand. Aus war es mit der Hoffnung, einmal verwöhnt zu werden. Ich glaube, damals habe ich für alle Zeiten die Erwartung, »verwöhnt zu werden«, aufgegeben. Noch heute habe ich ein ambivalentes Gefühl beim Empfang von Geschenken.

Vater hatte recht, wir waren zusammen krank, und wir konnten auch fast zusammen wieder das Bett verlassen. Leider hatte die Krankheit bei mir eine Störung an meinen Augen hinterlassen, ich schielte plötzlich, nicht immer, aber meistens.

Vater hatte sich vorgenommen, mir das Schielen abzugewöhnen, er baute darauf, daß ich ja nicht durchgehend schielte. Er fing damit an, immer wenn er zu Hause war, mich zu beobachten. Zum Essen mußte ich meinen Platz wechseln, ich saß ihm jetzt genau gegenüber. Wenn während der Mahlzeiten meine Augen wieder mal »verrutschten«, sagte Vater ziemlich energisch: »Ruth, du schielst schon wieder.« Ich habe mich dann furchtbar stark konzentriert, in meinem Kopf wurden fast Gleise gestellt, das war ziemlich anstrengend, aber mit der Zeit hörte das Schielen auf. So war er, mein ganz besonderer Vater.

Vierzig Jahre später, als ich mal zum Augenarzt mußte und mir eine muskelentspannende Flüssigkeit ins Auge geträufelt wurde, meinte der Arzt sehr erstaunt: »Sie schielen ja«, was Gott sei Dank wieder aufhörte, als die Flüssigkeit ihre Wirkung verlor.

Die russische Besetzung

Im Frühjahr 1939 wurden alle persönlichen Sorgen unwichtig. Es gab ein großes, gemeinsames Problem, die Angst vor dem Krieg und bei den Juden besonders die Angst vor den Deutschen. Auf der Straße, in der Synagoge und in den Wohnungen sprach man über nichts anderes mehr. Bei offenen Fenstern hörte man aus dem Radio bis auf die Straße Hitler seine Reden brüllen. Ich wurde oft von unseren polnischen Nachbarn gebeten, diese Reden zu übersetzen.

In der Schule wurde Alarm geprobt, und wir fertigten Gasmasken an. Hierzu wurde ein rechteckiges festes Stück Stoff in der Größe von einem Herrentaschentuch zur Tasche zusammengenäht und dann in drei Zentimeter breite Bahnen abgesteppt. Die Bahnen wurden mit gemahlener Kohle gefüllt und dann zugenäht. An jeder Seite wurde ein Gummi angenäht, und die Maske war fertig. Dieses Unding mußten wir immer zu den Alarmübungen auf die Nase setzen, danach sahen wir aus wie die Schornsteinfeger.

Zu Hause hatten wir viel Besuch von Freunden und Nachbarn. Sie kamen, um mit meinem Vater über die Deutschen zu reden, sie meinten, er habe lange in Deutschland gelebt, er würde sie kennen. Sie wollten wissen, was man von den Deutschen zu erwarten habe. Mein Vater, der die Nazischergen selbst in Danzig erlebt hatte, schätzte die Zukunft völlig falsch ein. Er versuchte die Leute zu beruhigen und meinte: »Ja, die

Nazis sind furchtbar, aber nicht alle Deutschen sind Nazis, es gibt doch Recht und Gesetz und Polizei.«

Es gab noch eine Hoffnung, die Hoffnung, nicht die Deutschen, nein, die Russen könnten kommen. An diese Hoffnung klammerten sich alle.

In der Synagoge wurde zum Fasten aufgerufen und den ganzen Tag gebetet. Man betete zu Gott, die Russen mögen kommen, bloß nicht die Deutschen. Solche Gottesdienste gab es viele. An einigen Tagen fastete man so streng wie an Jom Kippur.

Das Beten wurde erhört. Mitte September, an einem Nachmittag, waren die Russen da. Sie kamen völlig unspektakulär, sie waren plötzlich da. Die Hauptstraße war voll mit Lastwagen, Pferdewagen und auch einigen Panzern. Auf allen Fahrzeugen standen oder saßen die Soldaten in ihren grün-braunen Uniformen, mit helmähnlichen Pickelmützen und winkten den Leuten zu, die inzwischen die Straßen säumten. Daß die Russen da sind, hatte sich mit Feuerseile herumgesprochen, unsere ganze Straße war auf den Beinen. Alle eilten zur Hauptstraße, um die Soldaten zu begrüßen. Einige hatten Getränke und Kuchen dabei. Die Straßenränder waren ein einziges Empfangskomitee, die Menschen jubelten ihnen zu. Den Juden fiel ein Stein vom Herzen. In der Synagoge wurden »Dankgebete« abgehalten.

Ich weiß nicht, wie die Erwachsenen diesen Wechsel von der polnischen zur sowjetischen Regierung empfanden, ich mit meinen zehn Jahren fand es wunderbar. Die Unruhe und die Angst wechselten in Neugier auf die Zukunft, und das war eine Erleichterung.

Die Sommerferien waren zu Ende, und wir gingen zur Schule. Am ersten Tag wurde uns erklärt, daß ein Regierungswechsel stattgefunden hat und daß die Hauptsprache ab jetzt Russisch sein würde, wir müßten die Sprache ganz schnell lernen, weil wir auch russische Lehrer bekämen. Die guten Schüler der 4. Klasse kämen automatisch ins Gymnasium. In ein, zwei Wochen würden dann die Gymnasiasten in ein anderes Gebäude wechseln. Bis dann würde das katholische Kloster für den Schulunterricht umgestaltet sein. Ein Mädchen fragte, wohin dann die Nonnen gehen würden, bekam aber darauf keine Antwort.

In den neuen Klassen hatten wir mehr Platz, es war heller, und es gefiel uns allen besser. Mein Schulweg wurde bedeutend länger, fast sieben Kilometer lagen zwischen unserem Haus und der neuen Schule. Besonders im Winter war es ein langer Heimweg, im Dunkeln und durch hohen Schnee, Schneeräumung gab es keine. Unser Unterricht fing täglich um 10 Uhr an und endete um 17 oder 18 Uhr.

Die Schulzeit im russischen Gymnasium dauerte zehn Jahre. Für uns begann sie mit dem 5. Schuljahr. Danach konnte man, so man wollte, studieren. Der Unterricht war im Gegensatz zum polnischen Gymnasium kostenlos. Bedingung war, daß man keine schlechtere Note haben durfte als eine 3 – »genügend«. Es wurde schon brenzlig, wenn man davon mehrere hatte. Vor der 1 – »sehr gut« gab es noch die Note »ausgezeichnet«. Im Zeugnis war der Platz für die Benotung in sechs Spalten eingeteilt. Jeweils nach zweieinhalb Monaten wurden wir benotet, hierzu dienten die ersten vier Spalten. Zur Information für die Eltern bekamen wir das Zeugnis jeweils nach Hause und brachten es, von ihnen unterschrieben, wieder zurück. Die fünfte Spalte war für die Prüfungsnote. Am Ende des Schuljahres wurde jeder von uns einzeln von einem Komitee, bestehend aus drei Lehrern, in den Hauptfächern geprüft. Letztlich wurde der Durchschnitt der jetzt vorhandenen fünf Noten in die sechste Spalte eingetragen und ergab die Jahresendnote. Wollte man auf der Schule bleiben, so mußte man in den Hauptfächern mindestens eine Zwei haben, zu viele Dreier in den Nebenfächern waren auch nicht empfehlenswert. Am Ende des Schuljahres im Herbst hatten wir zwei Monate Ferien, das waren aber die einzigen Ferien im ganzen Jahr.

Erleichtert für die Schüler wurde das System dadurch, daß der Lehrer sein Heft mit der mündlichen Benotung täglich dem Klassensprecher gab (das war zwei Jahre lang ich), und dieser trug die Noten dann in eine zu diesem Zweck an der Wand hängenden Tafel ein, auch die schriftlichen Noten wurden wegen der besseren Übersicht dort eingetragen. So gab es keine Geheimnisse zwischen Lehrern und Schülern, was die Noten betraf. Das schaffte viel gegenseitiges Vertrauen, und wir wußten immer, wo wir standen. Ich war von dieser Ordnung begeistert.

Etwas ganz Neues und gewöhnungsbedürftig war, daß die Schulwoche nicht mehr sechs Tage dauerte, sondern sieben. Somit fiel der unterrichtsfreie Tag jeweils auf einen anderen Wochentag. Die christlichen und auch die jüdischen Kinder hatten damit nur alle sieben Wochen einen Sonntag beziehungsweise Samstag. Der Besuch der Kirche und das Feiern am Sabbat waren somit sehr beschränkt, was wohl auch die Absicht dieser Anordnung war. Wer sich gegen all diese Gebote sträubte, dem stand es frei, das Gymnasium zu verlassen und zur Hauptschule zu wechseln.

Alle Schüler waren uniformiert, wir trugen über unseren Kleidern einen dunkelblauen Kittel mit Gürtel. Wir wurden auch aufgefordert, der Organisation der Pioniere beizutreten.

Das waren die jüngsten Kommunisten. Als Zeichen der Zugehörigkeit bekamen wir ein rotes Halstuch, das mit einem Metallring zusammengehalten wurde. Als Pionier grüßten wir uns und auch die Lehrer, indem wir die ausgestreckte Hand mit der schmalen Seite zur Stirn hoben und sagten: »Sei bereit«, darauf die Antwort: »Immer bereit.«

Bei der Erinnerung daran muß ich heute lachen, aber damals war ich begeistert, ich war voll dabei!

Meinem Vater gefiel das überhaupt nicht, er verbot mir, das rote Tuch zu tragen. Ich wollte es aber tragen, so steckte ich es in meine Schultasche und band es erst um, wenn ich weit genug von unserem Haus entfernt war. Auf dem Heimweg nahm ich es kurz vor zu Hause wieder ab. Es hätte mir in der Schule nicht gutgetan, wenn ich auf meinen Vater gehört hätte.

Wir waren alle sehr gute Schüler, aber die besten, die nur »sehr gut« und vereinzelt sogar »ausgezeichnet« hatten, waren: Dasia und ich und die Gebrüder Mojsche und Leon Meisler. Die Brüder waren keine Zwillinge, der Altersunterschied zwischen ihnen betrug nur zehn Monate, und so gingen sie in die gleiche Klasse. Wir waren alle jüdische Kinder.

Für diese guten Noten habe ich hart gearbeitet. Meine Eltern schliefen oft schon lange, wenn ich immer noch bei Petroleumlicht an meinen Hausarbeiten saß, vor 24 Uhr kam ich selten ins Bett, aber der Unterricht am nächsten Tag begann ja auch erst um 10 Uhr.

Ich hatte mir einmal, »auf der Treppe«, nach meinem ersten Schuljahr geschworen, die Beste zu sein und daß nie wieder jemand die Chance bekäme, über mich zu lachen. Diesen Schwur habe ich gehalten, er war mir sehr heilig.

Für uns vier gab es auch besondere Pflichten. Wenn einer oder mehrere unserer Schulkameraden eine oder gar mehrere

Noten »genügend« hatten, dann hat der Klassenlehrer einen oder alle von uns dazu bestimmt, Nachhilfe zu geben. Das taten wir in den Pausen, und wenn die Zeit nicht reichte, blieben wir nach dem Unterricht länger in der Schule. Das war oft belastend, aber es erzog uns auch alle zum großen Klassenzusammenhalt, zur Kameradschaft. Es gab uns ein Wir-Gefühl.

Wir waren nur zwanzig Kinder in der Klasse, es gab noch eine Parallelklasse, die 5 B, wir waren die 5 A. Mit der B-Klasse befanden wir uns oft im Konkurrenzkampf. Es ging darum, wo sind die meisten »besten« Schüler, und wer schreibt die besten Artikel für die Klassenzeitung. Die Zeitung erschien alle vier Wochen, und alle Schüler mußten einen Artikel schreiben. Die besten wurden ausgesucht und erschienen dann in der Zeitung. In der 5 B wurde genauso verfahren. Die Zeitungen hingen außerhalb der Klasse, für jeden lesbar, im Flur und fanden immer großes Interesse.

Dieses strenge Schulsystem erlebte ich zwei Jahre, leider nur zwei Jahre. Meine Begeisterung für die Fairneß, für Disziplin und Ordnung war größer als der Streß. Ich brauchte ja auch nichts anderes zu tun, als zu lernen.

Mein Vater glaubte auch nie, daß ich überanstrengt sei, denn als ich ihn nach einem Elternabend, an dem die Eltern über die Leistungen ihrer Kinder informiert wurden, mal fragte: »Papa, was haben die gesagt?«, fragte er: »Was sollen sie gesagt haben?« – »Na, über mich, ob ich gut bin«, da meinte er nur: »Na, das ist ja wohl selbstverständlich.«

Aber ich war doch so beschäftigt mit der Schule, daß ich wenig mitbekam, was sonst so alles durch die russische Besatzung passierte, es sei denn, es geschah in unserer unmittelbaren Nähe.

Unsere polnischen Nachbarn wurden eines Nachts von den

Russen abgeholt. Der Vater meiner Freundin Anna, der Polizist, wurde, als der Krieg ausbrach, zum polnischen Militär einberufen und war in der Armee Offizier. Sicher war das der Grund, warum Anna, ihre Mutter und ihre Geschwister von den Russen entführt wurden.

Alle Nachbarn waren besorgt und traurig. Es waren plötzlich fremde Menschen da, die das Haus plünderten, sie holten sich, was sie wollten, mein Vater und alle anderen Nachbarn waren empört, aber machtlos.

Monate später bekamen wir und andere Leute in unserer Straße einen Brief aus Sibirien. Dorthin war Anna mit ihrer Familie verschleppt worden. Sie baten um Kleidung gegen die Kälte und Lebensmittel gegen den Hunger. Wir und viele andere Bewohner der Straße packten Pakete, ob sie je angekommen sind – wir haben nie mehr etwas von ihnen gehört.

Mir fiel auf, daß die Eltern so manches Mal ihre Unterhaltung unterbrachen, wenn ich das Zimmer betrat. Sicher hatten sie Angst, ich könnte draußen etwas erzählen, was für die Familie gefährlich geworden wäre.

Sonst verlief unser Leben normal. Mutter nähte, und Vater hatte einen kleinen Kiosk im Bahnhof. Er verkaufte Zeitungen, Zigaretten und Schreibwaren. In den Sommerferien durfte ich beim Verkauf mithelfen.

1941, zum Ende des zweiten Schuljahres im russischen Gymnasium (es sollte mein letzter Schulbesuch überhaupt werden), waren Dasia, Mojsche, Leon und ich sehr glücklich und auch sehr stolz. Wir alle vier hatten in unseren Zeugnissen nur »sehr gut« und in einigen Hauptfächern sogar »ausgezeichnet«. Wir lagen uns in den Armen, als wir erfuhren, welchen Preis es dafür gab. Unsere Freude war grenzenlos.

Es war damals in Rußland üblich, Schüler mit sehr guten Leistungen mit einem Besuch im Kreml, verbunden mit einem Empfang bei Stalin, zu belohnen. Und das war auch unsere Belohnung. Die Reise sollte im August sein, aber dazu kam es nicht mehr, denn Ende Juni 1941 begann der deutsche Angriff auf Rußland, das Unternehmen »Barbarossa«.

Die Nazis kommen

E s war ein herrlicher Sommertag. Vater und ich waren auf dem Weg zum Kiosk, es waren Ferien, und ich freute mich darauf, beim Verkauf mithelfen zu dürfen. Wir unterhielten uns angeregt über meine anstehende Reise nach Moskau, zu Stalin, in den Kreml. Ich war schon ziemlich aufgeregt.

Plötzlich, aus heiterem Himmel, war ein ohrenbetäubender Lärm über uns. Ein tieffliegendes Flugzeug fegte schießend über uns hinweg. Vater schnappte meine Hand, und wir rannten schutzsuchend, so schnell wir konnten, zu einer rechts von uns liegenden Wiese und krochen unter einen alten, breiten Baum, dessen Äste fast bis zum Boden reichten. Wir waren sehr erschrocken und hatten Angst. Der Flieger kam wieder, und wieder knallten die Geschosse. Vater nahm mich in die Arme und schützte mich mit seinem ganzen Körper. Es sah so aus, als würde der Flieger uns verfolgen. Die Geschosse hatten mehrmals den Baum getroffen, wir blieben aber unverletzt. Als es ruhig wurde, der Flieger nicht mehr zurückkam, liefen wir zurück nach Hause. Uns fiel ein Stein vom Herzen, als wir meine Mutter und Schwester wohlbehalten vorfanden, und beide waren glücklich, daß auch wir heil wieder zu Hause waren.

Was war geschehen? Das fragten sich viele Menschen, die inzwischen auf der Straße zusammengelaufen waren. Anfänglich waren die Meinungen vielfältig, aber es dauerte nicht lange, bis jedem klar war, es ist Krieg, und die Deutschen werden kommen.

Irgendwie schien sich alles zu wiederholen, und doch war es anders, hoffnungsloser. So wie die Russen vor zwei Jahren mit einemmal da waren, so waren sie jetzt jäh verschwunden. Es war kein Russe mehr zu sehen. Wie damals traf sich wieder die ganze Straße in der Synagoge, man redete über die Situation und betete. Es herrschte eine große Ungewißheit, eine unfaßbare Bedrohung. Alles, was gestern noch richtig schien, war es heute nicht mehr. Es gab überhaupt keine Ordnung mehr, keine Polizei, keine Bürgermeisterei, alles war ohne Führung. Die Menschen begannen Lebensmittel zu hamstern, aber nach einigen Stunden waren die Geschäfte leer, die Ladenbesitzer verstauten die Waren in ihre eigenen Keller.

Wie vor zwei Jahren wurde auch wieder in unserem Haus die neue Lage diskutiert, die Nachbarn gaben sich die Klinke in die Hand, und es gab nur ein Thema: Wie schlimm wird es werden, sind sie vielleicht doch nicht so schrecklich, die Deutschen? Wer hat etwas aus Westpolen gehört? Dort herrschten die Deutschen seit zwei Jahren. Jeder hatte eine andere Meinung, im Grunde wußte niemand etwas Genaues.

Ich hatte mich auf den Fußboden in eine Ecke des Zimmers gekauert und hörte dem Stimmengewirr zu. Ich ahnte, daß mit dem Lärm des Fliegers meine Kindheit zu Ende war. Es würde weder eine Reise nach Moskau geben, noch würde ich zur Schule gehen können. Ich ahnte, daß es in Zukunft auch auf mich sehr ankommen würde, daß ich gefordert sein würde. Mehr, als ich es mir damals vorstellen konnte, sollte geschehen.

Einen Tag nach dem Fliegerüberfall marschierten ungarische Soldaten in unsere Stadt ein und besetzten sie für ungefähr zwei Wochen. Anfang August übernahmen die Deutschen die Macht. Ihre erste, für uns auffällige Handlung war, sie gründeten ausschließlich mit ukrainischen jungen Männern eine Miliz. Die Männer wurden eingekleidet und je nach Rang auch bewaffnet. Die Deutschen, die anfänglich überhaupt nicht in Erscheinung traten, übergaben der ukrainischen Miliz die absolute Macht, und diese benahmen sich wie die Vandalen. Sie drangen in jüdische und polnische Häuser oder Wohnungen ein und raubten alles, was ihnen gerade gefiel. Es wurden willkürlich Verhaftungen durchgeführt, es gab keine Möglichkeit, sich gegen diese Horden zu wehren.

Als Zwölfjährige dachte ich damals, die rächen sich jetzt dafür, daß sie früher die »Dienenden« waren, denn viele arbeiteten in polnischen oder jüdischen Haushalten als Putzfrau oder Gärtner. Auch waren sie darauf angewiesen, daß die polnische und jüdische Bevölkerung ihnen ihre Waren abkaufte. Heute glaube ich, ganz falsch war meine Vermutung damals nicht.

Inzwischen sprach es sich herum, daß die Gestapo ihren Sitz in Tatarow hatte. Von Mikuliczyn nach Tatarow sind es ungefähr zehn Kilometer. Von dort kam die Order an die Ukrainer, dafür zu sorgen, daß alle Juden eine weiße Armbinde tragen. Zunächst hatte es mich gar nicht gestört, denn eigentlich war ich ja stolz, Jüdin zu sein, als mich aber der erste Stein traf, den irgend jemand von hinten auf mich warf, legte ich die Binde ab, denn mit dieser Binde war man Freiwild, man war völlig rechtlos.

Bei uns zu Hause war nur Trauer, Verzweiflung und große Nervosität. Vater sah keine Möglichkeit, daß sich die Lage verbesserte, es gab überhaupt keine Perspektive.

In diesen Tagen kam mein Cousin Leon aus Nadworna in unser Haus. Mein Vater hatte einen Bruder, Mojsche, der in Nadworna mit seiner Familie lebte. Es war eine große Familie, es waren fünf Söhne und eine Tochter. Leon war circa fünfundzwanzig Jahre alt, und was ich sofort sah, er war ein sehr schöner, schwarzhaariger junger Mann. Leon erzählte schlimme Geschichten aus seiner Stadt. Auch dort quälte die Gestapo, unterstützt von der ukrainischen Miliz, die Bevölkerung. Juden wurden geschlagen, erniedrigt, aus ihren Häusern vertrieben und zum Abtransport – niemand wußte, wohin – auf größeren Plätzen gesammelt. Seine Familie sei auch dabei, ihm sei es gelungen zu fliehen. Er wolle nun versuchen, nach Rußland durchzukommen, und fragte meinen Vater, ob er nicht mit ihm kommen wolle. Vater war in der Zwickmühle, einerseits glaubte er, daß meine Mutter und wir Kinder nicht gefährdet seien, anderseits konnte er sich wohl nicht von uns trennen. Leon blieb noch eine Nacht, und im Morgengrauen machte er sich auf den Weg. Ich betete darum, die Flucht möge ihm gelingen.

Der Glaube meines Vaters, wir drei seien nicht gefährdet, festigte sich und wurde immer mehr zum Thema. Mit der Zeit glaubte mein Vater sogar, er wäre eine Gefahr für uns und müsse deshalb aus unserer unmittelbaren Nähe verschwinden. Er beschloß, zu Freunden nach Delatin zu gehen. Delatin hatte den Vorteil, für uns erreichbar zu sein, es war zwanzig Kilometer von Mikuliczyn entfernt, und außerdem war er dort nicht so bekannt wie zu Hause.

So geschah es dann auch. Ich erinnerte mich daran, daß Vater einmal gesagt hatte, wenn er nicht da sei, trüge ich als Älteste die Verantwortung für die Familie. Ich war zwar auch erst zwölf Jahre alt, aber ich fühlte mich stärker, als ich meine Mutter einschätzte, zumal sie immer noch nicht die Sprache beherrschte. Vater dachte wohl genauso, denn er begann mir zu erklären, wo die Freunde in Delatin wohnten, und auf der Landkarte zeigte er mir, wie der Weg zu finden sei. Ich sollte in Zukunft der Überbringer von Nachrichten, Wäsche und Lebensmittel werden. Die Post funktionierte kaum noch, die wäre auch zu riskant gewesen.

Es war nun alles beschlossen, und nach einem tränenreichen Abschied waren wir drei allein. Wir waren schon sehr traurig, fühlten uns auch verlassen. Mir wurde aber schnell bewußt, daß dies keine Zeit zum Trauern war. Traurig sein kam mir wie Resignation vor, ich aber wollte kämpfen, damit wir überleben, also übernahm ich ab sofort die Führung dieser kleinen Familie und den Kampf gegen alles, was da kommen sollte.

Anfänglich gab es manche Schwierigkeiten mit meiner Mutter, aber sie sah doch schnell ein, daß man mich planen lassen kann, zumal ich mich überhaupt nicht in die rein häuslichen Dinge mischte. Ich war für alles zuständig, was außerhalb des Hauses zu geschehen hatte. Dazu gehörte auch die Sorge um unsere Ernährung. Meine Mutter hatte kaum noch Näharbeit, und bei den wenigen Aufträgen baten wir dann, die Arbeit mit Lebensmitteln zu vergüten. So bekamen wir manchmal ein bißchen Butter, Milch und ein paar Eier. Gemüse ernteten wir im eigenen Gemüsegarten. Aber das reichte alles nicht für eine Vorratswirtschaft, und da es überhaupt keine Möglichkeit zum Einkaufen mehr gab, mußte ich mir etwas einfallen lassen. Ich spitzte meine Ohren und versuchte herauszufinden, wie das die anderen wohl machen. Ich erfuhr, daß einige Nachbarn sich an bestimmten Tagen sammelten und gemeinsam in die Berge gingen, um dort Hausrat, Wäsche, Kleider, alles mögliche, bei den dort lebenden Bauern gegen Lebensmittel einzutauschen. Ich erfuhr den nächsten Termin und beschloß mitzugehen.

Meine Mutter mußte ich überzeugen, daß sie sich von einigen Sachen trennen müsse, aber das war nicht schwierig. Wir packten einen Rucksack mit Töpfen, die von der Größe her ineinanderpaßten, denn sie durften nicht soviel Platz einnehmen, auch Besteck und einige Bettlaken. Meine Mutter packte mir noch ein paar Butterbrote ein, füllte eine kleine Flasche mit Wasser und meinte:»Kind, Kind, wie willst du das alles tragen, das kannst du doch gar nicht schaffen.« Ich konnte.

Das Treffen war frühmorgens um 6 Uhr. Ich war ein wenig erschrocken, als ich ungefähr zehn ausgewachsene Männer sah, ich war das einzige Kind, aber ich ließ mir nichts anmerken. Man fragte mich noch, ob ich das schaffe, der Weg sei sehr weit, und wir kämen erst abends zurück, ich sagte nur, ja, ja, das schaffe ich schon.

Die Männer warteten noch eine kurze Weile, es kamen noch einige dazu, und dann ging es los. Einer der Männer meinte:»Es wird immer im gleichen Schritt gegangen, nicht schneller, aber auch nicht langsamer« und setzte sich an die Spitze der Gruppe, um das Tempo anzugeben. Eigentlich war es nicht zu schnell, aber wenn die Männer mit ihren langen Beinen zwei Schritte machten, waren es für mich fast drei, und somit war es für mich doch ziemlich schnell.

Es dauerte sicher eine Stunde, bis wir die letzten mir bekannten Häuser hinter uns ließen, dann ging es langsam ansteigend in den Wald. Der Weg wechselte ständig, mal war er verhältnismäßig breit, dann wurde er wieder sehr schmal, er war mal weniger steil, dann wieder so sehr und dazu glitschig, daß ich mich an größeren Steinen oder Wurzeln festhalten mußte. Ich gab mir große Mühe, den Männern kein Hindernis zu sein, denn ich wollte doch noch oft mit ihnen gehen.

Endlich wurde auf einer Wiese Pause gemacht. Jeder packte

sein Essen und Getränk aus. Nach dem Essen legten sich die meisten flach ins Gras, ich auch, das entspannte wunderbar den Rücken. Am liebsten wäre ich damals für immer liegengeblieben. Aber daran war natürlich nicht zu denken, viel zu schnell ging es weiter. Manchmal glaubte ich, der Rucksack zöge mich in den Boden, dann überlegte ich, ob wohl Kartoffeln, Mehl und Butter, womit ich den Rucksack auf dem Rückweg gefüllt zu haben hoffte, leichter oder gar schwerer sein würden als die Sachen, die ich jetzt trug.

Das Wetter war wunderschön, kaum eine Wolke am Himmel, und als die Sonne am höchsten stand, erreichten wir eine Lichtung, und vor uns lag ein kleines Dorf. Viele kleine Häuschen, alle waren umgeben von sicher eigener Landwirtschaft. Die Dächer waren mit Stroh gedeckt und reichten fast bis zur Erde. Es gab auch nur eine Etage, die untere, und die wurde in einigen Häusern mit dem Vieh geteilt, andere hatten Ställe für die Tiere. Um die Häuser herum schnatterten Gänse und Hühner, weiter weg auf den Feldern grasten Kühe und Pferde, jemand meinte, wir sind sicher über tausend Meter hoch.

Der Mann, der die Führung übernommen hatte, sagte: »Wir sind da, jeder geht jetzt für sich allein, und gegen 16 Uhr treffen wir uns alle wieder hier, mit hoffentlich gutgefüllten Säcken, und gehen gemeinsam nach Hause, seid alle pünktlich.«

In alle Richtungen verteilten sich die Männer, manche gingen zu zweit, zu dritt und auch allein, wie ich. Ich peilte ein Haus an und sagte mir, da gehst du jetzt rein. Auf mein Klopfen sagte jemand »Herein!«. Ich öffnete eine schwere Holztür und stand in einem großen, ziemlich dunklen Raum, der Fußboden war aus festgepreßtem Lehm, kein Holz. Ein großer Herd sagte mir, das ist die Küche, dann gab es noch einen großen Tisch, eine Bank, einen Schrank und mehrere Stühle. Die Wände waren wohl mal weiß gekalkt, jetzt waren sie ziemlich grau. Im Raum befanden sich eine junge, gütig aussehende, rundliche Frau, eine Großmutter, ein Großvater und drei Kinder.

»Ich heiße Ruth, komme aus dem Tal und möchte gerne einigen Hausrat gegen Lebensmittel eintauschen«, sagte ich und stellte meinen Rucksack auf den Lehmboden.

»Na zeig mal her, mach mal den Sack auf«, meinte die junge Frau.

Ich packte aus und legte alles auf den großen Tisch. Meine Sachen fanden Interesse, die Familie diskutierte lebhaft miteinander, dann griff die junge Frau nach dem größten und dem kleinsten Topf, nach viermal Besteck und zwei Bettlaken und sagte: »Diese Sachen nehme ich, was willst du dafür?«

»Ich brauche Butter, Mehl und Kartoffeln«, war meine Antwort.

Sie verließ den Raum und kam mit einem Korb zurück, in dem alles drinlag, was ich wollte. Ganz unten lagen die Kartoffeln, das Mehl war in einer Schüssel, und ganz oben lag ein Stück Butter.

»Ist es recht so?« fragte sie. Ich dachte an den Rückweg, an das Gewicht und daß ich ja noch einige Dinge zum Tausch hatte und entschied mich für das Leichteste. »Wenn ich noch ein Stück Butter haben könnte, wäre ich sehr zufrieden«, war meine Antwort. Sie grinste leicht, hatte wohl mit Feilschen gerechnet, ging und kam mit der Butter zurück. Für das Mehl hatte mir meine Mutter ein Stoffsäckchen mitgegeben, die Butter packte mir die Bäuerin dick in Zeitungspapier ein, und die Kartoffeln kamen ganz unten in den Rucksack. Ich bedankte mich, die Bäuerin meinte, ich sei ein braves Mädchen, und schenkte mir zum Abschied ein Stück Butterbrot.

Mein erstes Geschäft war getätigt, und ich war stolz auf

mich. Jetzt peilte ich das nächste Haus an, denn ich hatte noch einen Kochtopf, viermal Besteck und zwei Bettlaken, letztere trug ich jetzt über dem Arm, ich mußte sie vor den Kartoffeln schützen. Während ich noch überlegte, welches Haus ich wählen sollte, wo wohl die anderen noch nicht drin waren, winkte mir eine Frau zu, die an ihrem Gartenzaun stand. Sie interessierte sich für die Bettlaken, die ich über dem Arm trug, und ich sagte, ich hätte noch andere Sachen in meinem Rucksack. Darauf bat sie mich in ihr Haus.

Diese Bewohner waren wohl wohlhabender als die ersten, denn der Fußboden bestand aus Holzdielen. Mit dem Eintritt ins Haus stand man auch in der Küche, in einem hellen, großen Raum. Ich packte meinen Kochtopf und das Besteck aus, und welche Freude, die Frau wollte alles. Ich bekam dafür wieder Mehl, mein Säckchen war jetzt voll, dazu ein großes Glas Honig, ein paar Eier, die sie erst in weiches Heu, dann in eine kleine Schachtel packte, und ein großes Stück Butter. Sie war sehr nett zu mir, sie bot mir noch einen Teller Kartoffelsuppe mit Wurst an und sagte, wenn ich wiederkomme, solle ich Bettwäsche und Tischwäsche mitbringen, ihre Tochter werde heiraten, und da brauche sie noch einige Sachen. Ich versprach, spätestens in vierzehn Tagen wiederzukommen, und war glücklich, bereits einen Kunden zu haben, der mich erwartete.

Zufrieden begab ich mich zur Sammelstelle. Ich hatte keine Uhr, aber es war noch zeitig, ich war die erste. Ich legte mich in die Sonne und sammelte Kraft für den Heimweg. Nach und nach trudelten auch die anderen ein. Alle hatten sie volle Säcke, jeder war zufrieden. Pünktlich um 16 Uhr waren wir vollzählig, und der Heimweg begann. Ich glaubte, mein Rucksack sei etwas schwerer geworden, aber die Freude über den Inhalt glich das wieder aus, außerdem ging es ja bergab.

Der Rückweg schien kürzer als der Hinweg. Als wir wieder am Sammelplatz waren und uns voneinander verabschiedeten, sagte der Anführer zu mir: »Du warst großartig, du darfst wieder mit.«

Meine Mutter und meine Schwester hielten schon Ausschau nach mir und kamen mir entgegengelaufen, als sie mich von weitem sahen. Sie küßten und umarmten mich, nahmen mir den Rucksack ab. Ohne Rucksack hatte ich das Gefühl, Flügel zu haben, so leicht kam ich mir vor.

Zu Hause, beim Auspacken, flossen ein paar Freudentränen, meine Mutter sagte immer wieder: »Kind, Kind, wie hast du das bloß geschafft, was täten wir ohne dich?«

Ich beruhigte beide und sagte nur: »Nun, ich bin ja da.«

In dieser Nacht habe ich tief und fest geschlafen, aber am nächsten Morgen waren die Sorgen wieder da. Mein Vater war jetzt fast zwei Wochen weg, und wir mußten doch auch ihn mit Wäsche und Lebensmitteln versorgen, außerdem wollten wir wissen wie es ihm geht, wir hatten ja nichts mehr voneinander gehört. Wir drei beschlossen, daß ich in zwei Tagen zum Vater gehen sollte, mit frischer Wäsche, Brot, das Mutter inzwischen aus dem Mehl backen wollte, und Butter. Außerdem hatte Mutter für Näharbeiten ein großes Stück Fleisch bekommen, das wollte sie braten, und die Hälfte sollte ich auch mitnehmen.

Wieder wurde mein Rucksack gepackt, und ich machte mich fertig für den Weg zu meinem Vater. Kurz vor Delatin, hatte er gesagt, der Ort heißt Zarechye, dort wohnen die Freunde, zu denen er wollte, den Weg hatte er mir beschrieben, und ich hatte mir Notizen gemacht. Ungefähr kannte ich die Strecke, denn das Gericht, zu dem ich Vater als Zeugin vor Jahren begleitet hatte, war ja auch in Delatin. Von Mikuliczyn nach Delatin waren es zwanzig Kilometer, ich mußte also mit siebzehn Kilometern rechnen.

Lia wollte zu gerne mit. »Ich möchte auch den Papa sehen«, sagte sie unter Tränen, aber ich konnte sie doch nicht mitnehmen, so gerne ich es getan hätte, auch für mich wäre es schöner gewesen, nicht allein gehen zu müssen, aber sie war doch erst neun Jahre alt und der Weg doch ziemlich weit. »Du bist ja strenger als der Papa, und eigentlich bist du auch nur ein Kind und hast gar nicht zu bestimmen«, meinte sie und zog beleidigt davon. Das waren die Momente, die mir weh taten.

Kurz vor 8 Uhr ging ich los, der Rucksack war nicht sehr schwer, dafür aber meine Gedanken. Was werde ich sagen, wenn mich jemand anhält? Wenn er fragt, wohin ich gehe und zu wem? Was passiert, wenn er in meinen Rucksack sehen will, dort die Herrenwäsche findet und die Lebensmittel? Er wird doch denken, ich sei ein Spion. Das waren die Phantasien, die mich den ganzen Weg begleiteten und mich ziemlich quälten. Ich wagte es aber auch nicht, die Straße zu verlassen und durch den Wald zu gehen, der zu beiden Seiten der Straße verlief, da hatte ich Angst, die Orientierung zu verlieren.

Manchmal kamen mir die Tränen, dann hatte ich Sehnsucht nach der vergangenen Zeit, nach der Schule, dann hatte ich das Gefühl, ein ganz armes Schwein zu sein. Doch bevor mir die Tränen den Blick verklärten, fiel mir meine ungeheure Wut wieder ein, Wut auf all die, die uns dieses Unglück gebracht haben, die uns entrechtet haben, dann biß ich die Zähne zusammen und empfand nur noch Haß, Haß auf die Deutschen, und mit Haß in der Seele ließ es sich leichter weitergehen als mit der Verzweiflung.

In der Schule hatten wir gelernt, nach dem Sonnenstand die Zeit zu bestimmen. Es mußte ungefähr 11 Uhr sein, somit sollte ich wohl bald da sein. Die Weisungsschilder mit Kilometerangaben führten mich jeweils weiter Richtung Delatin. Dann sah ich in der Ferne das Ortsschild Zarechye, nun brauchte ich nur noch nach dem gelben Haus zu suchen.

»Du kannst es nicht verfehlen, es ist gleich am Ortseingang, es gibt nur ein gelbes Haus«, hatte Vater gesagt. Ich fand es schnell, das gelbe Haus, in dem die Freunde meines Vaters, sie hießen Brandt, wohnten. Mit Herzklopfen drückte ich auf die Klingel, ein Mann öffnete die Tür.

»Ich heiße Ruth Rosenstock, ich suche meinen Vater, ist er bei Ihnen?«

»Mein Gott, mein Gott, mein Kind hat mich gefunden«, hörte ich meinen Vater rufen, und schon stand er vor mir, nahm mir den Rucksack ab, hob mich hoch und drückte mich so fest, daß ich dachte, nun macht er auch noch Matsch aus mir.

Irgendwann stellte er mich wieder auf den Boden, und seine Fragen überschlugen sich, noch nie hatte ich ihn so freudig aufgeregt gesehen. »Wie geht es euch? Was macht Mutti? Wie geht es Lia? Sind alle gesund? Wovon lebt ihr? Habt ihr genug zu essen?«

Frau Brandt sagte: »Jetzt laß sie doch erst mal schnaufen« und zu mir: »Setz dich, mein Kind, trink einen Tee, und dann erzähl in aller Ruhe.«

Ich erzählte alles, was er wissen wollte. Als ich über meinen Ausflug mit den Männern zu den Bergbauern berichtete, sagte mein Vater: »Unglaublich« und bewegte den Kopf staunend immer wieder von rechts nach links.

Wir saßen in einem Raum, dessen Tür offenstand und mit zwei Stufen direkt in den Garten führte. Es war ein herrlicher Spätsommertag und paßte gar nicht zu meiner traurigen Abschiedsstimmung. Ich bekam noch ein Mittagessen, dann wurde mein Rucksack geleert und mit schmutziger Wäsche gefüllt.

»In einer knappen Stunde mußt du leider wieder gehen, der Weg ist weit, und bevor es dunkel ist, mußt du zu Hause sein«, sagte mein Vater.

Das sah ich ein, ich setzte mich auf die Treppe zum Garten und dachte, wie traurig es doch für uns alle ist, in Zukunft immer zwischen Wiedersehen und Abschied zu leben. Drinnen wurde auch über die ungewisse Zukunft der Juden geredet. Dann hörte ich Frau Brandt sagen: »Es wäre leichter, wenn man einen Sohn hätte in dieser schweren Zeit«, und mein Vater sagte: »Ich habe einen Sohn, da draußen sitzt er, kein Sohn könnte tapferer sein als dieses Mädchen, sie ersetzt mir mehrfach einen Sohn.« Ich lief ins Zimmer und fiel meinem Vater um den Hals, meine Augen füllten sich mit Tränen, diese verdammten Tränen, das haßte ich an mir, das mußte ich mir abgewöhnen.

Ich verabschiedete mich von allen und machte mich auf den Weg nach Hause. Niemand hielt mich unterwegs an, um 19 Uhr war ich zu Hause. Wieder mußte ich alles berichten, wieder wurde ich bestaunt und gelobt, ständig war ich so was wie der Held des Tages.

Jetzt hatte ich ein wenig Pause, denn erst in einer Woche wollte ich wieder zum Tausch in die Berge gehen. Wir beschlossen, daß ich im Wechsel eine Woche zum Tauschen zu den Bauern gehen sollte und die darauffolgende Woche zu meinem Vater. So fand das auch mein Vater gut.

Von der Gestapo hatten wir noch keinen zu sehen bekommen, die hatte ihren Sitz in Tatarow, zehn Kilometer von Mikuliczyn entfernt. Dort auf einem Gut hatten sie ihr Quartier eingerichtet. Ihr Machtbereich reichte bis nach Stanislawa, ein Umkreis von ungefähr achtzig Kilometern. Junge Ukrainer standen in Diensten der Gestapo, sahen aus wie Soldaten und benahmen sich wie Verbrecher. Für sie waren die Juden rechtlos. Sie drangen in deren Häuser ein, nahmen mit, was ihnen gefiel, und nachts warfen sie mit großen Steinen die Fensterscheiben ein.

Eines Nachts waren auch wir dran. Der Lärm hatte uns geweckt. Lia und ich rannten in das Schlafzimmer zu unserer Mutter, wir krochen alle in die Ecke des Raumes, in der das Fenster war, da flog auch schon der erste große Stein. Die Steine konnten uns nicht treffen, aber die Glassplitter spritzten bis zu uns, und es folgten noch viele Steine. In dieser Nacht verlor unser Haus alle Fensterscheiben, und es gab kaum noch ein jüdisches Haus, das Fensterscheiben hatte. Es war immer noch ziemlich warm, deshalb froren wir nicht, aber es zog in allen Räumen.

Die Tour in die Berge und zu meinem Vater machte ich noch zweimal, dann passierte das nächste Unglück, eine Naturkatastrophe, und so schrecklich sie war, sie erwies sich später als unser Lebensretter.

Seit einer Woche regnete es ununterbrochen, und der Pruth stieg bedrohlich an, er wurde immer mächtiger. Ich war bei meiner Freundin Eva Schwarzbach. Wir saßen an einem Tisch, der am Fenster stand, und spielten zusammen mit ihrem Bruder Mojsche Karten. Die Familie Schwarzbach war unser Nachbar, ihr Haus war das nächste neben unserem, auf der gleichen Straßenseite. Ich schaute zufällig durchs Fenster und sah, daß einige Menschen von unserer Straßenseite, beladen mit Hausrat, wie Federbetten und Kartons, über die Straße liefen zur anderen Seite. Ich rief: »Was tun denn die da?« Frau Schwarzbach kam ans Fenster, schlug die Hände vors Gesicht und sagte: »Um Gottes willen, das Wasser kommt, wir müssen sofort auf die andere Seite, lauf nach Hause, sag es deiner Mutter und Schwester.«

Meine Mutter saß an der Nähmaschine, Lia war im gleichen Raum. Mutter wollte erst meiner Warnung nicht glauben, es kostete mich einige Überredungskunst, bis sie mit Lia mir folgte. Wir rafften einige Sachen zusammen, Decken, Kleider und Wäsche, und verließen das Haus. Es war wohl höchste Zeit, der Straßengraben war schon voller Wasser. Wir gingen in das Haus gegenüber zur Familie Dresdner. Diese Straßenseite lag etwas höher als unsere, das wichtigste aber war, daß hinter den Häusern dieser Seite ein ungefähr drei Meter hoher, aus Steinen gebauter Schutzwall verlief, der sich die ganze Straße entlang hinzog, bis in das höhergelegene Gebiet. Er war vor vielen Jahren erbaut worden, nachdem der Fluß schon mal über die Ufer getreten war. Der Wall war mit Gras überwachsen und wurde »Kaczyca« genannt. Als noch Frieden war, tobten wir oft darauf herum und hatten uns nie gefragt, wozu er wohl einst errichtet wurde.

Im Haus der Familie Dresdner hatten schon mehrere Menschen Schutz gesucht, man wußte, daß dies nicht von Dauer sein würde, viele standen an den Fenstern und an der offenen Tür und beobachteten die Flut. Als das Wasser anfing ins Haus zu sickern, sagte Herr Dresdner: »Wir müssen raus.« Bis zu den Knien reichte uns das Wasser, als wir über den hinteren Garten das Haus verließen, auf die Kaczyca kletterten und darauf entlang zu den höhergelegenen Siedlungen gingen. Nach kurzer Zeit tobte um uns herum ein wildes Meer, Bäume, Wagen, Hundehütten, Hausteile und brüllende Tiere wurden von braune Wellen schlagendem Wasser mitgerissen. Es war grausam.

Der Wall schien für viele die Rettung vor dem Wasser zu

sein, er war fast überfüllt, nicht nur unsere Straße war hier unterwegs. Wir gingen zu zweit oder einzeln hintereinander, denn der Gehweg auf der Kaczyca war schmal. Rechts von uns tobte die Sintflut, und man durfte auf keinen Fall ausrutschen. Es dunkelte schon, als wir die sichere Höhe erreichten. Die Menschen hier oben nahmen bereitwillig die Wasserflüchtlinge auf. Die meisten wurden in Ställen untergebracht, so auch wir, mit weiteren acht Personen. Bevor die Nacht kam, versorgte die Bäuerin uns alle mit Brot und heißem Tee.

Es funktionierte alles erstaunlich, es schien fast wie eingeübt, als wären wir erwartet worden. Trotz der guten Betreuung waren wir alle wie gelähmt, irgendwie willenlos. Eine Schwermut lag über uns allen, als wir uns ins Heu zum Schlafen legten. Ich hätte am liebsten vor Wut laut geheult. Mußte das zu allem Übel auch noch passieren?!

Wir blieben sechs Tage hier oben, und jeder bemühte sich, unseren Gastgebern zur Hand zu gehen. Ich kehrte den Hof, fütterte die Hühner, schälte Kartoffeln und putzte Gemüse. Die Frauen kochten täglich eine Suppe, die wir dann alle mit einer Scheibe Brot zum Essen bekamen. Meine Mutter hatte ihre Nähkünste angeboten und bekam auch einiges zum Ausbessern. So gaben wir uns alle Mühe, unsere Dankbarkeit zu zeigen.

Einige Männer hatten die Lage erkundet und meinten, das Wasser sei zurückgegangen, wir könnten wieder runter. So verließen wir dankbar unsere Gastgeber und gingen auf gleichem Weg, voller Spannung, was wir antreffen würden, zurück nach Hause. Es sah grauenvoll aus, überall dunkelbrauner Schlamm, auf der Straße und in den Gärten lauter Unrat, dazwischen tote, halbverweste Tiere.

Durch Schlamm und Wasser bis zu den Knöcheln gingen wir zu unserem Haus. Wir waren sprachlos, vom ganzen Haus gab es nur noch zwei Zimmer, das erste, in dessen Tür Großmutter einst stand, um uns zu empfangen, als wir von Danzig ankamen, und unser Zimmer, Lias und meines, alles andere hatte das Wasser weggerissen, es waren nur noch Reste vom Fundament zu sehen. Wir waren nicht nur obdachlos, wir hatten auch unsere gesamte Habe verloren. Ich werde nichts mehr bei den Bauern tauschen können, Mutter wird nichts mehr mit Nähen verdienen, denn es gab keine Nähmaschine mehr, wie soll es bloß mit uns weitergehen, das waren unsere Gedanken. Mutter und Lia weinten, ich brüllte laut unter Tränen und spürte damals das erste Mal diesen dumpfen, drückenden Schmerz in meiner Magengegend, es war wohl der Beginn meiner Gallensteine. Die Synagoge war unversehrt geblieben, das Glas der Fenster hatte sie schon lange verloren.

Wir gingen zur Familie Dresdner, erzählten unsere Lage, und die nahmen uns vorübergehend auf. Am nächsten Tag ging ich zu meinem Vater. Von den nächtlichen Steinwürfen hatte ich nichts erzählt, aber das, was uns jetzt passiert war, konnten wir nicht verschweigen, zumal ich ihn auch nicht mehr versorgen konnte.

Auch unterwegs gab es viele Spuren der Überschwemmung. Eine der Brücken, über die ich gehen mußte, war zum Teil zerstört und nur für Fußgänger, recht provisorisch, mit langen Brettern instand gesetzt worden. Man durfte immer nur einzeln das Provisorium passieren. Ich hatte große Angst, darüber zu gehen, und tat es doch. Die Bretter wackelten unter meinen Füßen, statt Geländer war ein dickes Seil gespannt, alles war wackelig, und unter mir rauschte gewaltig der Pruth. Als ich drüben war, hörte ich mein Herz in den Ohren klopfen, und das noch einmal auf dem Rückweg, dachte ich.

Als mein Vater mich sah, ahnte er, daß etwas nicht stimmte, er sagte gleich:»Was ist passiert?« Ich wollte nicht, aber es weinte aus mir heraus, als ich ihm erzählte, was geschehen war. Er nahm mich in den Arm.»Wein nicht, mein Kind, wir gehen zusammen nach Hause«, sagte er.

Er packte seine Sachen zusammen, wir verabschiedeten uns von den Freunden und machten uns auf den Weg. Als wir an der bewußten Brücke waren, wollte er es nicht glauben, daß ich da rübergegangen bin. Ich machte es ihm vor und ging als erste, jetzt beim zweiten Mal war es für mich nicht mehr so schlimm. Balancierend mit seinem Koffer, folgte er mir.

»Ich weiß nicht, ob ich es gewagt hätte, wenn du es nicht vorgemacht hättest, mir zittern immer noch die Knie«, sagte er, als er wieder auf festem Boden stand, sicher nur, um mich zu loben.

Gegen Abend standen wir vor den Resten unseres Hauses. Er sagte nichts, er umarmte mich ganz fest, und seine Augen waren unendlich traurig. Das erinnerte mich an den Tod von Sarah, damals standen wir beide genauso machtlos vor dem Ende. In solchen Momenten kann man seine Seele spüren, spüren, wie sie weh tut. Nach einer langen Weile sagte er:»Das war's«, nahm mich an die Hand, und wir gingen rüber zur Familie Dresdner.

Ich setzte mich in eine Ecke, sah der Begrüßung zu und war von dem langen Weg furchtbar müde. In der kommenden Nacht durften wir alle bei der Familie Dresdner bleiben, und am nächsten Tag machte sich Vater auf den Weg, um eine neue Unterkunft für uns zu finden. Er entschied sich für ein winziges Häuschen, bestehend nur aus einem Raum. Es war leer wie das Hotel, zu dem es gehörte, und diente wohl im Sommer, wenn die Kurgäste das Hotel bewohnten, als Unterkunft für das Personal.

Viele Menschen unserer Straße versorgten uns mit dem Notwendigsten, zwei Kochtöpfen, etwas Geschirr, Matratzen, Decken, einer Petroleumlampe mit Petroleum, Kerzen und auch Lebensmitteln. Wir luden alles auf einen kleinen Leiterwagen und zogen ihn zu unserem neuen Zuhause. Der Weg war ziemlich weit, sicher zwei bis drei Kilometer. Nachdem wir ihn zweimal gegangen waren, so viel hatten wir geschenkt bekommen, waren wir eingezogen.

Direkt hinter dem Häuschen war der Wald. Lia und ich gingen Holz sammeln, und dann wurde der kleine Kanonenofen, der im Raum stand und eine einzige Kochplatte hatte, eingeheizt. Obwohl es warm wurde, Mutter hatte Tee gekocht und Brot verteilt, wir das Notwendigste hatten und nach langer Zeit endlich wieder alle zusammen waren, es kam keine Freude auf. Deshalb sagte Vater wohl, als es kaum anfing, dunkel zu werden: »Am besten legen wir uns jetzt schlafen, und morgen fangen wir mit neuer Kraft und neuem Mut an.«

Die Eltern hatten zwei Matratzen, Lia und ich teilten uns eine, aber das war gut so, denn wir klammerten uns ganz fest aneinander und verdrängten damit das Gefühl der Fremde.

Der Morgen war auch nicht hoffnungsvoller als der Abend, es gab überhaupt keine Perspektive. Eine große Sorge war die Ernährung, denn unser Vorrat, den wir von den alten Nachbarn bekommen hatten, verbrauchte sich schnell, er wurde in Tagesrationen eingeteilt und reichte wohl für eine Woche.

Was tun? Als erstes tauschten meine Eltern ihre Eheringe für zwei Eimer Kartoffeln ein, später folgten ihre beiden Uhren. Für die Uhren haben sie einiges mehr bekommen, etwas Butter, Mehl, Kartoffeln und auch etwas Fleisch. Zum Tauschen mußte mein Vater nicht in die Berge, wie ich das tat, er suchte alte christliche Kunden meiner Mutter auf und bot ihnen an, falls sie Näharbeit und eine Nähmaschine hätten, käme Mutter auch zu ihnen ins Haus und würde gegen Lebensmittel Neues nähen oder Altes ausbessern. Mutter wurde wieder einmal mit ihrer Nähfähigkeit unsere Rettung. Sie war jeden Tag unterwegs. Es sprach sich schnell herum, und die, die keine Maschine hatten, brachten ihre Arbeiten zu Nachbarn, bei denen Mutter gerade war. Wir waren, was die Ernährung betraf, wieder versorgt. Die Welt war wieder etwas rosig.

Obwohl wir eine Sorge weniger hatten, wurde Vater immer unruhiger, er ging ständig im Raum auf und ab, er, Lia und ich, wir alle waren sehr nervös. Es gab aber auch keine Ablenkung, kein Radio, keine Zeitung, kein Buch, wir hatten weder Papier noch Bleistift. Es war trostlos.

Das kleine Häuschen stand zurückgesetzt von der Straße und etwas im Schatten des großen Hotels, zu dem es gehörte. Es hatte zwei Fenster, und diese hatten Holzfensterläden. Die Läden bestanden aus rauhen Brettern. Vater nahm diese Holzfenster aus den Scharnieren, legte sie auf den Boden und schlug mit einem schmalen Stück Holz und mit Hilfe eines Steins die Astlöcher aus dem rauhen Holz, dann hängte er sie wieder ein, und sie wurden geschlossen. Solange wir in dieser Behausung blieben, blieben die Holzläden immer geschlossen. Das Häuschen sah jetzt, bis auf den Rauch, der aus dem kleinen Schornstein stieg, unbewohnt aus, es war aber sehr kalt, und auf das Heizen konnte man nicht verzichten. Im Raum selbst war es ziemlich dunkel, aber man gewöhnte sich an das wenige Licht, zumal wir die leeren Astlöcher hatten und die Läden sowieso nicht dicht schlossen. Es drang noch genügend Licht in den Raum, zum Lesen hatten wir ohnehin nichts. Der halbdunkle Raum vermittelte sogar ein wenig Sicherheit.

Ich bekam eine neue Aufgabe. Ich mußte den ganzen Tag,

solange es draußen hell war, vor den Astlöchern sitzen und die Straße und, so weit ich sehen konnte, die ganze Gegend beobachten. Vater sagte: »Paß gut auf, sobald jemand die Straße verläßt und in unsere Richtung kommt, sofort sagen, achte hauptsächlich auf Männer und besonders auf solche in Uniform.« Obwohl ich dabei auf einem Schemel saß, war es ein anstrengender Job. Niemand sprach ein Wort, und in dieser Stille hörte man nur das ununterbrochene Auf-und-ab-Gehen meines Vaters. Das Gefühl der Geborgenheit schwand schnell, jetzt wurde der Raum zum Käfig. Die Schritte meines Vaters machten mich nervös, ich dachte, wie lange halte ich das aus, aber ich traute mich nicht, etwas zu sagen. Er tat mir unendlich leid, ich dachte damals immer noch, besonders bedroht sei nur mein Vater, aber das war wirklich ein Irrtum.

Ich atmete jeweils auf, wenn es dunkel wurde und ich vom Fenster wegkonnte. Um diese Zeit kam dann auch Mutter nach Hause und brachte etwas zum Essen mit. Das war der schönste Teil des Tages, wenn wir alle vier beim Essen zusammensaßen und auch wieder ein bißchen gesprochen wurde. Mutter erzählte dann, wie die Welt draußen aussah, daß die Polen, bei denen sie zum Nähen war, auch Angst hätten, daß keine Deutschen zu sehen waren, aber viele Ukrainer in Uniformen, und die glaubten, sie seien sehr wichtig, und daß sie am nächsten Tag wieder Arbeit habe und bei wem, meistens hatte sie Arbeit.

Eines Tages erzählte sie, daß das Sägewerk in Betrieb sei und daß viele Juden und auch Polen dort zum Arbeiten hingingen. Es war an einem Abend Mitte November, als Vater zu uns sagte: »Hört mal zu, seit ich weiß, daß auf dem Sägewerk gearbeitet wird, läßt mich der Gedanke nicht los, ich möchte auch dorthin gehen. Vielleicht treffe ich Freunde oder Bekannte, mit denen ich reden kann, ich halte dieses Warten und die Ungewißheit nicht länger aus, ich muß raus und unter Menschen sein. Ich werde mich gleich morgen bemühen, Arbeit zu bekommen, vielleicht nehmen sie mich.«

Das ist kein guter Gedanke, dachte ich. Seit Wochen sperren wir uns hier selbst ein, ich beobachte argwöhnisch die Straße, wir haben Angst vor jedem, der vorbeigeht, er könnte uns gefährlich werden, und jetzt will Vater raus in all diese Ungewißheit, wo war da die Logik?

Meine Bedenken äußerte ich auch, aber Vater meinte nur: »Ich kann hier nicht länger tatenlos sein, das verstehst du noch nicht, mein Kind.«

Als Vater uns am nächsten Morgen schon sehr früh verließ, war es draußen noch dunkel und eisig kalt. Er küßte jeden von uns zum Abschied, er sah mir meine Zweifel an, klopfte mir auf die Schulter und meinte: »Wird schon gut gehen.«

Vater blieb den ganzen Tag weg, somit hatte er Arbeit bekommen, meinte Mutter, die an diesem Tag bei uns geblieben war. Als er abends nach Hause kam, war es schon dunkel, er war ziemlich aufgeräumt und gesprächig.

»Es gab keine Schwierigkeit, Arbeit zu bekommen«, sagte er, »ich muß mit einem anderen Mann, der auch Jude ist, dicke Bretter auf eine Lore laden und diese dann auf den Schienen in eine Halle fahren, wo sie weiterbearbeitet werden, dort wird wieder abgeladen, und so wiederholt sich das den ganzen Tag. Es ist eine stupide Arbeit, auch anstrengend, aber es wird einem warm dabei bei dieser Kälte. Mittags haben wir eine Stunde Pause, und wir bekommen sogar eine heiße Kohlsuppe und ein Stück Brot. In der Pause kreisen unsere Gespräche immer um das gleiche Thema, wie wird es wohl weitergehen? Einige denken an Flucht nach Rußland, aber dazu muß man jung und alleinstehend sein.«

Seit nun schon drei Wochen verließ Vater jeden Morgen noch im Dunkeln unsere Behausung und ging zum Sägewerk. Mutter hatte ein- bis zweimal in der Woche Näharbeit bei ihrer alten Kundschaft. Lia und ich mußten täglich in den Wald zum Holzsammeln, um unseren kleinen Ofen beheizen zu können. Frieren und Hungern brauchten wir nicht, Mutter brachte für ihre Arbeit genügend Lebensmittel mit nach Hause. Sie hatte uns auch ein paar Bücher mitgebracht, so daß wir etwas zum Lesen hatten. Ich saß auch nicht mehr ununterbrochen vor den Astlöchern, um die Straße zu beobachten, nur wenn Laute von draußen zu hören waren, eilte ich zum Fenster.

Wenn wir uns nicht ständig in Gefahr gefühlt hätten, wäre alles nicht ganz so schlimm gewesen, aber es kursierten schlimme Gerüchte. Die Gestapo solle mit Hilfe der Ukrainer ganze Dörfer judenfrei machen. Die Menschen würden mit Lastwagen abtransportiert, niemand wisse, wohin, man sage, zum Arbeiten. Ich glaubte diesen »Gerüchten«, denn ich hatte auch schon Lastwagen voll mit Zivilisten durch Mikuliczyns Hauptstraße fahren sehen, damals, als Vater sich noch bei den Freunden aufhielt und wir noch in unserem Haus wohnten, bloß wußte ich es nicht zu deuten.

Schlimm war, daß man kein Entrinnen sah, weder unseren sorgenvollen Gedanken noch den Deutschen, denn letztere waren inzwischen überall. Die Tschechoslowakei, Ungarn, Rumänien, alle Staaten südlich von uns waren von den Deutschen besetzt. Die Sorgen verließen uns keine einzige Stunde. Vielleicht hätte Vater allein versuchen sollen zu fliehen, vielleicht hätte er allein eine Chance gehabt, mit uns zusammen war es aussichtslos.

So kam der Tag der Katastrophe, es war der 12. Dezember 1941. Wie immer stand Vater früh auf, Mutter machte ihm Brote, Lia und ich waren noch im Bett. Draußen war es sehr kalt, und Vater hatte wohl schon oft gefroren in seiner nicht sehr warmen Jacke, deshalb sagte er:»Haben wir nicht einen Gürtel, den ich umbinden kann, damit die Jacke mich fester umschließt, vielleicht ist es dann etwas wärmer.« Der einzige Gürtel, den wir hatten, gehörte mir, und ich gab ihn ihm sofort. Er versuchte den Gürtel umzubinden, aber der Gürtel war zu kurz. Voller Wut warf er den Gürtel auf unser Bett, fluchte und ging raus. Das war das letzte Mal, daß wir ihn sahen.

Es war schon hell, als wir von draußen Stimmen hörten. Ich eilte sofort zum Fenster und sah einige Leute auf der Straße, ich ahnte Schlimmes und lief raus zu den wild diskutierenden Menschen. Mir kam eine Frau entgegengelaufen, ich fragte, ob etwas passiert sei, sie sagte:»Die holen alle Juden vom Sägewerk ab.«

Ich ging schnell zurück, erzählte, was ich gehört hatte, und sagte:»Ich muß sofort zum Sägewerk, Vater warnen.«

Ich dachte, es sei am unverdächtigsten, wenn es so aussieht, als wolle ich jemandem das Essen bringen, so machte mir Mutter schnell ein paar Brote, und ich ging damit zum Sägewerk. Die Straßen waren leer, wie ausgestorben. Ich rannte, so schnell ich konnte, und hatte nach ungefähr fünfzehn Minuten mein Ziel erreicht. Vor dem großen Tor bewegten sich mehrere mit Gewehren bewaffnete Ukrainer und ein Gestapomann mit einem Revolver am Gürtel. Letzterer hatte schwarze Stiefel an und einen langen grüngrauen Mantel mit breiten braunen Manschetten. Wenn er sich bewegte, konnte man in gleicher Farbe eine Art Reithose sehen, auf dem Kopf trug er in gleicher Farbe eine Schirmmütze. Das war der erste Gestapomensch, den ich sah, sofern man diese Bestien »Mensch« nennen konnte.

Es kam sofort ein Ukrainer auf mich zu und sagte: »Was willst du hier?«

Ich antwortete: »Mein Vater arbeitet hier und hat sein Essen vergessen, das will ich ihm bringen.«

Jetzt kam auch der Gestapomann. Eigenartig, ich hatte keine Angst, ich spürte nur Wut und Haß. Er sagte zu dem Ukrainer: »Was sucht die hier?«

Der Ukrainer sprach ganz gut deutsch, er war wohl sein Dolmetscher, denn er übersetzte ziemlich genau. Der Deutsche sagte: »Jetzt nicht, die kann später kommen, wenn wir mit den Juden hier fertig sind.«

Obwohl ich natürlich jedes Wort verstand, wartete ich, bis der Ukrainer es mir übersetzte, dann lief ich unverrichteter Dinge zurück nach Hause. Mutter war verzweifelt, als sie hörte, was ich erzählte.

»Was machen wir jetzt bloß?« fragte sie.

»Wir müssen in den Wald, vielleicht durchsuchen sie auch die Häuser, wir können hier nicht bleiben. Wir werden vom Wald aus beobachten, was weiter geschieht«, sagte ich. Ich hatte das schon beschlossen auf dem Weg vom Sägewerk zurück nach Hause.

Wir zogen alles an, was wir hatten, auch übereinander, denn obwohl die Sonne schien, war es wirklich eisig kalt. Wir nahmen noch einiges zum Essen mit und verließen das Häuschen.

Weit brauchten wir nicht zu gehen, denn der Wald begann direkt hinter dem Haus. Wir stapften durch tiefen Schnee, er reichte uns fast bis zum Knie. Wir gingen so weit in den Wald hinein, daß man uns von der Straße aus nicht sehen, wir aber die Straße noch gut beobachten konnten. Hinter einem dicken Baum machten wir halt, von hier aus konnten wir die Straße sehen und uns auch, wenn nötig, hinter dem Baum verstecken. Um nicht zu erfrieren, bewegten wir ständig unsere Füße und Arme.

Es muß so gegen 11 Uhr gewesen sein, als wir die Kolonne auf der Straße sahen. Zu je vier oder fünf Menschen in einer Reihe, bewacht von den Ukrainern, sicher war der Deutsche auch dabei, bewegte sich der Treck Richtung Ortsmitte. Ich meine, es waren mindestens hundertfünfzig Personen. Sprachlos und machtlos schauten wir dem Geschehen zu. Lia begann zu weinen, ich tröstete sie und sagte:»Selbst wenn Papa jetzt dabei ist, sie werden ihn nicht bekommen, er wird ihnen entwischen.« Das war meine feste Überzeugung.

Zurück zum Haus war es zu früh, zu gefährlich, so gingen wir ziellos weiter in den Wald, nur um in Bewegung zu bleiben. Keiner sprach, jeder hing seinen Gedanken nach. Mir kam immer wieder alles unwirklich vor, wie in einem bösen Traum. Was hatten wir bloß alles in letzter Zeit erlebt? Vor einem halben Jahr waren wir noch freie Menschen, und heute wurden wir wie Verbrecher verfolgt und gejagt. Ich war fest entschlossen, ihnen mit meiner Familie zu entkommen, und ich glaubte auch fest daran, daß Vater ihnen entwischen würde. Aber nicht nur überleben wollte ich, ich wollte Rache, ich wollte die Vergeltung erleben, und diese Gefühle gaben mir Mut und Kraft zum Durchhalten.

Die Sonne näherte sich dem Horizont, und wir wagten den Weg zurück in unsere Behausung. Mutter setzte sich auf einen Stuhl, zündete sich eine Zigarette an und sagte:»Und was jetzt, wie geht es weiter?« Wir erkannten, daß wir hier nicht tatenlos verbleiben konnten, daß wir erkunden mußten, wohin die verschleppten Menschen gekommen waren, und wollten damit gleich am nächsten Tag beginnen.

Am Vormittag verließen wir unsere Unterkunft. Mutter nahm Lia mit, sie wollte zu einer ihrer Kundinnen, von der sie sich versprach, etwas zu erfahren, und für mich gab es nur einen Weg, ich ging in unsere Straße, ich wollte mit meinen Freundinnen, mit unseren Nachbarn sprechen.

Dort angekommen, konnte ich kaum glauben, was ich sah. Die Türen der Häuser standen offen, fremde Menschen gingen ein und aus. Die, die rauskamen, hatten die Arme voll mit Dingen, die ihnen nicht gehörten, es wurde geplündert. Ich lehnte mich an einen Zaun auf unserer Straßenseite, sah dem üblen Treiben zu und wußte nicht, ob ich mehr traurig oder mehr wütend war. Wo waren die Bewohner, wo waren alle meine Freundinnen?

Plötzlich stand eine junge Frau neben mir, die auch dem Geschehen zusah. »Ist doch schlimm, was hier geschieht, und das sind alles Christen, ich schäme mich so«, sagte sie auf polnisch zu mir.

Ich faßte Vertrauen und fragte: »Was ist hier geschehen, wissen Sie das?«

»Ja«, sagte sie, »vorgestern, in aller Frühe, es war noch dunkel, hat die Gestapo, es waren sechs Mann, alle Juden abgeholt, Junge, Alte, Männer, Frauen, Kinder, alle. Die Ukrainer haben sie geführt, die haben ihnen jedes jüdische Haus gezeigt.«

»Wohin hat man die Menschen gebracht?« wollte ich wissen.

»Ins Gemeindegefängnis«, war die Antwort.

Nun wußte ich Bescheid. Ich ging noch zu unserem Haus, es schien ein weiteres Stück Gemäuer abgebrochen zu sein, und die Synagogenfenster waren restlos alle eingeschlagen. Wenn man »Traurigkeit« malen wollte, müßte man das malen, was ich sah. Alles war so irreal, die plündernden Menschen, die laut und raffgierig waren, und im Gegensatz dazu die verlassenen Häuser, deren Besitzer verschleppt, und deren vorhanglose Fenster und weit offene Türen, schwarz und dunkel, schienen »Warum« zu schreien.

Mit schweren Beinen und die Augen voller Tränen ging ich zurück nach Hause, dorthin, wo zur Zeit unser Zuhause war. Mutter und Lia waren auch gerade gekommen. Was sie zu erzählen hatten, war genauso entsetzlich. Die Nazis hatten im ganzen Ort alle Juden verhaftet, deren sie habhaft werden konnten, und immer wurden sie von den Ukrainern geführt.

Wir waren absolut machtlos, was sollten, was konnten wir tun? Wir fanden keine Antwort. Wir gingen nicht mehr in den Wald, um uns zu verstecken, denn die Nazis glaubten ja wohl ihre Arbeit getan zu haben. Einen Tag blieb Mutter bei uns, aber den Tag darauf, es war der fünfte Tag, seit sie Vater verschleppt hatten, versuchte sie wieder etwas zum Nähen zu finden, denn unser Vorrat ging langsam zu Ende.

Mutter kam sehr schnell wieder zurück. Sie war außer sich, sie konnte kaum reden, und was sie dann erzählte, war grauenhaft. »Könnt ihr euch das vorstellen, die sollen alle Menschen erschossen haben, alle, alle.« Nein, das konnte man sich nicht vorstellen, das wollte ich auch nicht glauben. »Doch«, sagte Mutter, »es gibt große Haufen mit Kleidern und Schuhen, von Kindern und Erwachsenen. Die Menschen mußten alles ausziehen, bevor sie erschossen wurden, jeder kann da hingehen und sich holen, was er möchte.«

Nachdem ich meine Sprache wiedergefunden hatte, sagte ich: »Den Papa haben die nicht erschossen, das hätte ich in meinem Herzen gespürt, Papa lebt, wir können ja hingehen und Papas Kleider suchen, ihr werdet sehen, sie sind nicht dabei.«

Mutter ging allein zu dem »Kleiderberg«. Sie hatte noch

einen Termin bei einer Kundin, von der sie dann auch zu erfahren hoffte, wo sich dieser »Kleiderberg« befand. Am späten Nachmittag kam sie zurück, in ihren Armen trug sie einige Kleider, sie schien völlig erschöpft und mutlos. Sie fiel auf einen Stuhl, fing zu weinen an und sagte: »Laßt mich ein Weilchen in Ruhe, ich kann bald nicht mehr.« Wir setzten uns schweigend zu ihren Füßen auf den Boden, legten unsere Hände auf ihre Beine und waren zusammen ein Häufchen Elend. Neben uns auf dem Boden lagen die fremden Kleider der ermordeten Menschen.

Nach einer Weile legte sie ihre Hände auf unsere Köpfe, und mit einem tiefen Seufzer sagte sie: »Ach Kinder, Kinder, was wird uns noch alles geschehen?«

Jetzt traute ich mich wieder, etwas zu sagen, und meinte: »Das sind aber nicht Papas Kleider.«

»Nein«, sagte Mutter und fing an zu erzählen: »Die Frau, bei der ich zum Nähen war, hat eine grauenhafte Geschichte erzählt. Sie hat sie von ihrem Schwager gehört, der bei der Gemeinde arbeitet und deshalb genau Bescheid wußte. Wie sie erzählte, haben die Verbrecher vor Tagesanbruch die jüdischen Menschen aus dem Gemeindegefängnis geholt. Draußen standen mehrere Lastwagen. Die Menschen mußten einsteigen und sich auf den Boden legen, nebeneinander und übereinander, wie Sardinen in der Büchse. Über all die Menschen wurde eine Plane gelegt. Zur Bewachung fuhren Ukrainer mit, die mit Knüppeln auf alles schlugen, was sich bewegte. Es sollte wohl niemand sehen, welches ungeheure Verbrechen hier geschah. Die Lastwagen fuhren etwa fünf bis zehn Kilometer aus der Stadt heraus. An einem Waldrand waren große Gruben, Massengräber, ausgehoben. Die Menschen mußten aussteigen. Einige waren bereits tot. Die wurden von den Ukrainern in die

Grube geworfen. Die noch lebenden Menschen mußten sich alle nackt ausziehen. Einer der Gestapomörder hielt ein Buch, in dem er die Menschen namentlich registrierte. Dann mußten sich Kinder, Großmütter, Großväter, Frauen und Männer nacheinander an den Rand der Grube knien und wurden von den sechs Gestapobestien durch Genickschuß feige und bestialisch ermordet.«

Wir saßen lange schweigend da. Ich war und bin bis heute davon überzeugt, daß dieses unmenschliche, unglaubliche, feige Verbrechen an wehrlosen Menschen nur möglich war, weil es von Deutschen geplant und ausgeführt wurde.

Lia durchbrach unser Schweigen: »Was sind das für Kleider, wem gehören die?«

»Wem sie gehören, weiß ich nicht«, sagte Mutter, »ich habe für jeden von uns einen Mantel mitgebracht, wir haben doch nichts zum Anziehen gegen die Kälte, und solange wir noch leben, müssen wir wenigstens nicht so sehr frieren. Vom Papa habe ich nichts gefunden, aber das wäre auch ein Zufall gewesen, denn es ist schier unmöglich, aus diesem Berg von Kleidern ganz bestimmte herauszufinden. Es sind Kleider und Schuhe von Kindern und Erwachsenen, außerdem haben schon viele vor mir in diesem Kleiderberg gewühlt und tun es immer noch.«

Ich habe einige Tage später von ukrainischen Augenzeugen, von Menschen, die die Handlanger der Mörder waren, dieses Grauen bestätigt bekommen. Alle fühlten ihr Gewissen beladen und meinten: »Nein, so haben wir das nicht gewollt, wir wollten keine Toten.«

In diesen Tagen ging ich wieder mal in unsere Straße, deren Bewohner jetzt alle ermordet waren. Auch die Straße war tot, niemand bewegte sich, kein Mensch, kein Hund, keine Katze.

Es lag eine lähmende und mahnende Stille über der Straße und den Häusern. Ich wollte meine einzige Freundin, die ich noch hatte, Nina Wojtschek, besuchen. Ich glaubte fest, daß sie noch lebte, denn sie war Christin. Auch das Hochwasser konnte keinen großen Schaden auf dem Bauernhof ihrer Eltern angerichtet haben, denn der lag hinter der »Kaczyca«. Eigentlich hatte ich keinen Grund, dorthin zu gehen, ich glaube, ich wollte nur mal mit einer Freundin gleichen Alters über das »Entsetzliche« reden.

Als ich durch das große Gartentor ging, betrat ich eine ganz andere Welt. Hier sah man nichts von Mord und Verbrechen, hier war alles wie früher. Es kam mir vor, als lägen zwischen diesem Leben hier und dem unseren jetzt Welten. Es waren aber nur sechs Monate vergangen, seit wir genauso friedlich mit der ganzen Familie gelebt hatten.

Ich wurde zwar freundlich, aber auch etwas befangen von Nina und ihrer Mutter begrüßt. Was sollte man auch mit mir anfangen, die übliche Frage bei der Begrüßung, »wie geht es«, paßte nicht mehr zu mir. Also redete man belangloses Zeug, übers Wetter, über den Pruth. Ich aber hielt das Aneinandervorbeireden nicht aus und sagte zu Nina: »Alle unsere Freundinnen sind tot, ihre Geschwister, Eltern und Großeltern, alle ermordet, ihre Häuser sind ausgeraubt, womöglich haben die auch meinen Vater ermordet.«

Nach kurzem Schweigen sagte Ninas Mutter mit schriller, empörter Stimme: »Die sind doch selbst alle schuld, warum glauben sie nicht an Jesus Christus.«

Das war für mich ein Keulenschlag. Sie wollte wohl ihr Gewissen, falls sie eins hatte, beruhigen und machte nun die Ermordeten zu Schuldigen. Ich sagte noch »Ade« und verließ das Haus. Das sagte die gleiche Frau, die vor drei Jahren noch eine jüdische Seele vor dem Fegefeuer retten zu müssen glaubte. Diese Verrückte, die mich damals an meinen Ohren zweifeln ließ.

Der Weg nach Hause führte über unsere Straße, und ich traute fast meinen Augen nicht, als aus einem der Häuser ein Mann herauskam. Es war Herr Storch, der Schwiegersohn von Familie Dresdner, es war sein Haus, aus dem er kam. Ich ging auf ihn zu, glücklich, daß doch noch jemand lebte. Er muß das gleiche empfunden haben, denn er nahm mich in den Arm, hob mich hoch, drückte mich ganz fest an sich und sagte: »Kind, was machst du hier, wo kommst du her?«

Ich erzählte ihm meine Geschichte und wollte natürlich wissen, wie er überlebt hatte. Was er mir erzählte, vervollständigte das, was ich schon über die Ermordung der Juden von Mikuliczyn wußte.

Er erzählte: »Am 12. Dezember zwischen 3 und 4 Uhr morgens machte die Gestapo mit vielen uniformierten Ukrainern eine Razzia in unserer Straße. Sie brachen in jedes Haus ein, schreiend befahlen sie uns, uns anzuziehen, trieben uns aus den Häusern, und als wir alle auf der Straße waren, mußten wir eine Kolonne bilden. So wurden wir, bewacht von den Ukrainern und den Gestapomännern, die das Gewehr über der Schulter trugen, mit Tritten traktiert, ins Gefängnis getrieben. Dort preßte man uns in die Zellen. Die waren ebenerdig und sehr klein, die Fenster waren vergittert. Wir setzten uns auf den Boden, die Kinder weinten, und alle hatten wir große Angst. Gegen Mittag ging die Tür auf, und neue Menschen wurden reingestoßen. Sie kamen vom Sägewerk.« Mir stockte der Atem, als er sagte: »Da war dein Vater auch dabei. – Jetzt waren so viele Menschen in dem kleinen Raum, daß wir nicht mehr alle sitzen konnten. Wir standen dicht aneinandergedrängt, sitzen durften nur die, denen es übel war und die kleinen Kinder. Es gab keine Toilette, für die Notdurft standen in einer Ecke drei Eimer. Es gab weder was zu essen noch zu trinken. Wir fühlten uns der Würde beraubt. Fremde Menschen, Polen, kamen ans offene Fenster und reichten uns durch die Gitterstäbe Wasser und Brot. Das hat zwar nicht gereicht, um den Hunger und Durst zu stillen, aber wir waren dankbar für jede Gabe. Wir bemühten uns, es gerecht zu verteilen. Wir gaben den Menschen draußen alles, was wir hatten, Uhren, Ringe, Ketten, und hofften, sie würden uns weiterhin helfen. Wir bildeten eine Art ›Suchaktion‹. Durch das offene Fenster riefen wir in die nächste Zelle die Namen derer, die wir suchten, Angehörige und Freunde. Wenn die gesuchten Personen sich nicht in der nächsten Zelle befanden, so wurde in gleicher Weise durch alle Zellen durchgerufen, bis man eine Antwort bekam. So suchte auch dein Vater nach deiner Mutter und nach euch Kindern. Als er glauben konnte, daß ihr nicht unter den Gefangenen seid, war er glücklich. Er meinte, es wird euch wohl auch nichts passieren, weil ihr eine deutsche Mutter habt.

Am zweiten Tag kam ein Ukrainer in unsere Zelle, guckte sich unter uns allen um, als ob er was suchte, und dann befahl er mir, mit ihm rauszukommen. Während ich mich durch die Menschen drängte, sagte dein Vater noch schnell zu mir: ›Wenn du jemanden von meiner Familie draußen triffst, sag ihnen, mein einziger Trost sei, daß niemand von ihnen hier dabei ist, dafür danke ich Gott.‹ So bin ich rausgekommen und lebe deshalb noch. Meine Frau und meinen kleinen Jungen haben die Verbrecher ermordet. Mich werden die wohl auch nur so lange leben lassen, wie ich ihnen nützlich bin. Ich arbeite für den Obermörder, den Gestapochef. Ich fahre mit einem Pferdewagen durch die Gegend, begleitet von einem Ukrainer und versuche all das aufzutreiben, was mir befohlen wird, Möbel, Bilder, Porzellan, Teppiche und auch Schmuck. Ich hole es bei den Polen und komme mir selbst wie ein Verbrecher vor, aber was soll ich machen, ich sehe keine Möglichkeit zu fliehen, die Front ist schon zu tief in Rußland drin. Die Polen geben alle etwas, die haben genausoviel Angst, Angst davor, wir könnten sie verraten, wenn sie sich weigern. Sie bitten nur, ich solle es mir merken, wo ich schon gewesen bin, und das tue ich natürlich.

Heute ist es mir zeitlich gelungen, in mein Haus zu gehen, und da treffe ich dich, so ein Wunder, ich glaubte nicht, daß noch jemand von den unseren lebt. Jetzt mußt du aber nach Hause, es wird bald dunkel. Grüß deine Mutter und Schwester von mir und versucht zu überleben, Gott schütze euch.«

Mit den gleichen Wünschen verabschiedete ich mich von Herrn Storch, ob sie in Erfüllung gingen, weiß ich nicht, ich habe ihn nie wieder gesehen.

Zu Hause machte man sich schon Sorgen um mich. Ich erzählte, wen ich getroffen hatte, wie er rausgekommen war und was er machen mußte. Ich erzählte nichts von den dramatischen Zuständen in den Zellen und auch nichts vom Vater. Von ihm erzählte ich erst ein Jahr später.

Unser Leben verlief weiter im gleichen Trott. Mutter hatte nicht mehr soviel zum Nähen, sie hatte wohl mit der Zeit alles fertig gemacht, was es zu tun gab. Somit wurden aber auch unsere Vorräte knapper.

Unsere Gedanken bewegte nur ein Thema – wie geht es weiter, was wird morgen sein, und was ist mit Vater geschehen? Ich glaubte immer noch, daß er den Schergen entkommen sei und er sich irgendwann, wenn er die Möglichkeit hatte, bei uns melden würde.

Eines Tages, es war Mitte Januar, sagte Mutter: »Ich glaube nicht, daß Papa noch lebt, und ohne ihn habe ich hier in Polen nichts verloren, ich will zurück nach Königsberg. Ich denke schon eine Weile darüber nach, ich werde meiner Mutter schreiben und einen Brief an das Wohnungsamt beilegen, in dem ich um eine Einreisegenehmigung und eine kleine Wohnung bitte, vielleicht haben wir Glück.«

Mutter lebte richtig auf, sie ging gleich am nächsten Tag zu einer ihrer Kundinnen, erbat Schreibpapier und einen Umschlag, schrieb gleich zwei Briefe, einen an ihre Mutter und einen an das Wohnungsamt, legte beide in den gleichen Umschlag, adressierte ihn an ihre Mutter und brachte den Brief noch am gleichen Tag zur Post.

Meine Schwester und meine Mutter hatten ab sofort eine Stimmung, als hätten wir die Fahrkarten schon in der Tasche, und ich war wie gespalten, einerseits wollte ich auch weg, anderseits dachte ich an Vater. Was, wenn er doch noch lebte und uns nicht mehr vorfinden würde? Ich sagte aber nichts, denn ich wagte es nicht, Mutters Freude zu trüben.

Nach ein paar Tagen wartete Mutter täglich auf den Brief-träger, und eines Tages brachte er tatsächlich den ersehnten Brief. Mutter zitterte vor Aufregung, als sie ihn öffnete, und außer einem Schreiben von der Großmutter war auch ein Formular mit einem Wohnungsnachweis vom Wohnungsamt Königsberg dabei. Mutter war nicht mehr zu halten. »Wir fah-ren heute noch ab«, sagte sie, und so geschah es auch. Wir fin-gen sofort an, unsere wenigen Sachen in zwei Taschen zu ver-stauen. Es war ja nur ein bißchen Unterwäsche, alles sonst Brauchbare zogen wir an, alles Eßbare wurde auch mitgenom-men und in den Taschen verstaut. Den Rest ließen wir ohne

Trauer zurück, wir waren es schon gewohnt, uns von Dingen zu trennen, das hatte jetzt seinen Vorteil. Gott sei Dank hatten wir immer Geld, ich weiß nicht, woher es kam, aber wir hatten immer soviel, wie wir brauchten.

Am späten Nachmittag, als es anfing dunkel zu werden, es war Anfang Januar 1942, verließen wir unsere Behausung und gingen zum Bahnhof. Es war nicht der große Bahnhof, auf dem wir vor sieben Jahren aus Königsberg ankamen, es war der kleine Nordbahnhof, der unserer Behausung näher war. Im kleinen Bahnhäuschen warteten außer uns noch sechs Menschen auf einen Zug, zwei Frauen und vier Männer, sie sahen polnisch aus und machten uns keine Angst, aber wir wußten, daß wir vorsichtig sein mußten, wirklich trauen konnte man niemandem. Vor allen Dingen durfte Mutter kein Wort sprechen, denn mit Deutsch hätten wir die Aufmerksamkeit auf uns gezogen, so sprachen nur Lia und ich miteinander polnisch. Alles, was es sonst zu tun gab, machte ich, so ging ich zum Schalter, um die Fahrkarten zu kaufen. Was sollte ich verlangen, drei Fahrkarten nach Deutschland? Das hörte sich sehr komisch an, aber was sollte ich sonst sagen, wir brauchten doch Fahrkarten, wenn wir hier wegwollten. Nur keine Angst zeigen, dachte ich, ging zum Schalter und verlangte drei Fahrkarten nach Königsberg, Deutschland.

Hinter dem Fenster saß ein Mann mittleren Alters, er sah mich verwundert an und sagte: »Wo willst du hin, was wollt ihr in Deutschland?«

Blitzschnell fiel mir die Antwort ein. »Wir sind Volksdeutsche«, sagte ich, »und haben eine Großmutter in Königsberg, das ist in Ostpreußen, und da dürfen wir hin, wir haben auch Papiere.« Ich zeigte ihm das Papier vom Wohnungsamt.

Er verstand natürlich kein Wort, er konnte weder deutsch

lesen noch sprechen, aber er sah den Stempel und die Unterschrift, und das reichte ihm, ich hatte sogar das Gefühl, er habe jetzt ein wenig Respekt vor mir.

»Ich kann euch nur Fahrkarten bis Lemberg verkaufen, weiter geht es von hier aus nicht, die weitere Strecke müßt ihr in Lemberg lösen«, sagte er und verlangte 40 Zloty.

So, das wäre geschafft, dachte ich, gab ihm das Geld und fragte, wann der Zug abfährt. In zwei Stunden, war die Antwort.

Kurz vor 22 Uhr waren wir in Lemberg. Bis auf einen Schalter waren alle anderen geschlossen, und an diesem einen saß eine junge Frau in Uniform. Was sollten wir tun? Die Uniform schreckte uns ab, wir beschlossen, erst morgen, bei Tageslicht, die weiterführenden Fahrkarten zu lösen.

Wir suchten einen Wartesaal und fanden auch einen. Es war ein großer, hoher, schlecht beleuchteter Raum. Daß er halb dunkel war, freute uns, im Dunkeln fielen wir weniger auf. Es gab viele kleine Tische mit Stühlen. Wir fanden einen Tisch, der ganz hinten an der Wand und ziemlich in der Ecke stand, an den setzten wir uns. Einige Tische im Raum waren besetzt, sicher Menschen, die auch auf Anschluß warteten, um sie herum am Boden lagen Taschen und Säcke. Wir fielen niemandem auf. Wir hofften, bis zum Morgen hier warten zu können, packten unser Essen aus und waren recht zufrieden. Ich entdeckte eine Theke, hinter der eine Frau stand, bei der bekam ich Wasser für uns alle. Halb wachend, halb schlafend verbrachten wir auf unseren Stühlen die Nacht.

Als es hell wurde, gingen wir in die Schalterhalle und suchten nach einem Schalter, an dem jemand in Zivil saß, aber das gab es nicht. Es gab drei Schalter, die alle doppelt besetzt waren, jeweils eine junge Frau in Uniform und daneben ein Mann oder eine Frau in Zivil. Die Frauen in Uniformen waren

Nachrichtenhelferinnen, aber das wußte ich damals noch nicht, das lernte ich erst später. Ich mußte erkunden, was das mit der doppelten Besetzung zu bedeuten hatte. Also ging ich an einen Schalter, an dem gerade eine Karte gekauft wurde. Es war ganz einfach, die zweite Person war der Dolmetscher.

Wir überlegten unser weiteres Handeln. Sollte ich hingehen, polnisch sprechen und mich dolmetschen lassen, oder sollte Mutter, deutsch sprechend, die Fahrkarten kaufen? Wir entschieden uns für letzteres und überlegten eine Geschichte, auf keinen Fall durfte Mutter das Wort »Jude« aussprechen. Dann gingen wir alle drei zum Schalter, und Mutter sagte: »Ich möchte bitte drei Fahrkarten, ein Erwachsener und zwei Kinder, nach Königsberg, Ostpreußen.«

Die Frau in der Uniform schaute Mutter erstaunt an und fragte: »Wie kommen Sie denn darauf?«

Und dann erzählte Mutter ihr eine Geschichte: »Ich bin Reichsdeutsche und war mit einem Polen verheiratet. Mein Mann ist gestorben, und nun möchte ich wieder nach Hause. Ich bin in Königsberg geboren, und meine Mutter lebt dort, meine Kinder sind Volksdeutsche, und ich habe eine Einreisegenehmigung mit Wohnungsnachweis für Königsberg.« Das sagte sie und zeigte ihr Dokument.

Die junge Frau las es sehr aufmerksam, vielleicht mehrmals, dann sagte sie: »Um ins Deutsche Reich einzureisen, müssen Sie durch eine Kontrollstelle, und die ist in Krakau, ich kann Ihnen also nur Fahrkarten bis Krakau verkaufen, wollen Sie das?«

Mutter schaute mich fragend an, ich nickte, und Mutter sagte: »Wenn es nicht anders geht, dann geben Sie mir bitte drei Karten nach Krakau.«

Über Krakau nach Königsberg, das war ein großer Umweg,

der direkte Weg wäre über Warschau gewesen. Unsere Stimmung war getrübt, aber wir gaben die Hoffnung noch nicht auf.

Um 10 Uhr stiegen wir in den Zug nach Krakau. Als wir dort ankamen, suchten wir gleich nach der Kontrollstelle, ein Bahnarbeiter zeigte uns den Weg und dort angekommen, nahm man uns dann die Hoffnung ganz. In einem ziemlich großen Raum standen einige Schreibtische, an denen ausschließlich Nachrichtenhelferinnen saßen. An einen der Tische wurden wir verwiesen. Die etwa 25jährige Frau sah sehr streng aus, tat sehr wichtig und hatte einen Ton wie ein Feldwebel. Mutter sagte ihre Geschichte auf, die gleiche wie in Lemberg und reichte ihr das Dokument.

»Na, geben Sie mal her, auch Ihren Paß«, sagte der Feldwebel. Mutter kramte zitternd in ihrer Tasche und reichte der jungen Frau auch den Paß. Sie sah sich den Paß und das Papier genau an, zog beim Lesen die Stirn in Falten, und dann schleuderte sie beides über den Tisch, Mutter entgegen.

»Dieser Wisch ist völlig wertlos, damit bekommen Sie vielleicht in Königsberg eine Wohnung, aber erst müssen Sie mal dorthin kommen. Um ins Reich einzureisen, brauchen Sie eine Einreisegenehmigung vom Polizeipräsidium und nicht vom Wohnungsamt, außerdem haben Sie keinerlei Ausweise für Ihre Kinder, ohne diese können Sie die Kinder nicht mitnehmen!« tobte sie und wandte sich wieder den Akten auf ihrem Schreibtisch zu, und wir verließen den Raum.

Wir waren am Boden zerstört, unsere Enttäuschung war riesengroß, wir setzten uns auf eine Bank und waren erst mal sprachlos. Wir hatten wohl gar nicht in Erwägung gezogen, daß es nicht klappen könnte. Unsere Befürchtung war nur, nicht aufzufallen. Daß das »Dokument« nicht ausreichen würde, daran hatten wir nicht gedacht. Wir waren auch todmüde und konnten keinen vernünftigen Gedanken fassen.

»Wenn wir wenigstens mal wo schlafen könnten«, sagte Lia, und so beschlossen wir, eine kleine Pension zu suchen. Wir sahen inzwischen auch ziemlich verwahrlost aus, und es war sicher besser, wenn wir erst mal von der Straße wegkämen, glaubten wir.

Wir verließen den Bahnhof und irrten durch die Stadt auf der Suche nach einer Unterkunft. Ich mußte an die Schule denken. Was hatten wir da alles über Krakau gelernt, von der großen Kulturstadt, von der früheren Haupt- und Krönungsstadt Polens, vom Wawel, der früheren königlichen Residenz, von der Altstadt mit der Marienkirche und von der Weichsel, die durch die Stadt fließt. Damals war ich begeistert und dachte, irgendwann fahre ich dahin und schau mir alles an – und jetzt bin ich hier, und alles ist ganz anders. Wir sehen aus wie Vagabunden, sind heimatlos, versuchen nicht aufzufallen und sind schon froh, wenn man uns leben läßt.

Wir waren wohl in eine Richtung gegangen, die zum Stadtrand führte, denn die Häuser wurden kleiner, und an einem sahen wir ein Schild »Zimmer frei«. Wir beschlossen hineinzugehen. Wir bekamen ein Doppelzimmer, legten uns auf die Betten, und trotz Kummer und Ungewißheit, wie es weitergehen sollte, schliefen wir sofort ein.

Als wir aufwachten, war es schon dunkel. Wir dachten hin und her und rauf und runter und sahen immer nur eine einzige Möglichkeit: zurück nach Mikuliczyn. Gleich morgen wollten wir das tun, aber dort bleiben, das wollte Mutter auf gar keinen Fall. Sie wollte sich sofort erneut um die Rückkehr nach Königsberg bemühen, sich an das Polizeipräsidium wenden, um so die Einreise zu erreichen. Zunächst aber beschlossen wir, ein bißchen durch die Stadt zu gehen und vielleicht auch wo einzukehren, um etwas zu essen.

Es waren nicht viele Menschen unterwegs, und die, die uns begegneten, waren auch nicht besser gekleidet als wir, so fielen wir wenigstens nicht auf. Wir fanden ein kleines Gasthaus, in dem es auch noch schön warm war. Einige Tische waren besetzt, aber wir fanden einen für uns günstigen, leeren Tisch in der Ecke des Raumes, an den setzten wir uns. Es gab Bratkartoffeln, die bestellten wir, und Wasser zum Trinken gab es auch. Wir blieben eine ganze Weile sitzen. Aufgewärmt und satt sah alles etwas besser aus. Es wird schon irgendwie gehen, machten wir uns gegenseitig Mut. Als wir das Lokal verließen, wollte Mutter noch ein wenig durch die Stadt laufen, sie wollte die Weichsel sehen.

»Hoffentlich finden wir dann auch wieder unser Gasthaus«, meinte Lia.

»Ach, wir fragen einfach nach dem Bahnhof, falls wir uns verlaufen, und von dort aus finde ich das Gasthaus bestimmt«, tröstete ich sie.

Die Stadt war sehr schwach beleuchtet, für uns gerade richtig. Wir kamen an einigen Schaufenstern vorbei, die Menschen, die uns begegneten, schienen es alle eilig zu haben. Wir gingen ziellos weiter, und nach einer Weile waren wir tatsächlich an der Weichsel. Die Brücke war ziemlich lang. Unter dem mittleren Drittel floß schwarz und drohend der Fluß. Niemand außer uns war auf der Brücke, und ich fand es hier ziemlich unheimlich und war froh, als wir das Ende erreichten und wieder umkehrten. Mutter ging in der Mitte und hatte an jeder Hand eine von uns. Als wir am Ende ankamen, wollte Mutter noch einmal zurück. »Ach, laßt uns noch mal zur anderen Seite gehen«, sagte sie. Ich verstand nicht, warum, und nachdem wir ein paar Schritte gegangen waren, schoß mir ein furchtbarer

Gedanke in den Sinn:»Vielleicht will sie uns loswerden, wir sind doch das eigentliche Problem.« Ich riß mich los, ging rüber zu Lia, zerrte auch sie weg von Mutter. Mit Lia fest an meiner Hand, stand ich vor ihr und sagte laut und sehr bestimmt:»Wir beide gehen keinen einzigen Schritt mehr mit dir über diese Brücke!« Eine kurze Weile standen wir uns sprachlos gegenüber. Mutter hatte einen unendlich traurigen Blick, ihre Augen waren voller Tränen, dann sagte sie:»Also gut, gehen wir halt zurück.«

Es war nichts geschehen auf dieser Brücke, und doch geschah mit mir sehr viel. Ich hatte seit dieser Nacht nicht mehr das Gefühl, daß wir eine Einheit sind, ich empfand uns plötzlich als zwei Parteien, die jüdischen Kinder und die christliche Mutter. Zu dieser Wahrnehmung hatte sicher auch die Aussage der Beamtin auf der Kontrollstelle beigetragen:»Ohne Ausweis für die Kinder können Sie die nicht mitnehmen.« Woher sollte ein solcher Ausweis kommen, wer sollte ihn uns geben? Das war völlig aussichtslos. Also waren wir zwei, Lia und ich, eigentlich für unsere Mutter ein Hindernis. Mit uns nach Königsberg zu kommen schien fast unmöglich.

Seit dem Vorfall auf der Brücke wollte ich ganz besonders auf uns beide aufpassen. Ich hatte nur noch Vertrauen zu mir selbst. Auch Vaters Worte:»Wenn ich mal nicht mehr bin, mußt du als Älteste die Verantwortung für die Familie übernehmen« wollte ich beherzigen. Was mich aber sehr belastete, war mein Gewissen. Es war ja nicht absolut sicher, daß Mutter was Böses vorhatte. Selbst wenn es so war – wollte sie nur uns ins Wasser stürzen, oder wollte sie selbst auch springen? Das wäre ein gewaltiger Unterschied gewesen. Oder wollte sie nichts von alldem? Aber warum stand sie dann mit tränengefüllten Augen sprachlos da, als ich mich weigerte, mit Lia noch einmal über die Brücke zu gehen? Warum hatte sie nicht gefragt, weshalb ich mich weigerte und warum ich Lia vor ihr schützte? Nein, ich glaube schon, es sollte was passieren, damals im Februar, nachts auf der Brücke in Krakau, was genau, habe ich nie erfahren. Meine Mutter lebte danach noch 32 Jahre, wir haben niemals darüber gesprochen.

Wir gingen stumm zurück und hofften, auf den Bahnhof zu stoßen, um von dort unser Gasthaus wiederzufinden. Lia unterbrach das Schweigen. »Was wollte Mutti nochmals auf der Brücke?« fragte sie.

»Sie wollte das Wasser noch mal sehen, ich finde aber, wir haben genug Wasser gesehen, außerdem ist es sicher schon spät, und wir müssen das Gasthaus noch finden«, antwortete ich. Mutter sagte gar nichts.

Es war 21 Uhr, als wir wieder in unserem Zimmer waren. Wir fühlten uns müde und verloren. So verloren hatte ich mich trotz aller Sorgen in Mikuliczyn nie gefühlt, deshalb war ich zunächst froh, auf dem Weg nach Hause zu sein.

Die Rückreise verlief problemlos, wir bekamen Fahrkarten bis Mikuliczyn, mußten aber in Lemberg umsteigen. Um 9 Uhr stiegen wir in den Zug nach Lemberg, und mit dem Aufenthalt, den wir dort hatten, waren wir, als es anfing, dunkel zu werden, wieder in Mikuliczyn. Wir warteten auf dem Bahnhof, bis es ganz dunkel war, dann gingen wir zurück zu unserer alten Behausung. Es war alles so, wie wir es vor drei Tagen verlassen hatten. Niemand hatte unsere Abwesenheit bemerkt, es konnte ja auch gar nicht sein, das Hotel, zu dem unsere Behausung gehörte, war leer, und sonst gab es keine Nachbarschaft.

Wir mußten einen neuen Anfang finden. Am dringendsten war es, Essen zu besorgen. Ich wollte dabei tatkräftig mithelfen, es war auch sehr nötig, Mutter damit nicht allein zu lassen. Bei der Überlegung, wie wir das anstellen könnten, fiel mir das große staatliche Sanatorium ein, es war das einzige, das noch offen war. Der russische Verwalter war geblieben. Er war Weißrusse und hatte es wohl vorgezogen, bei den Deutschen zu bleiben, statt mit den Russen abzuziehen.

Gleich am nächsten Tag suchten wir ihn auf. Er war ein freundlicher Mann mittleren Alters und machte einen vertrauenswürdigen Eindruck. Ich erzählte ihm, daß wir Arbeit suchen. Wir würden auf eine Einreiseerlaubnis nach Deutschland warten, und bis es soweit sei, würden wir gerne arbeiten, ob er vielleicht etwas für uns habe. Ich sagte ihm auch, daß Mutter nur deutsch spricht.

Er musterte uns mit kritischem Blick, es schien mir, er habe Mitleid mit uns, dann sah er Mutter an und sagte recht gut auf deutsch: »Sie können in der Küche arbeiten« – und zu mir: »Wenn du es schaffst, das Haus mit Holz zum Heizen zu versorgen, könnt ihr bleiben, und wenn ihr wollt, könnt ihr draußen im Stall auch wohnen, das wäre gut, dann seid ihr gleich bei der Arbeit.«

Wir bedankten uns herzlich, auch für das Wohnangebot und versprachen, gleich am nächsten Tag anzufangen. Was hatten wir doch wieder mal für ein Glück, immer wenn es aussichtslos erschien, kam in irgendeiner Form wieder Hilfe. Wir dankten Gott aus tiefster Seele.

Das Sanatorium war ein mehrstöckiges, großes Gebäude. Wie ich das mit Heizholz versorgen sollte, war mir zunächst ein Rätsel, aber kommt Zeit, kommt Rat, dachte ich, man wird sehen. Der Stall, in dem wir hausen durften, war ein riesiger Raum, in dem wohl früher einiges Vieh stand, jetzt war er leer. Es gab dort eine Tür, und die führte in einen kleinen Wohnraum, in dem standen drei Betten, jedes an einer Wand. Die

Betten waren in U-Form miteinander verbunden und füllten den oberen Teil des Raumes aus. Der Raum muß circa vier Meter breit gewesen sein. In der Mitte stand ein Tisch mit drei Stühlen, und, sehr wichtig, es gab auch einen runden Kanonenofen. Dann gab es einen aus Kisten zusammengenagelten Schrank, in dem auch etwas Geschirr drin war und einen Wassereimer zum Wasserholen aus dem Brunnen im Garten. Das einzige Fenster war winzig klein, es war mehr ein Loch in der Mauer, sicher nur dreißig mal dreißig Zentimeter, aber es war verglast. Vielleicht weil es nur so klein war, man es übersah und dahinter keine Menschen vermutete, rettete es mir ein paar Wochen später das Leben.

Das war also unser neues Zuhause. Wir fanden es nicht schlecht und waren zufrieden. Im Vergleich zu unserer alten Behausung waren wir jetzt der Ortsmitte viel näher. Das Sanatorium stand etwas zurückgesetzt von der Hauptstraße in einem parkähnlichen, großen Garten. Es lebten einige Menschen im Gebäude, deshalb war wohl auch täglich die Küche in Betrieb, in der Mutter arbeitete, auch mußte sie einige bewohnte Zimmer pflegen. Ich glaube nicht, daß die Bewohner alle zur Familie des Verwalters gehörten, aber Hauptsache, es waren keine Deutschen, und das waren sie nicht. Hinter dem zum Sanatorium gehörenden Anwesen stieg das Gelände etwas an, und dann folgten die Friedhöfe. Es waren drei, die hintereinanderlagen. Als erster der katholische, auf dem die Polen beerdigt waren, dann der griechisch-orthodoxe für die Ukrainer und als letzter der jüdische Friedhof, auf dem die Großmutter und Sarah beerdigt waren.

Nachdem wir unsere wenigen Sachen umgezogen hatten, meldeten wir uns beim Verwalter. Er musterte uns kurz und sagte: »So, da seid ihr nun, ich hoffe, ich habe mir mit euch keinen Fehler eingehandelt, und ihr werdet gut arbeiten. Ich erwarte, daß ihr jeden Tag arbeitet, und wenn ich euch brauche, auch am Sonntag. Dafür bekommt ihr täglich eine Brotration, und alles, was in der Küche übrig ist, auch alle Abfälle, könnt ihr mitnehmen.« Er zeigte mit dem Finger auf mich und meinte: »Du bleibst am besten immer draußen und sorgst für das Holz. Im Stall findest du eine Säge und ein Beil, und hinter dem Stall sind das Holz und der Holzbock. Auf den Bock legst du das Holz zum Sägen und auf dem Holzklotz, der auch dort steht, zerhackst du das Holz. Das Holz darf nicht länger sein als so (er zeigte es mit den Händen, es waren ungefähr vierzig Zentimeter), sonst paßt es nicht in die Öfen. So, und jetzt an die Arbeit!«

Wir trennten uns, Mutter ging in die Küche, Lia und ich an die Holzarbeit. Wir fanden alles so vor wie angesagt, wir holten die Säge und das Beil und schleppten beides zum Holz. Die Holzstämme waren circa einen Meter lang und manche ziemlich dick. Ich werde viel Kraft brauchen, allein schon, um die Stämme auf den Sägeblock zu hieven, dachte ich. Lia hatte zwar gesagt, sie werde immer helfen, aber viel konnte ich von ihr nicht erwarten, sie wurde ja in drei Monaten erst zehn Jahre alt. Ich war aber auch gerade erst vor zwei Monaten dreizehn Jahre alt geworden. Lia hustete aber immer, ohne wirklich erkältet zu sein, und so nahm ich mir vor, sie weitgehend zu schonen. Vielleicht konnte sie das Holz halten, damit es nicht wackelte, wenn ich es sägte.

Meine Arbeit war wirklich schwer, sicher war ich überfordert, aber ich schaffte es. Allein um die Stämme auf den Bock zu hieven – ich war kaum größer als die Stämme lang –, brauchte ich viel Kraft. Ich teilte mir die Arbeit so ein, daß ich am Vormittag sägte, und am Nachmittag wurde das Holz gehackt.

Die Säge war mindestens einen Meter lang und wackelte beim Sägen wie ein Kuhschwanz. Eigentlich hätten zwei Personen mit diesem Gerät sägen müssen, auf jeder Seite eine. Das war aber für Lia zu anstrengend. So bat ich sie, die Säge wenigstens auf der anderen Seite in Balance zu halten, damit sie nicht so wackelte. Ich zog und schob dann schon allein, aber auch das machte sie immer nur einen, höchstens zwei Stämme lang mit, dann gab sie auf. Ich schrie sie dann jeweils an und schimpfte mit ihr. Sie weinte und sagte: »Du bist so gemein.« (Heute weine ich, wenn ich daran denke, ich schäme mich, weil ich nicht erkannt habe, daß sie damals schon krank war.)

Das Hacken war auch nicht leichter. Manche Klötze waren so dick, daß ich sie nur spalten konnte, wenn ich das Beil umdrehte und mit der flachen Seite auf den Bock aufschlug. Dabei riß mir das Gewicht fast das Beil aus der Hand, und wenn es gar zu schwer wurde, dann schaffte ich mir Kraft, indem ich mir vorstellte, die deutschen Mörder stehen vor mir – dann bekam ich soviel Gewalt, daß jeder Klotz auseinandersprang.

Mit der Zeit bin ich sicher ein perfekter Holzhacker geworden, wenn ich den Klotz erst gespalten hatte, schlug ich ihn in Scheiben und dann mit einem kleineren Beil in ofengerechte Scheite. Diese mußte ich dann mit einem Schlitten zum Sanatorium ziehen und dort ordentlich stapeln. Einzig gut an der schweren Arbeit war, daß es mir dabei warm wurde, bis auf die Finger, die waren immer eiskalt. Damit sie nicht erfroren, ging ich immer wieder in unsere Bude und wärmte mich am Kanonenofen auf. An einer Wand des Sanatoriums hing ein Thermometer, das zeigte meistens über 20 °C minus.

Mutter mußte in der Küche oder in den Zimmern wenigstens nicht frieren, aber leicht hatte sie es auch nicht, sie verstand zwar inzwischen einiges, aber sie konnte immer noch nicht polnisch oder russisch sprechen, so mußte sie sich durch Gesten verständigen oder die jeweiligen Wünsche aus der Situation erahnen.

Am Abend, wenn Feierabend war, saßen wir drei in unserer Bude, tranken warmes Wasser, oft hatte Mutter auch einen Tee aus der Küche ergattert, und aßen unser Brot und was Mutter sonst noch aus der Küche mitgebracht hatte. Manchmal etwas Suppe oder Kartoffeln, wenn es ganz toll war, sogar beides. Auch Gemüsestücke, die beim Putzen abfielen, waren oft dabei, immer aber brachte sie Kartoffelschalen mit, die aßen wir dann, wenn wir nichts Besseres hatten. Wir legten die Schalen auf die heiße Ofenplatte, dann plusterten sie auf, wurden gar und konnte gegessen werden. Meistens hatten wir leider nur die Brotration und die Schalen. Wenn Mutter die Kartoffeln selbst geschält hatte, waren sie wenigstens schön dick. Unsere Bude war wirklich warm. Wenn wir müde von der Arbeit bei Petroleumlicht zusammensaßen, war es fast gemütlich, wenn nur die Angst uns nicht immer im Nacken gesessen hätte.

An einem Sonntag trieb mich die Sehnsucht wieder mal in unsere Straße. Was geschehen war, war so ungeheuerlich, daß ich immer wieder dachte, vielleicht ist doch nicht alles wahr, vielleicht lebt doch noch jemand? Aber es war leider wahr. Die Straße war leer, still und tot, tot wie ihre Bewohner. Ich setzte mich vor den Rest unseres Hauses und ließ in meinen Gedanken die Menschen der Straße wieder erscheinen. Da waren auf der anderen Seite, unserem Haus schräg gegenüber, die Familie meiner besten Freundin Dasia, die Familie Scherzer, Vater, Mutter und die Geschwister, im Alter zwischen zwei und siebzehn Jahren, Bela, Leo, Mojsche und Sarah. Ihr Nachbar, uns direkt gegenüber, war die Familie Dresdner. Die Frau, die mich an unserem ersten Sabbat in Mikuliczyn bat, ihr Feuer anzuzünden. Herr und Frau Dresdner und ein erwachsener Sohn. Dann folgte auf der gleichen Seite die fast fußballfeldgroße Wiese, auf der wir Kinder immer spielten. Dort sah man uns täglich, wir rannten um die Wette, spielten alle möglichen Ballspiele, hauptsächlich Völkerball, und waren die glücklichsten Kinder der Welt. Jetzt war die Wiese öd und leer. Im Anschluß an die Wiese folgte das Haus der Familie Storch. Ob Herr Storch wohl noch lebte? Seine Frau und der kleine Sohn waren schon ermordet worden. Gegenüber dem Haus Storch wohnte meine Freundin Perla mit ihren Eltern und ihrem Bruder (ich kann mich leider nicht an den Familiennamen erinnern). Der Nachbar von Perla war die Familie Premminger, für die hatte Mutter viele Hemden genäht, das Ehepaar hatte drei erwachsene Söhne. Alles Akademiker. Unser direkter Nachbar, rechts von uns, war die Familie Schwarzbach (bei denen spielte ich Karten, als das Wasser kam), das waren meine Freundin Eva, ihr Bruder Mojsche und die Eltern. Links von uns lebte die polnische Polizistenfamilie. Die waren nicht Opfer der Deutschen, die hatten die Russen nach Sibirien verschleppt. Denken mußte ich auch an meine Schulfreunde Leo und Moysche Meisler, die wohnten zwar nicht in unserer Straße, aber sie gehörten zu mir wie all die anderen. Herr Storch hatte damals erzählt, daß sie auch mit ihren Eltern gefangen waren.

Und ich saß hier vor den Resten meines Vaterhauses – Aron Rosenstock.

Wie hatte das alles geschehen können? Die deutschen Männer, die vielleicht zu Hause Familie und Kinder hatten, hatten sich hier als bestialische Mörder von wehrlosen Babys, Kindern, Männern, Frauen und Greisen entpuppt. Immer wieder tauchten in meinem Kopf Bilder von nackten Menschen aus unserer Straße auf, die kniend am Rande der riesigen Grube von deutschen Männern in Uniform durch Genickschuß ermordet wurden. Mit diesen Bildern in meiner Seele konnte ich nur weiterleben durch die Hoffnung auf eine große Vergeltung.

Ich hatte das große Bedürfnis all die Toten beim Namen zu nennen. Als einzige Überlebende aus unserer Straße fühle ich mich verpflichtet, Zeugnis abzulegen. Ich tue es mit diesen Zeilen. Ich tat es in Ludwigsburg und in Yad Vashem. Dort ist mein Bericht im Archiv unter der Nummer 7399 registriert.

Unendlich traurig nahm ich Abschied von unserer Straße, ich bin nie wieder dort gewesen.

In dieser Zeit ereilte mich ein neues Übel, ich bekam eine Furunkulose. In kurzer Zeit war ich mit Furunkeln übersät. Mein Nacken und Rücken war voller schmerzhafter, entzündeter und eitriger, großer Pusteln. Ein riesiges Geschwür hatte ich auf der Außenseite des linken Oberschenkels. Am schlimmsten aber waren die Furunkel, die ich an meinen beiden Schläfen und oben am Hinterkopf hatte. Die hatten mich total entstellt und taten sehr weh. Solange die auf meinem Kopf in »voller Blüte« waren, konnte ich mich kaum zum Schlafen hinlegen, ich verbrachte die meisten Nächte sitzend auf einem Stuhl. Natürlich konnte ich keinen Arzt aufsuchen. Mutter mußte mir meine schönen, langen Zöpfe abschneiden, und ganz oben, am Hinterkopf, schnitt Mutter mir eine Tonsur, so wie sie die katholischen Mönche trugen. Das war die einzige Möglichkeit die Haare vom Eiter freizuhalten. Ich war in dieser Zeit richtig krank. Die Männerarbeit, die ich täglich machte, wurde wohl mit der Zeit zuviel für meinen Kinderkörper. Nach ein paar Wochen aber war dieser Spuk vorbei. Zurück blieben viele

Narben. Wie durch ein Wunder blieben meine Schläfen, Gott sei gedankt, narbenfrei. Ich war wieder gesund und konnte mit voller Kraft die Holzarbeit wieder aufnehmen.

Mutter war geradezu besessen von dem Gedanken, erneut den Versuch zu machen, nach Königsberg zu kommen. Nach Feierabend kannte sie nur dieses eine Thema. Ich dachte, gut, vielleicht haben wir dieses Mal Glück. Sie besorgte sich wieder Schreibpapier und setzte einen Brief auf, in dem sie um Einreise bat, und schilderte, wie schlecht es ihr hier gehe und daß ihr Mann, der Jude war, erschossen worden sei. Ich hatte Zweifel, daß es richtig sei, Vater zu erwähnen, zumal ich immer noch glaubte, daß er lebte, aber sie war vom Inhalt nicht abzubringen. Sie meinte, das letzte Mal seien wir mit Lügen nicht weit gekommen, diesmal wolle sie es mit der Wahrheit versuchen. Den Brief adressierte sie »An das Polizeipräsidium in Königsberg«.

Ende Februar brachte ein Gemeindediener eine Nachricht für Mutter ins Sanatorium. Das Sanatorium hatte Mutter als Adresse auf ihrem Brief nach Königsberg angegeben. Das Schreiben kam von der Gestapo in Tatarow. Mit dem Schreiben wurde Mutter aufgefordert, gleich nach dem Erhalt der Nachricht bei der Gestapo in Tatarow zu erscheinen. Ich hatte kein gutes Gefühl, ich konnte mir nicht vorstellen, daß das was Gutes zu bedeutet hatte, aber Mutter war glücklich. »Das ist die Einreisegenehmigung, das sind die Papiere, die soll ich abholen, ihr werdet sehen«, sagte sie voller Begeisterung.

Am frühen Morgen machte sich Mutter auf den Weg. Sie zog alles an, was sie hatte, denn es war sehr kalt. An einem ihrer Schuhe war die Sohle etwas lose, sie band sie mit einer Schnur fest und verließ beschwingt unsere Behausung. Bis Tatarow waren es zehn Kilometer.

Jetzt waren wir allein. Lia wollte eine christliche Schulfreundin besuchen, das hatte sie schon einige Male getan, und ich begab mich wie immer zu meinem Holz. Ich fühlte mich an diesem Tag nicht sehr wohl, der Magen tat mir weh, das kam in letzter Zeit öfter vor. Ich arbeitete bis zum Nachmittag, dann legte ich mich auf mein Bett und wartete auf Mutters Heimkehr. Ich wäre fast eingeschlafen, als ich plötzlich eine Männerstimme »Ruth« rufen hörte. Ich schlich mich an das winzige Fenster und sah voller Entsetzen zwei Männer am Stall vorbeigehen. Der eine in Zivil, wohl ein Mann von unserer Gemeinde, der andere war ein Gestapomann. Als ich aus dem Winkel des Fensters die Männer um die Ecke biegen sah, hin zum Sanatorium, rannte ich, so schnell ich konnte, aus dem Stall. Ich wollte zu den Friedhöfen, die hinter dem zum Sanatorium gehörenden Gelände lagen. Ich bemühte mich, so gut es ging, auf möglichst ausgetretenen Pfaden zu bleiben, um keine Fluchtspur im Schnee zu hinterlassen.

Es standen einige Bäume auf dem Gelände, in deren Schatten schaute ich nach den Männern aus, es war aber keiner zu sehen. Ich war wohl noch einmal davongekommen. Die Wiese zum Friedhof stieg ziemlich an, so daß ich von dem Grabstein aus, hinter dem ich mich versteckte, unseren Stall gut beobachten konnte. Bis zum Einbruch der Dunkelheit wollte ich hierbleiben. Ich blieb auch noch, als ich später Lia nach mir rufen hörte. Ich verließ mein Versteck nicht, ich glaubte, die Männer benutzen sie als Lockvogel, und ging nicht zu ihr, ich wartete die Dunkelheit ab. Das war sicher häßlich und feige von mir, ich fühlte mich auch ganz schlecht, und ich schämte mich deshalb sehr. Ich hatte mich auch schon daran gewöhnt, daß alle und ganz besonders ich selbst von mir immer Mut erwarteten, aber diesmal hatte mich mein Mut verlassen. Ich ging erst zurück zum Stall, als es anfing, dunkel zu werden. Lia kniete mit gefalteten Händen vor ihrem Bett und betete.

Seit einiger Zeit meinte Lia, sie wolle Christin sein, das sei ihr Glaube. Sicher hatte ihre kleine Freundin sie bekehrt. Begeistert hat mich dieser Wandel nicht, aber letztlich fand ich es unwichtig. Aber als sie mich sah, mir um den Hals fiel und sagte:»Gott sei Dank, du lebst, gelobt sei Jesus Christus«, da war ich doch genervt. Mich befremdete dieses Verhalten, am liebsten hätte ich es ihr verboten, ich dachte aber wieder an Vaters Worte:»Jeder Mensch hat das Recht, die Religion zu wählen, von der er überzeugt ist und an die er glauben kann« und sagte ich nichts.

Nach einer Weile kam auch Mutter zurück. Sie war völlig abgehetzt, als wäre sie den ganzen Weg gelaufen, sie war verzweifelt. Sie nahm uns in die Arme und sagte unter Tränen:»Gott sei Dank seid ihr da, ich hatte solche Angst, euch nie wieder zu sehen, ihr glaubt ja nicht, was ich erlebt habe, es war furchtbar.« Und sie fing an, immer wieder durch Weinen unterbrochen, zu erzählen:»Ich bin wohl so gegen 11 Uhr dort angekommen. Das Gut, auf dem die Gestapo jetzt haust, ist sehr groß und sehr schön, gepflegt wie im Frieden. Zwei große Schäferhunde liefen im riesigen Park herum. An der Eingangspforte stand ein Soldat, der wollte wissen, was ich hier zu suchen hätte. Ich zeigte ihm meinen Wisch, er las und sagte, folgen Sie mir. Er führte mich in ein Büro, eine junge Frau saß an einem Tisch, auf dem viele Akten lagen. Ich sollte mich auf einen Stuhl am Fenster setzen und warten, bis ich gerufen werde. Durchs Fenster sah ich, wie draußen die Hunde gefüttert wurden, und wünschte mir, wir hätten doch auch so viel zu essen. Ich hoffte, möglichst bald gerufen zu werden, damit ich noch vor der Dunkelheit wieder bei euch sein kann. Im Raum hing eine Uhr, es war Viertel vor zwölf, als man mich aufrief.« Wieder erstickten die Tränen ihre Stimme, sie konnte kaum reden, sie nahm uns wieder in die Arme und weinend erzählte sie weiter: »Kinder, Kinder, es war furchtbar. Hinter einem Schreibtisch saß ein Offizier, der schrecklich böse und wütend aussah. Es war der Chef der Gestapo. Er stützte sich mit beiden Ellbogen auf dem Tisch ab, sah mich wütend und grinsend an und schrie: ›So, du bist also das Schwein, das die Judensau geheiratet hat. Und du wagst es, einen Brief an das Polizei prä- sidium nach Königsberg zu schreiben, in dem du behauptest, wir hätten die Judensau erschossen. Da will ich erst mal nach- sehen, ob wir ihn überhaupt erwischt haben.‹ Er holte ein Buch aus einer Schublade, blätterte darin herum und schrie: ›Wie heißt der Jude?‹ Ich nannte Papas Name, und kurz darauf schrie er wieder: ›Da ist ja die Sau, Aron Rosenstock, na, das ist wenigstens die Wahrheit, die du da geschrieben hast. Du willst nach Königsberg, das kannst du dir abschminken. Du kannst froh sein, daß ich dich am Leben lasse, aber du darfst dich nur im Umkreis von achtzig Kilometern bewegen, also höchstens bis Stanislau, damit ich dich immer unter Kontrolle habe. Und was schreibst du da, Kinder hast du auch noch, die kann ich überhaupt nicht gebrauchen!‹ Er rief die Frau aus dem Nebenzimmer und sagte, sie solle ihn mit der Gemeinde in Mikuliczyn verbinden, dann mußte ich hören, wie er sagte: ›Da gibt es zwei Judenkinder, die wohl im alten Sanatorium zu fin- den sind, abholen und einsperren.‹ Zu mir gewandt, sagte er: »Du kannst jetzt gehen, aber nimm dich in acht, und mach so was nicht noch einmal, ein zweites Mal habe ich nicht mehr so viel Geduld mit dir.« Mit den Worten »Kinder, Kinder, was sol- len wir nur tun?« war Mutters Bericht zu Ende.

Das also wollten die Männer, die nach mir suchten. Mir wurde klar, daß wir so schnell wie möglich, noch in dieser Stunde, hier verschwinden mußten, und für die Zukunft nahm ich mir vor, nur noch zu tun, was ich für richtig hielt. Mutters Plan wäre uns beinah zum Verhängnis geworden. Vater wußte schon, was er meinte, als er zu mir sagte:»Wenn ich nicht mehr bin, trägst du die Verantwortung.« Nach Mutters Erzählung war es jetzt auch sicher, daß mein lieber Vater nicht mehr lebte, ermordet von diesen menschlichen Bestien wie all die anderen. Ich platzte fast vor Wut und Haß.

Als Mutter damals den Brief an das Polizeipräsidium nach Königsberg schrieb, hatte ich kein gutes Gefühl, aber ich begriff nicht, warum. Es hätte mir klar sein müssen, daß ein Brief mit dieser Adresse nicht an der Zensur vorbeikommt. Beinahe hätte diese Nachlässigkeit Lias und mein Leben gekostet. Es gab jetzt aber keine Zeit, um zurückzudenken, jetzt mußte sofort gehandelt werden, und es mußte auch gleich das Richtige geschehen. Ich sagte zu den beiden mit ernstem und entschlossenem Ton:»Hört mir mal gut zu, ihr müßt, und ich bitte euch darum, ab sofort alles das tun, was ich sage. Es kann in dieser gefährlichen Situation nur einer bestimmen, was zu tun ist, und ich glaube fest daran, daß ich es am besten kann und uns aus der Gefahr herausführen werde. Wir verlassen sofort, noch in dieser Stunde, diese Behausung und Mikuliczyn und dieses Mal für immer. Wir müssen über Stanislau hinaus flüchten, um aus dem Wirkungskreis dieser Bestie zu entkommen. Wir ziehen alles an, was wir können, tragen werden wir nur das, was wir noch zum Essen dahaben. In einer halben Stunde können wir hier weg sein.«

Mutter folgte fast willenlos, Lia sah man an, daß sie wieder Hoffnung schöpfte. Es dauerte wirklich nicht länger als eine halbe Stunde, bis wir unsere letzte Unterkunft in Mikuliczyn verließen. Draußen war es sehr kalt und ganz dunkel, es gab ja kaum Straßenbeleuchtungen, und das war für uns gut so.

Wir gingen wieder zu dem kleinen Bahnhof, von dem aus wir schon mal versucht hatten, Mikuliczyn zu verlassen, dieses Mal mußte es gelingen. Der Weg zu unserem Hauptbahnhof wäre nur halb soweit gewesen, aber ich fand diesen kleinen Bahnhof für uns sicherer. Wir verbrachten die Nacht auf einer Bank in der Bahnhofshalle. Als es hell wurde und ich die Karte, die an der Wand hing, lesen konnte, suchte ich nach einem Ort, der von Mikuliczyn weiter entfernt war als achtzig Kilometer. Ich entschied mich für Pawetcze, Pawetcze schien mir weit genug zu sein.

Am frühen Morgen, als der Schalter öffnete, lösten wir drei Fahrkarten nach Pawetcze. Meiner Berechnung nach, orientiert am Kartenmaßstab, lag Pawetcze circa dreißig Kilometer nördlich von Stanislau, und das war das wichtigste. Außen am Bahnhofsgebäude hing eine Uhr, um 10 Uhr fuhr der Zug ab. Ich betete zu Gott, es möge richtig sein, was ich tue. Der Zug war nicht beheizt, trotzdem war es hier drin wärmer als draußen. Als der Zug anfuhr, atmete ich auf, denn solange wir in der Bahnhofshalle warteten, hatte ich doch Angst, daß man uns noch erwischen könnte, ich versuchte es mir nicht anmerken zu lassen, aber jetzt war doch die erste Hürde geschafft und ich sehr erleichtert. Ich wußte noch gar nicht, wie es weitergehen sollte, nur erst mal weg von Mikuliczyn, sonst hatte ich keinen Plan. Ich dachte, mit Gottes Hilfe wird es sich ergeben, ich werde von Fall zu Fall entscheiden, und so geschah es auch.

Wir saßen in einem Abteil allein, vorsichtshalber sagte ich aber zur Mutter, falls noch jemand zusteigen sollte, dürfe sie nichts sprechen, denn deutsch zu sprechen wäre nicht gut gewesen. Zwei Stationen waren wir allein, dann kam ein Mann in unser Abteil. Er sagte auf polnisch »Guten Morgen«. Lia und ich antworteten. Er war also Pole, das war schon mal gut, ein Ukrainer wäre wesentlich schlechter gewesen. Er hatte eine Tasche dabei, aus der er später eine Scheibe Brot auspackte, und begann zu essen. Er beobachtete uns und fragte: »Habt ihr auch Hunger, wollt ihr auch eine Scheibe Brot?« Ich bedankte mich und sagte ja. Er gab jedem von uns ein Stück Brot. Mutter war so gerührt darüber, daß auch noch jemand nett zu uns war, daß sie zu weinen begann, zwar ganz leise, aber sie konnte gar nicht mehr aufhören.

Da sagte der Mann zu meiner Mutter: »Was haben Sie, warum weinen Sie?«

Ich faßte Vertrauen zu diesem freundlichen Mann, ich hatte auch keine andere Wahl, und schließlich mußte ich auch was riskieren, wenn wir weiterkommen wollten, deshalb sagte ich die Wahrheit: »Wir kommen aus Mikuliczyn und sind auf der Flucht vor der Gestapo.« So kurz es ging, schilderte ich ihm unsere Geschichte.

»Wir fahren jetzt bis Pawetcze«, sagte ich weiter. »Wir kennen Pawetcze nicht, ich weiß auch noch nicht, wie es weitergehen wird, man wird sehen, wir mußten erst mal weg von Mikuliczyn.«

Eine Weile war es still im Abteil, keiner sprach ein Wort, der Mann sah aus, als würde er etwas überlegen, und ich dachte, was denkt der Mann, ich werde mich in ihm doch nicht getäuscht haben? Doch dann unterbrach er das Schweigen und meinte: »Vielleicht kann ich euch helfen. In meinem Ort in Bednaruw gibt es ein kleineres Sägewerk, dort arbeiten noch Juden, möglicherweise könnt ihr dort auch Arbeit finden. In meinem Haus gibt es ein leeres Zimmer, dort könnte ich euch wohnen lassen, ich würde euch zwei Strohmatratzen auf den Boden legen, darauf könnt ihr schlafen. Wenn ihr das wollt, müßt ihr, wenn der Schaffner kommt, noch weitere Fahrkarten kaufen, von Pawetcze nach Bednaruw, das sind noch mal dreißig Kilometer. Dann seid ihr noch weiter weg von der verdammten Gestapo.«

Ich hatte mich nicht getäuscht, der Mann war nicht nur loyal, der Mann war ein Engel. Für uns war ein Wunder geschehen, den Mann muß Gott uns gesandt haben, dachte ich. Ich legte meine Hände auf die seinen und bedankte mich aus tiefstem Herzen. Dann übersetzte ich der Mutter, was der Mann uns angeboten hatte und welch großes Glück wir wieder hatten. Mutter faltete die Hände wie zum Gebet, und zu dem Mann gewandt, sagte sie ihre wenigen polnischen Worte: »Dzienkuje, dzienkuje, Panie« (Danke, danke, mein Herr).

Der Mann lächelte, sein Gesicht schien mir wie die personifizierte Güte, er lächelte und sagte: »Ich bin Panie Bielak, und ich werde versuchen, euch zu helfen. Wenn wir in Bednaruw aussteigen, bleibt ihr so zwanzig Schritte hinter mir. Man muß nicht merken, daß wir uns kennen. Wenn ich in mein Haus gehe, geht ihr um das Haus herum und wartet hinter dem Haus. Dort ist auch eine Gartentür, da wartet ihr, bis ich euch hole. Vom Bahnhof bis zu meinem Haus ist es ungefähr eine halbe Stunde Fußweg, ich gehe jetzt schon mal in ein anderes Abteil, es ist besser, man sieht uns nicht zusammen.

Nun waren wir wieder allein und konnten unser Glück kaum fassen. Lia sagte: »Ich habe gebetet, Jesus Christus hat uns geholfen.«

»Es war Gott und nicht dein Jesus«, antwortet ich.

»Ja, aber Jesus ist Gottes Stellvertreter«, sagte Lia wieder.

Mutter sagte nur: »Kinder, Kinder, streitet doch nicht.«

Mir wurde plötzlich bewußt, daß ich eigentlich die einzige Jüdin von uns dreien war.

Der Schaffner kam, und ich kaufte die weiteren Fahrkarten nach Bednaruw, es gab damit keine Probleme. Als später der Zug langsamer wurde und in den Bahnhof Bednaruw einfuhr, gingen wir vor, um auszusteigen. An der Tür stand mit einigen anderen Fahrgästen Herr Bielak. Ich hatte vorher schon zu meinen beiden gesagt:»Wenn wir unseren Helfer beim Aussteigen sehen, so tun, als würden wir ihn gar nicht kennen«, und so verhielten wir uns auch. Wir schafften den nötigen Abstand zwischen uns und unserem Helfer, folgten ihm, achteten aber auch darauf, ihn nicht zu verlieren.

Bednaruw kam mir größer vor als Mikuliczyn, die Straßen waren breiter, die Häuser höher, aber wir hatten gar keine Zeit, uns richtig umzusehen, vor lauter Angst, Herrn Bielak zu verpassen. Er ging ziemlich schnell, eine Weile geradeaus, dann bog er rechts um die Straßenecke, nun sahen wir ihn nicht mehr. Gleich bekam ich Zweifel, vielleicht ist es ihm doch zu gefährlich, vielleicht will er uns doch lieber wieder loswerden? dachte ich. Wir gingen etwas schneller, ohne zu laufen, denn auffallen durften wir auch nicht, und als wir die Ecke erreichten, sahen wir ihn wieder. Unser Abstand war jetzt sogar geringer geworden, sicher war er langsamer gegangen, damit wir den Anschluß behielten. Mir war mein Mißtrauen peinlich, aber ich hatte durch das, was wir inzwischen erlebt hatten, überhaupt kein Vertrauen mehr, ich glaubte nur noch an mich selbst und zweifelte auch daran, je wieder vertrauen zu können. Er bog noch um einige Ecken, die Gegend wurde etwas ländlicher. Kleinere Häuser standen in kleinen Gärten, und am Ende einer dieser Straßen, auf der rechten Seite, ging Herr Bielak in solch einen Garten. Im Garten stand ein nicht sehr großes weißes Haus. Hier wohnte Herr Bielak.

Wir gingen, wie uns geheißen, um den Zaun herum, und an der hinteren Hauseingangstür stand auch schon unser Helfer. Mit der Hand winkend, bat er uns in seinen Garten und in sein Haus. Schüchtern und auch beschämt, wir fühlten uns wie Bettler, betraten wir das Haus. Drinnen kam uns eine freundlich lächelnde Frau entgegen, Frau Bielak. Sie sagte:»Ihr habt doch sicher Hunger, jetzt essen wir erst mal alle etwas, dann sehen wir weiter.«

Wir sollten unsere Mäntel ablegen und ihr dann in eine geräumige Küche folgen. Vor einer Eckbank stand ein mit Stühlen umrahmter, großer Tisch, es sah fast so aus wie bei Babby in der Küche.»Setzt Euch« sagte Frau Bielak, und wir nahmen an diesem Tisch Platz. Tränen schnürten mir den Hals zu, es war mir alles furchtbar peinlich. Frau Bielak stellte vor jedem von uns einen tiefen Teller auf den Tisch und in die Mitte einen ziemlich großen Topf mit dampfender Gemüsesuppe, in der sogar kleine Fleischstückchen schwammen. Sie drückte einen großen, runden Laib Brot gegen ihre Brust, schnitt davon dicke Scheiben ab und gab uns jedem eine. Mit einer großen Kelle schöpfte sie die Teller voll. Dann setzte sie sich, faltete die Hände und sagte:»Gelobt sei Jesus Christus und guten Appetit.«

Während wir aßen, liefen meiner Mutter ständig Tränen übers Gesicht, sie konnte sie nicht mehr halten, ich mußte auch sehr aufpassen, daß sie mir nicht aus den Augen kugelten, aber sie schnürten mir fast den Hals zu, nur Lia schien gottlob unbeschwerter zu sein.

Die heiße Suppe war wunderbar, ich glaubte, es sei die beste Suppe, die ich je in meinem Leben gegessen hatte. Nach dem Essen sagte Herr Bielak:»So, jetzt will ich euch mal sagen, wie ich es mir vorstelle, euch zu helfen. Ich bin hier ein bekannter Mann, der Bürgermeister ist mein Freund, und im Büro des Sägewerks habe ich auch einen Freund. Ich werde mit beiden heute noch reden und versuchen, für euch auf dem Sägewerk Arbeit zu besorgen.«

Zu mir gewandt, sagte er: »Wie alt bist du?« Ich sagte: »Dreizehn Jahre«, und er meinte: »Dich machen wir zwei Jahre älter, du bist ab sofort fünfzehn, sonst nehmen die dich nicht, die Kleine nehmen sie sowieso nicht. Meine Frau führt euch jetzt in das Zimmer, in dem ihr wohnen könnt. Ihr könnt euch vom Hof Holz holen und euch warm machen, ein Brot und Tee bekommt ihr auch noch, und morgen, wenn alles so klappt, wie ich denke, habe ich euch auf dem Sägewerk untergebracht. Übermorgen beginnt dann für euch die Arbeit. Ihr bekommt dort sicher ein bißchen Geld, aber ganz bestimmt täglich jeder eine Suppe und ein dickes Stück Brot. Jetzt macht euch mal keine Sorgen, es wird schon gut gehen.«

Frau Bielak führte uns durch einen langen Gang in ein ziemlich großes, wenig möbliertes Zimmer. Auf dem Boden lagen zwei breite Strohmatratzen und Federkopfkissen, zum Zudecken gab es graue Decken. Dann war da noch ein Tisch mit vier Stühlen, ein schmaler Schrank und, ganz wichtig bei der Kälte, ein Kanonenofen. Auf einer kurzen Bank stand eine Waschschüssel und ein großer Aluminiumkrug für das Wasser. Das Fenster, mit Vorhängen zum Zuziehen, führte nicht zur Straße, sondern in den Garten, durch den wir in das Haus gekommen waren.

Frau Bielak sah mich an und sagte: »In diesem Zimmer haben oft unsere Freunde von auswärts ein paar Tage oder auch nur eine Nacht gewohnt, jetzt dürft ihr hier wohnen. Es ist noch sehr kalt hier drin, aber ich zeige dir, wo das Holz liegt, dann könnt ihr euch einheizen, dann ist es ganz schnell warm. Kommst du zu mir in die Küche, dann gebe ich dir noch Tee und Brot und einen Topf zum Kochen, Tassen zum Trinken, drei Teller und Besteck. So, das ist erst mal das Wichtigste, nun macht euch mal nicht so viele Sorgen, mein Mann wird es schon richten, der hat noch alles hinbekommen, was er hinkriegen wollte.«

»Liebe Frau Bielak«, sagte ich und mußte schon wieder mit den Tränen kämpfen, »wir danken Ihnen von ganzem Herzen, wir werden den lieben Gott bitten, er möge Ihnen diese große Güte vergelten. Ich werde mein ganzes Leben lang nie vergessen, was Sie und Ihr Mann für uns tun. Ich möchte Ihnen auch helfen, wo immer Sie Hilfe im Haushalt brauchen, ich kann auch sehr gut Holz hacken.«

Sie lächelte gütig und sagte: »Ist schon recht, ich sag dir, wenn du was helfen kannst. Ich weiß auch, wie es ist, wenn man verfolgt wird, wir haben auch schon Übles erlebt. In diesen schweren Zeiten müssen wir uns doch gegenseitig helfen, mal kann der eine helfen, mal der andere, jetzt gerade können wir helfen, also tun wir es.« Sie ging raus, und ich folgte ihr.

Wir gingen zuerst in die Küche. Ich bekam das Geschirr, das Besteck und einen ganzen, großen, runden Laib Brot und Tee.

»So, jetzt hol dir noch Holz vom Hof, und macht es euch schön warm. Zu essen habt ihr jetzt auch, also habt Hoffnung, du weißt ja, wenn die Not am größten ist, ist Gott am nächsten.« Sie öffnete die Tür, strich mir noch über das Haar, und ich ging hinaus.

Warum bekommen wir so viel Hilfe, warum haben wir so viel Glück? Meinem Vater und all den vielen anderen, denen hat niemand geholfen. Beinahe verhungert, schon fast tot und völlig wehrlos wurden sie von den deutschen Bestien ermordet. In Gedanken an diese Toten bekam ich fast ein schlechtes Gewissen, daß ich noch lebe. Ich sah vor mir meine Schulklasse, mit all meinen Freunden, die alle nicht mehr lebten, weil sie Juden waren, und dann war er wieder da, der Haß und der rasende Wunsch nach Rache und Vergeltung.

Obwohl die Strohmatratzen und die Kissen ungewohnt waren, schliefen wir doch sehr gut in der warmen Stube in der ersten Nacht in Bednaruw, aber am Morgen wurde ich doch ein bißchen unruhig. Wie wird es wohl weitergehen, werden wir weiter Glück haben?

Um die Mittagszeit kam Frau Bielak und sagte, wir sollen alle in die Küche kommen. Wir durften uns wieder an den Tisch setzen und bekamen auch nochmals jeder einen Teller voll von der wundervollen Suppe. Nach dem Essen sagte Herr Bielak: »Es ist alles geregelt. Ab morgen, sieben Uhr, arbeitet deine Mutter und du auf dem Sägewerk. Damit ihr auch pünktlich seid, gebe ich euch einen Wecker, denn pünktlich müßt ihr sein, sonst bekommt ihr Ärger und ich auch. Ich habe mit meinem Freund gesprochen, der weiß also Bescheid, er ist morgens immer im Büro, und ihr braucht nur zu sagen, ihr kommt von mir. Ich erkläre dir noch, wie du das Sägewerk findest. Es ist nicht sehr weit und auch nicht schwer zu finden. Kannst ja heute schon mal hingehen, damit ihr morgen nicht zu spät kommt.«

Wie in Mikuliczyn, so lag auch hier das Sägewerk schon fast außerhalb des Ortes. Bei Mittagssonne und frostiger Kälte wanderten wir drei über verschneite Wege zu unserem künftigen Arbeitsplatz. Der Weg dauerte mindestens eine gute halbe Stunde. So wußten wir, daß wir morgens um halb sechs aufstehen mußten, um auch pünktlich zu sein.

Am nächsten Morgen klopften wir, Mutter und ich, kurz vor sieben Uhr an die Tür des Büros im Sägewerk. Eine Männerstimme rief »Ja«, und wir traten ein. Ein rundlicher, gutmütig aussehender Mann mittleren Alters sah uns an und sagte: »Ach ihr seid das, Panie Bielak schickt euch, nicht wahr? Ich lasse euch gleich eure Arbeit zeigen, und dann könnt ihr loslegen.«

Er öffnete die Tür, rief »Bolek«, kurz darauf betrat ein junger Mann den Raum. Die zwei sprachen etwas zusammen, dann sagte der junge Mann: »Kommt mit.«

Jetzt sahen wir das Gelände. Überall hohe Holzstapel, und kreuz und quer durchzogen schmalspurige Gleise das Gelände. Wir wurden zu einer Stelle geführt, wo Berge von ungefähr zwei Meter langen Holzbrettern ungeordnet durcheinanderlagen. Diese sollten wir auf eine Lore laden und über die Schienen zu einem anderen Platz fahren, dort wieder abladen und ordentlich stapeln.

»Das ist nicht so schwer, das können wir gut machen, der Tag fängt nicht schlecht an«, sagte ich zu meiner Mutter, und sie lächelte ein bißchen und gab mir recht.

Ganz so leicht, wie ich dachte, war die Arbeit doch nicht. Erst glaubte ich, jeder von uns könnte ein Brett schnappen und auf die Lore tragen, aber das ging nicht, dazu waren sie zu schwer. Also faßten wir das Brett, jeder an einem Ende, und brachten es zu zweit zur Lore. Den vollen Wagen schoben wir dann auf den Schienen circa hundert Meter weiter zu der Stelle, wo wir sie ordentlich stapeln sollten. Dort war ein Mann, der uns das weitere Vorgehen erklärte. Als Basis von dem Stapel, den wir bauen sollten, wurden zwei dickere Baumstämme auf den Boden gelegt. Dann mußten wir die herbeigebrachten

Bretter schichtweise, mal längs, mal quer, immer mit einem Zwischenbrett, damit die Luft zum Trocknen zirkulieren konnte, wie ein Gitter stapeln. Die Höhe des Stapels wurde mit der Länge eines Brettes bestimmt. Wir machten unsere Arbeit wohl gut, denn als der Stapel fertig war, kam der Mann vorbei, der uns die Arbeit erklärt hatte, und sagte:»Dobrze« – gut. Ich fand sogar, daß unser »Holzhaus« richtig schön aussah.

Es war sehr kalt, aber die Arbeit hielt uns warm, bloß die Hände, die schlugen wir immer wieder zusammen, damit sie nicht vor Kälte gefühllos wurden.

Um 12 Uhr heulte eine Sirene. Die Menschen ließen die Arbeit sein und gingen alle in eine Richtung. Ich fragte eine Frau:»Was ist jetzt los, wo gehen alle hin?«

»Komm nur mit, jetzt gibt es was zu essen, jetzt ist Mittagspause«, sagte sie.

Also folgten Mutter und ich der Menge. Alle hatten sie ein Gefäß, meistens eine Blechdose, in der Hand, wir hatten natürlich nichts, na ja, wird schon gutgehen, dachte ich. Unweit stand eine Baracke, dort gingen wir rein. Drinnen war es warm, und es roch nach Krautsuppe. Wir reihten uns in die wartende Schlange ein und waren ziemlich gespannt, was wir wohl bekommen würden? Als wir endlich dran waren, standen wir vor einem breiten Tisch, hinter dem drei Frauen das Essen verteilten. Die erste schöpfte aus einem großen Kessel, der auf einem Herd stand, heiße Suppe. Ich sagte:»Meine Mutter und ich, wir arbeiten heute den ersten Tag hier und haben kein Gefäß. Könnten Sie uns bitte jedem eine Dose leihen, ich bringe sie morgen ganz bestimmt zurück?«

»Hier hast du zwei Dosen mit schöner Suppe und zwei Löffel, meine liebe Kleine. Ihr könnt alles behalten, aber bringt sie morgen trotzdem wieder mit, sonst habt ihr wieder nichts«, sagte die freundliche Frau.

Bei der zweiten Frau bekamen wir jeder ein großes Stück Brot, ungefähr je fünf Scheiben dick. Die dritte hatte wohl gehört, daß wir neu waren, und gab uns von selbst jedem einen großen Blechtopf mit Tee.

So versorgt setzten wir uns auf eine der Bänke, die an den vielen Tischen standen. Wir beschlossen, die Suppe nach Hause mitzunehmen und sie abends mit Lia zusammen zu essen. Wir teilten uns eine Portion Brot und tranken den heißen Tee dazu. Das tat gut und machte uns auch satt.

Es waren wohl weit über hundert Menschen in der Baracke, Frauen und Männer, ich war wohl die Jüngste. Sie sprachen alle polnisch, jiddisch wurde nicht gesprochen, ich hatte es jedenfalls nicht gehört. Ich konnte auch nicht erkennen, ob Juden hier arbeiteten, und fragen wollte ich nicht, ich wollte, daß wir so unauffällig blieben wie nur möglich.

Die Sirene heulte wieder, die Mittagspause war zu Ende, sie hatte sicher eine Stunde gedauert. Wir gingen wieder an unsere Arbeit. Wir stellten die Suppe, geschützt mit Brettern, damit sie nicht umkippt, auf den Boden, aber da sie bei der Kälte schnell gefroren war, konnte ihr sowieso nichts passieren.

Als die Sirene wieder heulte, war unser erster Arbeitstag zu Ende. Kurz nach 6 Uhr waren wir zu Hause. Lia hatte das Feuer am Brennen gehalten, es war schön warm. Sie sah blaß, verloren und sehr traurig aus.

»Gott sei Dank, ihr seid wieder da, ich hatte schon Angst, ihr würdet gar nicht mehr kommen, was hätte ich dann nur gemacht?« sagte sie, und sie tat mir unendlich leid. Mutter nahm sie tröstend in den Arm, und ich sagte fest und überzeugend: »Das darfst du niemals denken, wir kommen immer wieder, darauf kannst du dich verlassen. Schau«, sagte ich weiter, »wir haben auch was zum Essen mitgebracht.«

Als sie unsere zwei Dosen mit der gefrorenen Suppe sah, guckte sie etwas zuversichtlicher. Wir stellten die gefrorenen Dosen auf die heiße Herdplatte und konnten kaum erwarten, bis die Suppe endlich aufgetaut war und wir sie essen konnten, denn unser Hunger war sehr groß.

»Was hast du den ganzen Tag gemacht?« fragte ich Lia.

»Frau Bielak hat mir ein Buch gegeben, ich habe gelesen, bin aber immer wieder eingeschlafen.«

Ich machte mir Sorgen, sie sah krank aus, nur das nicht, lieber Gott, betete ich im stillen.

Im gleichen Trott wie am ersten Tag vergingen alle Tage, wobei am Samstag bloß bis zum Mittag gearbeitet wurde. Erträglicher wurde die Arbeit, weil die Tage wärmer wurden, der strenge Winter ging zu Ende. Wir befanden uns zwar nicht mehr in so großer Gefahr wie in Mikuliczyn, aber ewig konnte es so nicht weitergehen. Wir konnten doch nicht auf Dauer die Hilfe der Familie Bielak in Anspruch nehmen. Mutter und Lia halfen zwar am Abend und am Samstagnachmittag bei den Frühjahrsarbeiten im Garten, und ich hackte wieder Holz. Holz schien mein Schicksal zu sein. Die Leute gaben uns auch nicht das Gefühl, daß wir ihnen lästig wären. Trotzdem wurde ich immer unruhiger und unzufriedener, ich hatte so gar keinen Plan für die Zukunft. Immer mal wieder sagte Mutter: »Meinst du, wir kommen nie mehr nach Königsberg?« Ich sah hierzu im Augenblick keinerlei Chance. Unsere Zukunft war für mich ein einziges großes Fragezeichen. Die deutschen Horden sollten schnell den Krieg verlieren, dann wären wir alle gerettet.

War es Zufall, Glück oder Gottes Fügung? Anfang Juli bekamen wir eine Antwort auf all unsere Fragen. Herr Bielak kam eines Abends, als wir gerade von der Arbeit zurück waren, zu uns ins Zimmer und sagte zu mir: »Paß mal auf, der Bürgermeister hat mir gesagt, ihr sollt morgen zu ihm in das Amt kommen, ihr braucht aber keine Angst zu haben, er glaubt, eine Lösung für euch zu haben.«

Es wurde unsere längste Nacht im Hause Bielak, wir haben kaum geschlafen, wir konnten den Morgen fast nicht erwarten. Was würde uns der neue Tag bringen?

Endlich war es soweit, um 9 Uhr waren wir beim Bürgermeister. Kurze Zeit mußten wir im Vorzimmer warten, dann wurden wir reingerufen. Hinter einem Tisch saß ein circa 50jähriger, hagerer Mann, der Bürgermeister.

»So seht ihr also aus«, sagte er. »Jetzt hört mal gut zu, was ich euch zu sagen habe. In nächster Zeit werden auch hier bei uns die letzten Juden abtransportiert, auch vom Sägewerk, allen kann ich leider nicht helfen, vielleicht aber euch. Ich bin gezwungen, einen Transport mit jungen polnischen Frauen und Männern aus dem Dorf zusammenzustellen, für die Landarbeit bei den Bauern in Deutschland. Der Transport geht morgen vormittag hier vom Marktplatz aus ab. Jeder darf eine Tasche mitnehmen. So kommt ihr nach Deutschland. Das wollt ihr doch, oder? Ihr müßt euch halt gut zu den Leuten einordnen, die Kleine darf nicht so sehr auffallen, könnt ihr das, wollt ihr das?«

Und ob wir wollten! Ich wagte es nicht, gleich meiner Mutter zu dolmetschen, manches verstand sie ja schon, bloß sprechen konnte sie nicht, ich wollte aber die Zeit des Bürgermeisters nicht über Gebühr in Anspruch nehmen. Meine Augen füllten sich mit Tränen, als ich zu unserem Helfer sagte:

»Lieber, sehr geehrter Herr Bürgermeister, unser ganzes Leben lang werden wir Ihnen dankbar sein für Ihre Hilfe. Wir werden alles so machen, wie Sie es von uns erwarten. Wenn ich das meiner Mutter gleich sagen werde, wird sie die glücklichste Frau auf der Welt sein.«

»Also gut«, meinte er, »dann trage ich euch in die Sammelliste ein, jetzt brauche ich noch eure Namen.«

Ich nannte unsere Namen, bedankte mich nochmals bei unserem »Retter«, der sagte noch »Gott mit euch«, dann verließen wir den Raum.

»Was ist los, was passiert mit uns, ich habe fast nichts verstanden«, ,meinte Mutter, und ich erzählte ihr von unserem Glück.

Mutter schlug die Hände zusammen und sprang in die Luft. »Jetzt wird alles gut, ich spüre es«, rief sie laut auf offener Straße. Ich mußte sie beruhigen, denn die Passanten drehten sich schon nach uns um.

Zu Hause erzählten wir alles den Bielaks, auch die freuten sich mit uns.

Wir verbrachten den letzten Tag mit Saubermachen unserer Behausung, es sollte alles blitzblank sein, wenn wir sie verlassen würden. Wir waren so aufgeregt, daß wir wieder kaum schlafen konnten in dieser letzten Nacht bei Bielaks. Während ich wach auf meinem Lager lag, gingen mir nicht nur freudige Gedanken durch den Kopf. Mir war absolut klar, den Häschern hier werden wir wohl entkommen, aber was wird besonders mit Lia und mir in Deutschland? Schließlich kamen alle verbrecherischen Befehle von dort, die Mörder waren Deutsche. Mit dem Gedanken, daß ich es unbedingt schaffen will, das Ende der Tyrannei erleben will, schlief ich irgendwann ein.

Die Sonne schien schon, als wir um 6 Uhr aufstanden, es würde sicher, wie auch die Tage davor, ein schöner, warmer Sommertag werden. Wir kochten uns noch einen Tee, aßen jeder ein Brot, verabschiedeten uns mit Tränen und mit sehr viel Dank von den Bielaks und machten uns auf den Weg zum Marktplatz. Wir hatten fast nichts zu tragen. Bei jeder weiteren Flucht wurde unsere Habe kleiner, das hatte aber auch einen Vorteil, wir mußten von nichts mehr Abschied nehmen.

Einige Menschen waren schon da, und es kamen immer mehr aus allen Richtungen. Die Stimmung war sehr gespannt, fast explosiv. Raunend und mit dumpfem Zorn unterhielten sich einige. Ich konnte ihre Wut sehr gut verstehen, schließlich wurden die jungen Leute zwangsverschleppt, zur Sklavenarbeit ins Feindesland.

Nach einer Weile kam der Bürgermeister, begleitet von zwei jungen Männern. Die Männer hatten weiße Armbinden um. Sie werden wohl die Ordner, Führer für den Transport sein, dachte ich.

Der Platz war inzwischen gefüllt, nicht nur mit jungen Menschen, die älteren waren wohl die Eltern, Freunde oder Verwandte, die ihre jungen Leute zum Abschied begleiteten.

Der Bürgermeister stellte sich zusammen mit den jungen Männern auf die Rathaustreppe, nun konnten ihn alle sehen, er läutete eine kleine Glocke und begann zu reden: »Liebe Landsleute, an einem so schönen Tag habe ich eine so traurige Aufgabe, ich muß euch heute für ungewisse Zeit zur Arbeit in ein fremdes Land, nach Deutschland, schicken. Ihr wißt alle, daß ich das nicht gerne und auch nicht freiwillig tue. Aber genauso sicher wissen wir, daß ihr alle, nach hoffentlich nicht allzulanger Zeit, wieder hier zu Hause sein werdet. So wie mir gesagt wurde, wird die Reise folgendermaßen verlaufen: Heute geht es noch bis Lemberg, dann weiter nach Krakau, von Krakau weiter über Lodz oder Posen, das ist noch ungewiß. Nächste und letzte Station ist Stettin. In Stettin sollt ihr dann den deutschen Bauern übergeben werden. An allen Stationen wird es Aufenthalte geben von unterschiedlicher Dauer, vielleicht Tage, vielleicht auch Wochen. Ihr werdet sicher auch mit Landsleuten aus anderen Ortschaften zusammentreffen. Überall aus Polen müssen Menschen zur Land- und Fabrikarbeit nach Deutschland. Bei den Aufenthalten werdet ihr in Schulen oder Sporthallen untergebracht. Diese beiden jungen Männer mit den weißen Armbinden neben mir, Marek und Boleslaw, viele werden sie kennen, sind eure Zugführer. Ich habe sie darum gebeten, weil sie beide deutsch sprechen, somit dolmetschen können. Wenn ihr also Fragen habt, wendet euch an die beiden und macht ihnen das Leben nicht schwer. Sie würden auch, genau wie ihr, lieber zu Hause bleiben. So, jetzt muß ich noch meine Anwesenheitsliste vorlesen, und ihr antwortet mir bitte.« Er rief viele Namen auf, uns drei auch, dann beendete er seine Rede mit den Worten: »So, ich glaube, ich habe alles gesagt, was ihr wissen müßt und auch was ich weiß. Es ist jetzt 10 Uhr, kurz nach 11 Uhr geht der Zug. Ich wünsche euch allen alles, alles Gute, Gottes Schutz und ein baldiges Wiedersehen hier in eurer Heimat.«

Das alles war sehr traurig, viele Leute lagen sich in den Armen und weinten. Ich wurde fast angesteckt, aber dann biß ich die Zähne zusammen und dachte: Meine Lieben in Mikuliczyn haben sehr viel Schlimmeres erlebt.

Der Zug stand schon bereit, ein Güterzug, eine Lok mit mehreren Waggons. Einer unserer Führer sagte: »Hört mal alle zu, vielleicht hält der Zug ein oder mehrmals unterwegs, er fährt aber nur bis Lemberg, und das ist unsere Station, dort werden wir aussteigen, wir können also nichts falsch machen. Wenn wir ankommen, bleibt bitte alle im Zug, bis ich euch sage, wie es weitergeht. Jetzt steigt ein und verteilt euch in den ersten zwei Waggons.«

So ein Waggon war groß, kalt und leer. Jeder suchte sich einen Platz möglichst an der Wand. Uns gelang es auch, solche zu ergattern. Am Anfang standen alle herum, als der Zug aber anfuhr, setzte sich einer nach dem anderen auf den Boden.

Mutter guckte mich an und flüsterte: »Meinst du, Ruthi, wir müssen Angst haben?«

Durch Kopfbewegung verneinte ich, und Lia sagte ganz leise: »Ach was, Mutti, wir sind doch hier nicht mehr allein.«

Ratternd fuhr der Zug mit halboffener Tür los, und ich betete im stillen, er möge uns ins Leben und nicht in den Tod führen.

Unterwegs hielt er noch ein paarmal, und weitere Personen mit großen Taschen stiegen ein. Ich dachte, noch mehr arme Menschen, die ihre Familien verlassen müssen, um beim Feind Zwangsarbeit zu leisten. Wann nimmt dieser Horror endlich ein Ende, wann kommt die Vergeltung?

Als wir dann in Lemberg ankamen, sagte jemand: »Macht die Tür jetzt weit auf, damit wir hören, wann wir aussteigen müssen«, und ein anderer meinte: »Kommst wohl nicht schnell genug zu den Nazis.« Einige lachten, dann wurde die Tür geöffnet.

Nach circa dreißig Minuten erschien Marek und sagte, wir sollten uns in Viererreihen aufstellen, so würden wir in das Auffanglager durch die Stadt marschieren. Es waren doch viele Menschen unterwegs zugestiegen, denn es bildete sich eine lange Kolonne, die sich anfänglich zäh, dann doch schneller werdend in Bewegung setzte. Nun waren wir bei dem Versuch, nach Königsberg zu kommen, zum zweiten Mal in Lemberg, ob es wohl dieses Mal gelingen würde?

Wir waren sicher über eine Stunde unterwegs, bis wir zu dem mehrstöckigen Haus kamen, das unser Ziel war. Die Straßen dorthin waren nicht sehr bevölkert, und es herrschte eine gedrückte Stimmung. Manche Passanten schauten uns an, blieben stehen und fragten, woher wir kommen, andere gingen schnell an uns vorbei. Ab und zu, manchmal auf Pferden, sah man zwei deutsche Militärpolizisten, sie wurden von uns »Kettenhunde« genannt, weil sie eine Metallplatte an einer Kette auf Brusthöhe um den Hals trugen, auf der eine Schrift eingraviert war. Das Metall war hell und sah wie Aluminium aus. Sie gingen immer zu zweit oder zu mehreren, ich sah nie einen allein. Einige Häuser in den Straßen waren zerstört, es war überhaupt alles grau in grau, es paßte zu unserer Stimmung. Begleitet und bewacht wurden wir von Ukrainern, sie hatten alle die gleiche beige Jacke mit roter Armbinde an, am Gürtel hing so was wie ein Gummiknüppel. Sie gingen sporadisch zu beiden Seiten der Kolonne und fühlten sich sehr wichtig, wenn sie uns immer wieder mit den Worten »Zusammenbleiben, aufschließen, schneller gehen« anschnauzten. Ich kannte diese Schweine ja schon von Mikuliczyn.

Plötzlich schrie es von allen Seiten »Halt«, wir waren am Ziel. Eine ganze Weile passierte nichts, dann fing die »Masse Mensch« an, sich sehr langsam zu bewegen. Wir hielten uns an den Händen fest, um uns nicht zu verlieren. Irgendwann erreichten auch wir die Eingangstür. Zu beiden Seiten der Tür stand ein Ukrainer, der eine zählte uns ab, und der andere gab die weitere Richtung an. Wir wurden in den zweiten Stock geschickt. Wir landeten in einem ziemlich großen Saal, der sich langsam füllte. Entlang den Wänden und in einer Reihe in der Mitte lagen im Abstand von etwa eineinhalb Metern flache Strohsäcke, wohl unsere Schlafmatratzen für die nächste Zeit.

Der ganze Raum stank nach Desinfektionsmittel. Der Gestank kam aus den Matratzen – ekelhaft! Wieder hatten wir Glück und ergatterten drei Matratzen an der Wand. Das war mir sehr wichtig, mit dem Rücken zur Wand mußte ich nur nach vorne wachsam sein, so fühlte ich mich sicherer. Zwischen Wand und Matratze stellten wir unsere Taschen ab, dann setzten wir uns, Mutter in der Mitte, Lia und ich zu beiden Seiten, auf die Strohsäcke und warteten auf weitere Befehle. Wir hatten Hunger und waren auch müde. Außer etwas Wäsche hatte jeder von uns etwas Brot in seiner Tasche, das aßen wir jetzt.

Nach einiger Zeit, jeder Schlafplatz war inzwischen besetzt, läutete ein Mann mit einer Glocke, und wir bekamen weitere Anweisungen.

»Ich sage euch jetzt, wie es heute weitergeht«, fing er an. »Zuerst geht ihr alle zum Frisör, dann ins Bad, dann werdet ihr gemustert, und dann geht's zum Essensempfang. Frauen und Männer gehen getrennt. Eure Taschen nehmt ihr mit. Jeweils zehn gehen zusammen, die ersten zehn können jetzt kommen, ich rufe immer, wenn die nächsten dran sind. Je disziplinierter ihr das alles macht, um so schneller kommt ihr zum Essen, also los geht's, die ersten zehn.«

Bei der zweiten Gruppe waren wir dabei. Es ging runter in die unterste Etage und dort in den sogenannten Frisörraum. In einem größeren Zimmer ohne Spiegel schnitten zwei Frauen den Reinkommenden die Haare. Als ich das sah, war ich entsetzt! Die »Haarschneiderinnen« packten jeweils mit einer Hand ein Büschel Haare, mit der anderen schnitten sie es dicht an der Kopfhaut ab, das ging so, bis die Frauen kahl waren und aussahen wie räudige, gerupfte Hühner. Die meisten empörten sich, es wurde ziemlich laut. Bei der Vorstellung, daß das auch gleich mit mir geschehen würde, drohte ich vor Wut zu platzen.

Dieses wehrlose Ausgeliefertsein war vernichtend. Aber was konnte ich machen, wir wollten doch mit diesem Transport vielleicht bis nach Königsberg kommen, also hieß es, diese Diskriminierung zu ertragen und zu hoffen, daß wir irgendwann wieder frei sein würden. Eine der »Frisörinnen« versuchte uns zu beruhigen und sagte: »Ich weiß, es ist furchtbar, aber wir können doch nichts dagegen machen, unter unseren Kopftüchern sehen wir auch so aus.« Als ich dran war und sie meine Tränen sah, sagte sie: »Weine nicht, Kleine, ich lass' sie so lang, wie es irgend geht.« Was ging, war ungefähr drei Zentimeter lang, und das war noch nicht das Ende der Demütigung an diesem Tag.

Nun waren wir alle geschoren, und es ging weiter zum Duschen. Angeführt von einer Frau, auch mit Kopftuch, sicher war sie auch ein so armseliges Schwein wie wir, gingen wir in den Duschraum. In einem großen, gekachelten Raum standen ein paar Bänke, der Boden fiel von allen Seiten zur Mitte schräg ab, zu einem Gully. Von der Decke hingen fünf Duschen. Jeder von uns bekam einen Sack mit groß aufgedruckter Nummer, darin sollten wir unsere Kleider tun. Mit weißer Kreide sollten wir die gleiche Nummer auf unsere Taschen schreiben. Sowohl die Kleider als auch die Taschen kamen in die Desinfektionskammer.

Jetzt waren wir alle nackt. Ich sah das erste Mal in meinem Leben eine nackte Frau, mit Brüsten und Schamhaar, es war mir alles furchtbar peinlich. Das Wasser der Duschen war lau, fast kalt, und die Seifenflüssigkeit war pures Desinfektionsmittel. Zum Abtrocknen lagen auf den Bänken ein paar alte Lumpen.

Die Frau, die uns hier hereingeführt hatte, sagte: »Wenn alle fertig sind, führe ich euch zur sogenannten Musterung, danach bekommt ihr eure Kleider und Taschen wieder.«

Wir dachten, uns verhört zu haben, wir konnten doch nicht nackt zu dieser »Musterung«, aber wir hatten uns nicht verhört. Bei diesen Sadisten war eben alles möglich! Acht junge Frauen, Mutter war ja auch erst 41 Jahre alt, und zwei Kinder gingen nackt und barfuß, geführt von der Frau mit dem Kopftuch, durch einen kurzen Gang in einen anderen Raum. Hier saßen hinter einem langen Tisch fünf SS-Männer. Einer davon konnte etwas Polnisch und gab die Kommandos. Wir sollten, langsam hin und zurück, ein paarmal an ihnen vorbeigehen. Dann mußten wir uns einzeln vor ihnen hinstellen und uns auf Kommando einige Male nach allen Seiten drehen. Wir wurden von fünf grinsenden Männern von vorne, von hinten und von der Seite begafft. Einer sagte: »Einige haben ganz passable Titten und Ärsche.«

Er konnte nicht ahnen, daß wir ihn verstehen. Wenn er es gewußt hätte, hätte es ihm sicher auch nichts ausgemacht. Ich wundere mich noch heute, daß es diesen geilen Schweinen nicht aufgefallen ist, daß zwei Kinder in der Gruppe waren. Das aber ist das Glück, das wir immer wieder hatten und ohne das wir bei so manchem Ereignis nicht überlebt hätten.

Das Geschehen an diesem Tag hat mich sehr verletzt. Ich fühlte mich gedemütigt, entwürdigt und beschmutzt. Noch heute, nach 60 Jahren, könnte ich jedem einzelnen dieser Männer den Hals umdrehen.

Nach dieser verletzenden Prozedur wurden wir, immer noch nackt, zu unseren Kleidern geführt. Endlich konnten wir uns wieder anziehen. Es wurde uns fast übel, so sehr stank alles nach Desinfektionsmittel, aber wir waren froh, nicht mehr nackt zu sein. Wir gingen zurück in unseren Schlafsaal und harrten der weiteren Dinge.

Am späten Nachmittag, es war fast schon Abend, wurden

wir zum Essen gerufen. Die Küche befand sich im Keller. Ähnlich wie im Sägewerk in Bednaruw wurde hier das Essen verteilt. In einem Blechnapf bekamen wir Kohlsuppe, in der auch ein paar Kartoffeln schwammen, und ein großes Stück dunkles Brot. Zu dem Desinfektionsgestank kam jetzt der Geruch der Kohlsuppe, und dieser eigenwillige »Duft« begleitete uns ständig, denn es gab immer nur Kohlsuppe. Mittags und abends Kohlsuppe und morgens Tee und Brot, Brot meistens trocken, manchmal gab es ein Stückchen Margarine.

Wir blieben ein paar Tage in Lemberg, und bis auf das »Manöver« am ersten Tag verlief ein Tag wie der andere. Warten, zweimal Suppe, einmal Tee und Brot und wieder warten. Von 15 bis 17 Uhr durfte man das Haus verlassen. An der Eingangstür hing eine Bekanntmachung, auf der davor gewarnt wurde, was alles passieren würde, sollte man vorhaben, nicht zurückzukehren. Es kamen auch immer alle zurück. Auch wir gingen einmal in die Stadt, aber am sichersten, wenn man das überhaupt sagen kann, fühlten wir uns im Haus.

Die Reise ging weiter nach Krakau und über Posen nach Stettin. Dort sollte Endstation sein. Auf allen Bahnhöfen waren neue Menschen zugestiegen, unser Treck füllte inzwischen viele Waggons. Sowohl in Krakau wie auch in Posen waren wir in Turnhallen untergebracht. Immer der gleiche Luxus. Bei Ankunft duschen mit Desinfektionsmittel, flache Strohsäcke zum Schlafen, Kohlsuppe zu Mittag und Abend, Brot und Tee zum Frühstück. Zum Glück war die »Musterung« einmalig. Überall blieben wir einige Tage. Bis nach Stettin waren wir über einen Monat unterwegs.

Stettin war ganz anders. Es war wie ein Gefangenenlager. Hinter hohen Holzzäunen, die am oberen Ende mit Stacheldraht versehen waren, befanden sich viele lange Holzbaracken. Ich sah einige deutsche Soldaten, die mit dem Gewehr über der Schulter auf und ab gingen, sie bewachten wohl das Ganze hier. Wir alle wurden zu einem großen Platz geleitet. In der Mitte des Platzes war ein Podest, auf das sich nach kurzer Zeit ein Mann stellte, der weitere Anweisungen gab. Diese waren sehr kurz. Er sagte, daß wir von hier aus auf die Bauern oder Fabriken verteilt würden, und am kommenden Tag würde damit begonnen. Jetzt sollten wir alle zu Block 2 gehen, dort bekämen wir unsere Wohnbaracken zugewiesen, die Räume zum Duschen und den Block, in dem es das Essen gab.

Obwohl wir uns nun auf altem deutschem Reichsgebiet befanden, sprach der Mann polnisch, was Mutter ärgerte. »Wann wird endlich deutsch gesprochen, wann werde endlich auch ich verstehen, was gesagt wird.« Ich beruhigte sie und meinte: »Wie sollen die Leute hier plötzlich Deutsch verstehen« und verdeutschte ihr, was der Mann gesagt hatte. Das war auch der letzte Tag, an dem Mutter auf unser Dolmetschen angewiesen war. Als sie aber erfuhr, wie es weitergeht, was der Mann gesagt hatte, war sie empört und sagte: »Nein, das will ich nicht, ich will in die Stadt, ich will nach Königsberg, auf dem Land war ich jetzt lang genug. Ich verstehe nichts von Landarbeit, ich kann nähen, das will ich machen und nichts anderes.« Ich wunderte mich über die Energie, mit der sie das behauptete, und versuchte sie zu beruhigen, denn ich glaubte, es galt immer noch, nicht aufzufallen.

Wir wurden in die Baracke Nummer 7 geschickt und dort in den Raum Nummer 3. In jedem Raum befanden sich vier Stockwerkbetten, an jeder Seite zwei, in der Mitte war ein schmaler Gang mit einem kleinen Fenster. Wir nahmen die zwei Betten gleich an der Tür. Mutter und ich die unteren, Lia bekam das Bett über mir. Die anderen Betten wurden auch alle belegt, natürlich nur von Frauen. Sie sprachen viel, laut und auch ziemlich durcheinander, sie kannten sich wohl gut und beachteten uns gar nicht. Das war wieder mal gut so für uns.

Wir stellten unsere Taschen auf die Betten und gingen zum Duschen und dann zum Essen. Es gab wie üblich ein Stück Brot und die berühmte Kohlsuppe, aber oh Wunder, es schwammen nicht nur Kartoffeln, sondern auch ein paar Fleischstückchen darin.

Nach langer Zeit hatten wir ein Bett, das hatte zwar auch eine Strohmatratze und stank wie wir nach Desinfektionsmittel, aber wir mußten nicht auf dem Boden liegen. Ich fühlte mich zwar längst nicht sicher, aber die Spannung ließ etwas nach, so beschloß ich, zumal der Tag auch langsam zu Ende ging, nach dem obligatorischen Duschen und Essen mich in dieses Bett zu legen. Lia tat das gleiche, sie sah etwas Besonderes darin, so hoch oben zu liegen. Mutter meinte, sie wolle noch etwas »deutsche« Luft schnappen und vor die Tür gehen. Ich war zu ausgelaugt, um ihr zu widersprechen, und ließ es einfach geschehen.

Am Morgen, die Sonne war gerade aufgegangen und lange bevor die Glocke zum Wecken läutete, weckte mich Mutter ganz leise. »Komm«, sagte sie, »ich muß dir was ganz Tolles erzählen.« Ich stand auf, und wir schlichen uns lautlos vor die Tür.

»Ich habe gar nicht geschlafen«, begann sie, »als ich gestern noch vor die Tür ging und mich ans Haus gelehnt auf den Boden setzte, beobachtete ich einen Soldaten. Er war nicht ganz jung, sah aus wie ein Familienvater und recht gutmütig. Er verschwand und tauchte nach einer Weile wieder auf, er bewachte wohl das Lager. Er sah so vertrauensvoll aus, und mir kam der Gedanke, vielleicht hilft er uns. Als er wieder auftauchte, ging ich ihm entgegen und sprach ihn an. Ich sagte: ›Bitte entschuldigen Sie, daß ich Sie anspreche, aber vielleicht können Sie mir helfen?‹ Er war sehr erstaunt, Deutsch zu hören, und hörte mir zu. Ich erzählte ihm unsere Geschichte und daß ich von Landarbeit nichts verstehe, aber nähen kann und eine Mutter in Königsberg habe, zu der ich auch hinwill und ob er mir helfen kann, dorthin zu kommen. Er sagte, das ist ja alles furchtbar, was Sie erzählen, ich will sehen, was ich für Sie tun kann. Kommen Sie morgen um 11 Uhr in die Baracke Nummer 1, vielleicht habe ich drei Fahrkarten für Sie. Was sagst du nun, Ruthi?« Nun, ich fiel Mutter um den Hals, gratulierte ihr zu ihrem Mut und wünschte, daß alles so passieren würde, wie sie es sich erhoffte.

Zurück in Königsberg

D er Soldat hielt sein Versprechen. Mutter bekam drei Fahrkarten für den Zug nach Königsberg und zehn Reichsmark Kleingeld. Glücklich verließen wir um die Mittagszeit als freie Menschen das Lager. Alles geschah so plötzlich, es war fast unwirklich, wir konnten es kaum glauben, aber es war wahr. Wir fragten eine Passantin nach dem Weg zum Bahnhof, und gegen 16 Uhr saßen wir im Zug nach Königsberg.

Es war noch hell, als wir am 18. August 1942 wieder in Königsberg waren. Mutter wollte auf dem Bahnhof warten, bis es dunkel wird, es war ihr zu peinlich, in unserem Aufzug in der Bülowstraße zu erscheinen. Wir beide, Lia und ich, ließen nicht locker, wir wollten unbedingt so schnell wie nur möglich zur Großmutter. Nach einer Weile gab Mutter nach, und wir gingen zur Straßenbahn.

Mutter kannte sich bestens aus. Sie fand schnell die richtige Linie, und wir stiegen in die Straßenbahn Richtung Sackheim. Man spürte, daß sie richtig befreit war, endlich wieder das »Sagen« zu haben und nicht so sehr von mir abhängig zu sein und nicht ständig meinen Anweisungen folgen zu müssen und auch endlich nicht mehr auf mein oder Lias Dolmetschen ange-wiesen zu sein. Das konnte ich gut verstehen, aber ich kann mich nicht erinnern, daß sie zu mir mal gesagt hat: »Kind, das hast du gut gemacht, wie du uns aus Mikuliczyn rausgeführt hast«, und das habe ich vermißt.

In der Straßenbahn schauten die Fahrgäste uns fragend an und rückten weg aus unserer Nähe. Wir sahen ja auch befremdend aus mit unseren Kopftüchern und der armseligen Bekleidung. Sicher hatten sie Angst vor Läusen, aber das brauchten sie ja nicht, das hätten sie riechen können. Gegen Läuse waren wir gewappnet, dafür hatte schon das viele Duschen mit Desinfektionsmittel gesorgt.

Ich dachte, hoffentlich war es nicht falsch, bei Tageslicht in die Bahn zu steigen. Hätten wir doch auf Mutter hören sollen und bis zum Abend warten? Aber es ging alles gut. Später sagte Oma einmal: »Ihr saht aus wie Volksdeutsche, wie ganz arme Volksdeutsche, als ihr ankamt.« Das war es wohl auch, was die Fahrgäste in der Straßenbahn dachten. In dieser Zeit gab es viele sogenannte »Volksdeutsche«, viele kamen aus Polen, aber auch aus anderen besetzten Gebieten. Sie wollten alle »Heim ins Reich«.

Wir standen vor dem Haus Nummer 35 in der Bülowstraße. Mutter hatte uns mit absoluter Sicherheit hierhergeführt, als hätte sie die Stadt und die Straße nie verlassen. Wir gingen ins Haus, in den ersten Stock, und klopften an die Tür mit dem Namensschild Moseleit, so hieß meinen Oma.

Eine große, schlanke ältere Frau öffnete die Tür. Ich erkannte sie sofort. Sie hatte das gutmütige Gesicht, die grauen Haare zu einem Knoten geflochten, und sie hatte auch wie früher eine Kittelschürze an. Durch die offene Tür sah ich an der Wand das Regal mit den vielen stehenden und hängenden bunten Töpfen. Es war, als wäre die Zeit stehengeblieben.

Wir schauten uns alle stumm an, keiner sprach einen Ton. Oma drehte sich um, ging zu dem Regal mit den bunten Töpfen, nahm aus einem der Töpfe Geld heraus, drehte sich wieder zu uns und reichte das Geld meiner Mutter. Sie glaubte, wir seien Bettler. Sie hatte ihre eigene Tochter nicht erkannt.

Mutter sagte mit tränenerstickter Stimme: »Ich bin es doch Mutter, die Grete.«

Nach einigen Sekunden lagen sich beide Frauen weinend in den Armen, und wir Kinder standen ziemlich verloren daneben. Das war eine sehr bewegende erste Begegnung, ich werde sie nie vergessen. So sehr hatte uns das Elend der letzten Zeit verändert, daß eine Mutter ihre eigene Tochter nicht erkennt.

Wir standen immer noch im Hausflur zwischen Tür und Angel, als Mutter und Tochter sich endlich voneinander lösten. Dann nahm Oma uns in die Arme und sagte: »Kinder, Kinder, nun kommt mal endlich rein.«

Hier war wirklich die Zeit stehengeblieben, die Wohnung war völlig unverändert. Alles, was mich als Kind beeindruckt hatte, war wieder da. In der Küche das bunte Regal, im Türrahmen zum Wohnzimmer waren noch die Haken, an denen mal meine Schaukel hing, das Wohnzimmer war immer noch so bunt wie früher, und über dem Wohnzimmertisch hing die große gelbe Lampe mit den Glasperlen. Die Lampe, mit der meine Geschichte begann. Man hätte meinen können, wir wären nie weg gewesen, und obwohl ich erst vierzehn Jahre alt war, lag meine Kindheit hundert Jahre zurück. Ich war ein völlig anderer Mensch geworden.

»Warum weinst du, Ruthi?« sagte Oma und riß mich aus meinen Gedanken. Ich konnte manchmal das Weinen meiner Augen und meiner Seele nicht verhindern, sehr zu meinem Ärger.

Oma wohnte nicht allein, sie hatte ihre ältere Schwester mit ihrem Mann, beide über achtzig Jahre alt, bei sich aufgenommen. So waren wir sechs Personen in einer Zweizimmerwohnung mit Küche. Das war ziemlich eng. Im Zimmer standen zwei Sofas, das waren die Betten von Omas Schwester und ihrem Mann. In Omas Schlafzimmer gab es zwei Betten und eine Liege. Die Liege wurde Mutters Bett, und Lia und ich schliefen zusammen in einem Bett, und das zweite Bett gehörte natürlich Oma. So waren wir alle untergebracht.

Oma sagte: »So, jetzt setzen wir uns alle an den Tisch, und ihr fangt endlich mal an zu erzählen.«

Auf dem Tisch stand eine große Schale mit Stachelbeeren, und wir durften davon essen. Während Mutter ununterbrochen sprach, aßen wir die Schale leer. Wir hatten einen unbändigen Heißhunger auf Obst, doch es war wohl zu viel für unsere entwöhnten Mägen, denn es wurde uns furchtbar übel, und wir mußten uns übergeben.

Was uns am meisten beschäftigte, war die Frage: Wie geht es weiter? Wir brauchten Lebensmittelkarten, Arbeit, und als was sollten wir uns ausgeben? Oma hatte eine Idee, von der sie glaubte, sie sei für uns die Lösung. Sie sagte, sie sei sehr gut mit dem »Blockwart« befreundet, sie würde seiner Frau bei allen Arbeiten in ihrem Schrebergarten helfen.

Ein Blockwart war so was wie ein Bürgermeister eines bestimmten Stadtviertels, und dieser war es von einigen Straßen auf dem Sackheim. Die Bülowstraße gehörte auch dazu. Diesen Mann wollte Oma gleich morgen aufsuchen, und sie war überzeugt, er würde uns helfen, er könne alles regeln.

Mit der leisen Hoffnung und dem großen Wunsch, Oma könnte recht haben, wurde auch ich etwas zuversichtlich. Überhaupt fühlten wir uns im Vergleich zu den letzten Wochen wie im Schlaraffenland. Zum Abendessen gab es Brot, Butter und sogar Wurst. Und seit ewigen Zeiten auf einer richtigen Matratze zu schlafen ließ mich glauben, im Himmelbett zu sein. In dieser ersten Nacht klammerten sich Lia und ich ganz fest aneinander, und wir schliefen selig.

Am Morgen beim Frühstück meinte Oma, so wie wir ausse-
hen, in dieser Kleidung, könnten wir uns nirgends sehen lassen,
und sie würde gleich nach dem Besuch beim Blockwart alle
ihre Bekannte aufsuchen und für uns ein paar Kleider sammeln. Oma hatte recht, es war Hochsommer, und wir alle hatten dicke Winterkleidung an.

Unser Glück war fast beängstigend, alles klappte. Oma
konnte die Taschen kaum tragen, so voll bepackt war sie mit
Schuhen und Kleidern. Sie meinte, sie bekomme noch mehr,
aber mehr konnte sie jetzt nicht tragen, und um 17 Uhr sollten
wir alle beim Blockwart sein.

Jetzt schauten wir aber erst mal in die Taschen, und es war
für jeden etwas drin. Ich bekam ein buntgeblümtes Sommer-
kleid und rote Schuhe. Für Mutter und Lia waren auch schöne
Sachen dabei. Als wir uns neu eingekleidet im Spiegel sahen,
hatten wir nicht mehr so sehr das Gefühl, fremd und ganz
anders zu sein als all die anderen.

Der Blockwart, Herr Lemke, war ein Mann um die 60 Jahre,
graue Haare umrandeten seine Glatze, er hatte ein freundliches
Gesicht. Seine Kleidung war zivil. Er wandte sich an meine
Mutter und sagte: »Ja, Frau Rosenstock, Ihre Mutter hat mir ja
schon alles erzählt, und ich habe mir auch schon über Ihre
Situation Gedanken gemacht. Sie haben also gar keine Papiere.
Wir wissen aus alten Dokumenten, daß Ihr Mann polnischer
Staatsbürger war, also sind Sie und Ihre Kinder Volksdeutsche.
Ich werde Ihnen ein solches Papier ausstellen, damit Sie etwas
in der Hand haben, falls Sie sich ausweisen müssen. Wie Ihre
Mutter sagte, würden Sie gerne nähen, das ist gut, das brauchen
wir. Ich werde Sie in einer Schneiderei für Uniformen unter-
bringen. Ihre Tochter Ruth kann im Haushalt arbeiten. Da sucht

gerade eine Frau Maier ein Mädchen, sie wohnt in der Heidemannstraße hier auf dem Sackheim. Sie hat ein Lebensmittelgeschäft und zwei kleine Kinder, und ihr Mann ist in Rußland, ihr steht eine Haushaltshilfe zu. Bei Gelegenheit müssen Sie sich dann mal Arbeitskarten vom Arbeitsamt abholen, das eilt aber nicht. Ich werde Sie auch beim Einwohnermeldeamt melden. Die Lebensmittelkarten, eine Erwachsene und zwei Kinder, gebe ich Ihnen gleich mit. Ach ja, und die kleine Lilian wird auf dem Sackheim zur Schule gehen, und sie beide fangen am kommenden Montag an, bis dahin habe ich sie bei den Arbeitgebern angemeldet. So, das war's, ich denke, ich konnte Ihnen helfen, ich habe es gerne getan. Ihre Mutter ist unsere alte Freundin, und wir helfen uns immer gegenseitig.«

Wir bedankten uns herzlich, waren erleichtert und glücklich, daß alles so glatt gegangen war. Wir nahmen unsere Lebensmittelkarten, die für uns besonders wichtig waren, denn ohne die Karten hatten wir das ungute Gefühl, den anderen das Essen wegzuessen. Geradezu beschwingt gingen wir zur Bülowstraße 35 – unserem neuen Zuhause.

Lia war im Mai elf Jahre alt geworden, und Mutter gelang es, sie in eine Schule auf dem Sackheim anzumelden, sie durfte mit der vierten Klasse beginnen. Lia war ein fröhliches, schönes Mädchen, sie fühlte sich wohl in dieser Schule und hatte schnell einige Freundinnen. Sie hatte auch schnell Zugang zu der Kirche auf dem Sackheim gefunden, die sie oft besuchte, immer am Sonntag, manches Mal sogar am Werktag. Der christliche Glaube war ihr sehr wichtig. Sie schwärmte begeistert von der Kirche und meinte:»Ruth, du mußt das unbedingt sehen, du mußt mal mitkommen, wunderschöne Christus- und

Marienstatuen und Bilder, das meiste aus Gold, ganz große bunte Glasfenster, komm doch mal mit.«

Also tat ich ihr den Gefallen und begleitete sie in die Kirche. Außer dem vielen Gold ist mir nur ein ein Meter großer schwarzer Mohr in Erinnerung geblieben. Der stand im Gang kurz vor dem Altar. Er hatte einen bunten Turban auf, eine goldene Weste mit weiten weißen Ärmeln und eine rote Samtpumphose an. In einer Hand hielt er eine Schale für die Kollekte. Tat man etwas hinein, nickte er dankend. Das war wohl das einzige, was mir auffiel und gefiel.

Auch Mutter war sehr zufrieden mit ihrem Arbeitsplatz, sie schwärmte geradezu von ihren netten Kolleginnen. Sie war überhaupt völlig verändert, bei allem, was sie tat oder erzählte, spürte man ihre Freude, wieder in Deutschland zu sein. Beide, Mutter und Lia, hatten die Möglichkeit, neue Menschen kennenzulernen und dabei die schlimme Zeit etwas zu verdrängen.

Ich hatte das leider nicht, meine einzige Freude waren meine Haare, die waren inzwischen fast fünf Zentimeter lang. Für Frau Maier waren sie aber noch kurz genug, um mich immer dann, wenn sie sich über mich ärgerte, und das war sehr oft, »Polack« zu nennen. Polack oder Polacken nannte man die Fremdarbeiter, die überwiegend aus Polen kamen und auch meistens geschorene Köpfe hatten. Diese Frau konnte mich einfach nicht leiden, und somit mußte ich täglich einen einsamen Kampf mit Frau Maier bestreiten. Frau Maier sah aus wie eine Musterausgabe »deutsche Frau«. Sie war groß, stabil, die blonden Haare zum Knoten geflochten, hatte blaue Augen und ein volles, derbes Gesicht. Genau so, wie sich Hitler die geburtenfreudige deutsche Frau wünschte.

Meine tägliche Arbeit dauerte von morgens 7 Uhr bis abends 19 Uhr. Eine Stunde hatte ich Mittagspause. Diese Zeit verbrachte ich auf einer Bank in den nahen Sackheimer Anlagen am Kupferteich, wo ich früher als kleines Mädchen oft mit Oma gesessen und Enten gefüttert habe, dort aß ich mein Brot und schwelgte in Erinnerungen.

Frau Maier hatte zwei Kinder, beides Mädchen, Hanna drei und Gabi fünf Jahre alt. Zur Wohnung gehörte eine Küche mit einer Speisekammer, ein großes Wohnzimmer, ein Schlafzimmer und ein Kinderzimmer. Dann gab es noch eine Diele und ein Bad mit Wanne und Toilette. Meine Aufgabe war es, alle Räume sauberzuhalten, für die Kinder Frühstück und Abendbrot zu machen, den Herd in der Küche am Brennen zu halten und im Winter noch die Kachelöfen zu beheizen und derer gab es zwei. Damit war ich mit meinen vierzehn Jahren ziemlich überfordert. Mein größtes Handicap waren der Herd und die Kachelöfen. Oft ging mir das Feuer aus. Wenn Frau Maier das bemerkte, bekam sie einen roten Kopf und brüllte mich an: »Du elender Polack, du bist für alles zu doof, ausgerechnet bei mir mußtest du landen, mach sofort wieder das Feuer an, aber dalli!« Ich hoffte immer, sie würde nicht versuchen, mich zu schlagen, denn ich hätte sicher zurückgeschlagen, und das wäre dann problematisch geworden, aber soweit ist es glücklicherweise nicht gekommen.

Frau Maier hatte in ihrem Lebensmittelladen eine Verkäuferin, und wenn im Laden nicht viel zu tun war, kam sie in die Wohnung und meinte dann: »So, jetzt kann ich hier mal wieder ein bißchen den Wind reinlassen« oder ähnlich, nie hat sie mal Zufriedenheit gezeigt, sicher hat sie mich gehaßt, aber das beruhte inzwischen auf Gegenseitigkeit. Ich wartete und hoffte, mich einmal revanchieren zu können.

Zu allem Übel hatte sie auch noch einen Putzfimmel. Einmal in der Zeit, in der ich dort war, wurde »Großputz« gemacht.

Hierzu wurden Fenster und Türen aus den Rahmen gehoben, weil die Scharniere blank gewienert werden mußten und man so besser an sie rankam.

Eines Tages ging mir beim Geschirrspülen eine dunkelblaue Glasschale kaputt, sie muß sicher schon einen Sprung gehabt haben. Ich hielt sie im Wasser, in der linken Hand. Die Scherben schnitten tief in meinen Mittelfinger, bis ich es bemerkte, war das Spülwasser rot. Frau Maier, die gerade in diesem Moment in die Küche kam und das rote Wasser sah, war außer sich. Sie tobte wie eine Furie, nannte mich: »Du elender Polack, du nichtsnutziges Weibsstück.« Ihre Tiraden endeten, indem sie schrie: »Und morgen gehst du zum Arbeitsamt und holst deine Arbeitskarte, damit ich auch endlich weiß, wo du herkommst.«

Zu Hause erzählte ich, daß ich zum Arbeitsamt müsse, aber Mutter und Lia waren inzwischen, weil es ihnen so gut ging, völlig sorglos geworden, sie sahen überhaupt keine Gefahr dabei. Mich machte ihr Verhalten traurig, ich war enttäuscht und fühlte mich allein gelassen. Aber dann dachte ich in gewohnter Weise, hast ja immer alles allein gemacht, wirst das auch schaffen, und so ging ich am folgenden Tag allein zum Arbeitsamt.

Ich kannte mich in der Stadt nicht aus, mußte mehrmals Passanten nach dem Weg fragen, und dann stand ich endlich vor dem richtigen Gebäude. Mit Herzklopfen ging ich rein. Gleich rechts hinter der Eingangstür saß hinter einem großen Fenster eine Frau. Zu der sagte ich, daß ich meine Arbeitskarte abholen wolle. Sie schickte mich in den ersten Stock und meinte, ich solle vor Zimmer 12 warten, bis ich reingerufen werde. Ich ging die Treppe rauf und stand in einem breiten Gang mit vielen Türen zu beiden Seiten, zwischen den Türen standen

Bänke. Ich setzte mich neben Zimmer 12 und wartete, ich war nicht allein, es warteten noch einige Leute mit mir. Immer wieder ging eine Tür auf, und es hieß, der nächste bitte. Als die Tür Nummer 12 aufging und der nächste aufgerufen wurde, sich aber niemand von den Wartenden bewegte, ging ich rein. Eine junge Frau, vielleicht zwanzig Jahre alt, setzte sich hinter ihren Schreibtisch. Vor dem Schreibtisch standen einige Stühle. Sie sagte freundlich zu mir: »Setz dich und erzähl mal, was du willst.«

Ich sagte: »Ich möchte bitte meine Arbeitskarte abholen.«

Darauf erwiderte sie: »Du meinst, dein Arbeitsbuch.«

Ich widersprach nicht, ich wußte zwar, daß es ein Arbeitsbuch nur für Reichsdeutsche gibt, für Leute wie mich gab es nur eine Arbeitskarte, aber ich blieb still.

Sie holte aus einer Schublade ein paßgroßes Büchlein raus und fragte nach meinen Daten. Ich nannte Vor- und Nachname, Geburtsdatum und -ort. Dann wollte sie wissen, wo ich arbeite, ich nannte Frau Maier und ihre Adresse. Sie blätterte in einigen Akten, dann sagte sie: »Ja, hier habe ich es, du bist dort im Pflichtjahr, wann hast du dort angefangen?«

Ich sagte, am 25. August, inzwischen war es Ende September. Sie machte noch einige Notizen, ich mußte ein Formular und das Arbeitsbuch unterzeichnen, dann gab sie mir das »Dokument«, und ich war entlassen.

Wieder auf der Straße, konnte ich kaum glauben, was gerade geschehen war, ich glaubte zu träumen. Ich war plötzlich der stolze Besitzer eines »reichsdeutschen« Arbeitsbuches! Da war es wieder, das Glück, das man haben mußte, wenn man diese schlimme Zeit überleben wollte, und mir war es schon so oft geschehen. Ich fing an zu glauben, der Herrgott hätte mir einen Schutzengel zur Seite gestellt.

Ich machte mich auf den Weg zu Frau Maier, auf deren Gesicht war ich sehr gespannt, wie würde sie wohl reagieren? Als ich ihr mein Arbeitsbuch zeigte, war sie erst sprachlos. Sie blätterte darin herum, dann sagte sie: »Das ist ja ein ganz normales Arbeitsbuch, da bist du als Pflichtjahrmädchen eingetragen.«

»Ja«, bluffte ich, »das lag schon fix und fertig da, ich mußte es nur noch unterzeichnen.«

Sie war wirklich völlig überrascht, wollte sich das aber nicht anmerken lassen und sagte nur: »Gut, dann geh jetzt wieder an deine Arbeit«, und ich empfand meinen ersten Triumph über dieses Weib!

Im weiteren Verlauf hatte sich nichts geändert, ich glaubte nur, sie tobte nicht mehr soviel, und sie nannte mich auch nicht mehr Polack.

Das Pflichtjahr begann für die deutschen Mädchen im April. Da ich im August angefangen hatte, hatte Frau Maier Angst, womöglich im kommenden Jahr einige Monate ohne Mädchen zu sein, und forderte für den kommenden April beim Arbeitsamt ein neues Mädchen an. Meine Vorgängerin konnte ihr Jahr nicht zu Ende bringen, weil sie, wie ich von der Verkäuferin erfahren hatte, ihre krank gewordene Mutter pflegen mußte. Das war der Grund, warum ich im August anfangen konnte. Im April kam dann das neue Mädchen, sie hieß Gerda. Frau Maier war stolz, sie hatte es geschafft, nun zwei Dienstmädchen zu haben.

Zu Hause gab es auch etwas Neues, Mutter hatte einen Freund, Herrn Schuster. Er arbeitete wie sie in der Schneiderei, er nähte auch Uniformen für die Soldaten. Mutter war in diesen Mann verliebt. Ich konnte das überhaupt nicht verstehen, wie konnte sie, nachdem sie mit meinem Vater verheiratet war, so anspruchslos sein!? Herr Schuster war kurz und dick, hatte einen runden Kopf mit plumpem Gesicht, und wenn er sprach, hörte es sich an, als wäre dieser Kopf ziemlich hohl, aber er schien clever zu sein. Er muß auch sonst noch ein Handikap gehabt haben, denn er brauchte nicht zum Militär.

In diesem Jahr Ende November ereilte uns ein unsagbarer Schmerz, für mich eine Katastrophe – meine kleine Lia starb.

Die Winter in Königsberg begannen früh und waren sehr kalt, meistens zwischen 10° und 20° minus, oft sogar mehr, da froren die vielen Seen, Teiche genannt, zu. Schlittschuhlaufen war Volkssport. Besonders auf dem Schloßteich, der wunderschön mitten in der Stadt unterhalb des Schlosses lag. Über den Schloßteich führte eine breite Fußgängerbrücke zum gegenüberliegenden Ufer, an dem sich, umgeben von Grünanlagen, ein Restaurant, ein Hotel und das Miramar-Lichtspielhaus befanden. Aus einem dieser Häuser erklang immer Musik für die Schlittschuhläufer, und zu Friedenszeiten erleuchteten große Scheinwerfer den Teich. Die Beleuchtung gab es nun nicht mehr, aber die Musik spielte immer noch.

Lia hatte von einer ihrer Schulfreundinnen ein Paar Schlittschuhe bekommen und wurde eine begeisterte Schlittschuhläuferin. Jeden Tag nach der Schule und den Schularbeiten trafen sich die Mädchen zum Schlittschuhlauf auf dem Schloßteich. Eines Tages stürzte sie und schlug mit dem Hinterkopf stark aufs Eis. Sie erzählte es mir am Abend und sagte: »Ich habe Kopfschmerzen, ich gehe ins Bett, sicher ist es morgen vorbei.«

Es war nicht vorbei, im Gegenteil, die Schmerzen wurden stärker, sie wurden unerträglich. Lia weinte, jammerte und stöhnte. Oma besorgte einen Arzt, der am Abend kam. Er untersuchte Lia, machte ein sehr ernstes Gesicht und meinte: »Ich vermute eine Hirnhautentzündung, das Kind muß ins Krankenhaus, dort kann man wenigstens die Schmerzen lindern.«

Ich war verzweifelt, das erste Mal konnte ich Lia nicht helfen, als sie in Not war. Der Arzt war sehr hilfsbereit, noch am gleichen Abend wurde Lia mit einem Krankenwagen in das für den Sackheim zuständige Krankenhaus St. Elisabeth gebracht. Erst sonntags, vier Tage nach der Einlieferung, konnte ich sie besuchen. Es ging ihr furchtbar schlecht, sie erkannte mich nicht mehr. Am Dienstag starb Lia. Todesursache war »Hirnhautentzündung – Tuberkulose«. Wie uns ein Arzt erklärte, hatte sich die Tuberkulose über eine Zeit verkapselt und war wohl durch den Sturz wieder aufgegangen. Durch den Kreislauf waren Bakterien auch in den Kopf gestiegen und hatten die Hirnhautentzündung ausgelöst.

Für mich ging Lias Tod auch auf das Konto der Nazis. Als wir in Mikuliczyn nichts zu essen hatten, uns überwiegend von Kartoffelschalen ernährten, begann Lia zu husten und wurde immer schwächer, sie erholte sich erst wieder in Königsberg, als es wieder alles zu essen gab.

Nun stand uns die Beerdigung bevor, wie sollte das geschehen, wie, ohne aufzufallen? Lia war auch nicht getauft, an wen sollten wir uns wenden? Dann fiel uns die Kirche ein, zu der Lia immer wieder hinging, und Mutter und ich suchten den Pfarrer auf, der zu dieser Kirche gehörte.

Der Pfarrer empfing uns. Mutter klagte unter Tränen unser Schicksal und endete mit den Worten: »Und jetzt ist auch noch meine kleine Tochter gestorben, und ich weiß nicht, wie wir sie beerdigen können, sie kam immer zu Ihnen in den Gottesdienst, und da dachte ich, vielleicht können Sie uns helfen.«

Der Pfarrer – Gott hab ihn selig, denn er lebt bestimmt nicht mehr – machte ein nachdenkliches Gesicht, als wollte er sich an etwas erinnern, dann sagte er: »Ach, ist das vielleicht das kleine hellblonde Mädchen, das plötzlich in meiner Kirche erschien, immer in der ersten Reihe saß und fast jeden Gottesdienst besuchte? Ich hatte sie schon letzten Sonntag vermisst. Die werde ich natürlich mit Gottes Segen beerdigen.«

Er nannte uns den Friedhof, wohin Lia gebracht werden sollte, erklärte uns auch, was weiter zu tun war. Wenn alles klappen würde, könnte am Freitag nachmittag die Beerdigung sein.

Wir mußten ins Krankenhaus, dort sagten wir, zu welchem Friedhof Lia gebracht werden sollte, und erfuhren, daß besondere Kosten entstanden seien, weil wegen der Tuberkulose und auch der Hirnhautentzündung ein Zinksarg Pflicht sei. Die Kosten übernahm die Oma, auch für den Holzsarg darüber. Einen kleinen Kranz und Blumen hatte Oma auch besorgt und bezahlt.

Zu Hause entstand eine hektische Geschäftigkeit. Irgendwelche Leute mußten benachrichtigt und eingeladen werden, ein Streuselkuchen sollte gebacken werden. Ich verstand die Welt nicht mehr, wollten die Lias Tod feiern? Da hatte ich die Trauer im jüdischen Glauben in ganz anderer Erinnerung, stiller, ernster und ehrfurchtsvoller. Ich hielt mich aus allem raus, mich hielt auch eine lähmende Trauer gefangen.

Am Freitag um 15 Uhr war die Beerdigung. Frau Maier gab mir »gnädig« den Nachmittag frei. Oma, Mutter, Onkel Max mit seiner Frau, Tante Lena, und ich gingen gemeinsam zur Straßenbahn und fuhren durch das Königstor zum Friedhof. Hier lagen viele Friedhöfe. Lia kam auf den Sackheimer Friedhof. In der Aussegnungshalle stand der Sarg, blumengeschmückt. Ich weiß nicht, wer das gemacht hatte, es sah schön aus, Lia hätte es gefallen. Circa zehn Menschen, von denen ich nur den Blockwart, Herrn Lemke, kannte, saßen auf den Stühlen, alle waren schwarz angezogen, bloß ich nicht. Ich hatte nichts Schwarzes, ich hatte den dunkelblauen Mantel, mein Kleidungsstück von der Flucht, an, aber was ich als ganz furchtbar damals empfand, das waren meine roten Schuhe, ich hatte nur diese einen Schuhe, und die waren ausgerechnet rot.

Wir begrüßten die Anwesenden und setzten uns in die erste Reihe. Nach einer Weile kam der Pfarrer, er gab uns, die wir in der ersten Reihe saßen, die Hand und ging zum Stehpult, das neben dem Sarg stand und auf dem eine Kerze brannte. Er sprach ein Gebet, dann erzählte er in bewegenden Worten von dem kleinen Mädchen, das eine treue Kirchgängerin war und das auch er vermissen würde. Am Ende sagte er: »Wir wollen gemeinsam singen.« Er stimmte ein Lied nach der Melodie »Der Mond ist aufgegangen« von Matthias Claudius an. Sicher kannte jeder die Melodie, aber niemand kannte den Text. So stand der große, schlanke Mann in seinem schwarzen Ornat und sang laut und deutlich ganz allein. Die Anwesenden begannen langsam, einer nach dem anderen, die Melodie zu summen.

Ich werde diesen Text nie vergessen, er hat mir fast das Herz gebrochen, er lautet:

Wenn kleine Himmelserben
In ihrer Unschuld sterben,
So büßt man sie nicht ein;
Sie werden nur dort oben
Beim Vater aufgehoben
Und ewig wohlgeborgen sein.

Der Sarg wurde von ein paar Männern zum Grab gefahren, der Pfarrer sprach noch einige Worte, und Lias Erdendasein war zu Ende.

Oma und Mutter gingen mit der Trauergesellschaft zur Straßenbahn und fuhren nach Hause zum Streuselkuchen. Ohne daß es jemand merkte, blieb ich zurück. Es war für mich unvorstellbar, jetzt Kaffee zu trinken und Kuchen zu essen. Bis es anfing, dunkel zu werden, blieb ich auf dem Friedhof. Ich ging durch die Reihen der Gräber und konnte endlich unbeobachtet weinen und mit meinen Gedanken, meiner Trauer allein sein. Die roten Schuhe an meinen Füßen, die durch den weißen Schnee tapsten, waren an diesem Ort so fehl am Platz, sie kamen mir wie Hohn vor, ich hätte sie am liebsten ausgezogen und weit weg geschleudert. Meine Gedanken gingen zurück zu Lias Anfang, nach Insterburg, als Vater mich zu ihrem ersten Bad holte, mich auf seinem Arm hielt und mir stolz seine schöne Tochter zeigte. Seit damals waren elf Jahre vergangen, elf Jahre, in denen so entsetzlich viel Unglück, Leid und Gewalt geschehen waren. Daß ich Lia auch noch verlieren mußte, war für mich ein unbegreifliches Drama. Ich war dankbar, hier auf dem Friedhof ganz allein mit meinen Gedanken, mit meinen Tränen sein zu können. Oft glaubte ich mich in meinen Gefühlen sowieso nicht verstanden, vielleicht lag es an mir, vielleicht habe ich zu viel erwartet?

Zu Hause roch die ganze Wohnung angenehm nach Kaffee und Kuchen. Die Gäste waren gegangen, keiner fragte, wo ich gewesen sei, es hatte mich wohl niemand vermißt. Irgendwie gehörte ich nicht wirklich dazu, und jetzt, wo es Lia nicht mehr gab, noch weniger.

Sonst ging mein Leben wie vorher weiter, tagsüber bei Frau Maier, und nach der Arbeit ging ich meistens noch eine Weile durch die dunklen Straßen und dann zum Schlafen nach Hause. Überall umgab mich eine traurige Leere, ich fühlte mich sehr allein. Das Gefühl des Alleinseins wurde noch verstärkt, als Mutter mich in der Weihnachtswoche fragte:»Ruthi, macht es dir was aus, wenn ich Heiligabend und die Weihnachtsfeiertage bei Herrn Schuster bin?«

Ich war kurz sprachlos und durch diese Frage tief ent- täuscht. Nicht daß mir Weihnachten etwas bedeutete, aber am Weihnachtsabend waren üblicherweise die Familien zusam- men. Mich erinnerte, auch später noch, dieser Abend immer etwas an den Sabbat in Mikuliczyn. Aber meine Antwort war natürlich:»Nein, das macht mir überhaupt nichts aus!«

Es wurde ein ganz seltsamer Abend. Oma blieb auch nicht zu Hause, sie war bei Freunden eingeladen. Einer Familie Schuster. Ich war also mit den beiden sehr alten Menschen, Omas Schwester mit ihrem Mann, allein. Die beiden waren im Wohnzimmer, hielten die Tür zur Küche, in der ich mich befand, geschlossen. Sie wollten allein sein und ungestört beten. Sie beteten ununterbrochen, sie waren sehr fromm, sie gehörten den Baptisten an.

Ich setzte mich an den Küchentisch, lehnte an die Wand, an der das Regal mit den bunten Töpfen hing, ein großes Bild von meinem Vater und hielt mit ihm Zwiesprache. Damals hatte ich noch ein Bild, bei den späteren Ereignissen gingen alle Bilder, die wir besaßen, verloren. Für mich ein sehr großer Verlust, weder von meinem Vater noch von Lia besitze ich ein Foto. Während ich mit meinem Vater durch die Zeiten ging, hörte man aus dem Wohnzimmer das ununterbrochene Gemurmel der zwei betenden Menschen. Dann ging plötzlich, ohne daß jemand angeklopft hätte, die Wohnungstür auf. Herein kam ein großer Mann in Soldatenuniform. Er grüßte nicht, er sagte nur im barschen Ton:»Wo ist die Mutter?« Ich erkannte den Onkel Fritz, Mutters Bruder, und sagte ihm, wo die Oma sei. Er schaute auf das Bild meines Vaters und meinte:»Ach, und du bist die Judenmariel.« Er ging noch kurz ins Wohnzimmer, dann verließ er die Wohnung. Wenn nicht alles so traurig gewesen wäre, wäre dieser Auftritt wirklich zum Lachen gewesen.

Mitte Februar bekam Frau Maier eine Nachricht vom Arbeitsamt. Es wurde ihr nicht gestattet, zwei Mädchen zu behalten, und sie mußte mich zum ersten April abgeben. Sie sagte, ich solle zum Arbeitsamt gehen, dort bekäme ich einen neuen Arbeitsplatz angewiesen. Das machte mich zunächst wieder ein wenig unruhig. Es war immer am besten, es kümmerte sich niemand um mich, und ich fiel nicht weiter auf. Aber ich mußte ja zum Arbeitsamt, und das war zum Glück unproblematisch. Ich bekam einen neuen Arbeitsplatz genannt, an dem ich am ersten April erscheinen sollte, und konnte wieder gehen.

Noch bevor ich meinen neuen Arbeitsplatz antrat, geschah für mich etwas Wunderbares, ich bekam einen Freund. An einem Samstag nachmittag im März, ich mußte am Samstag nur bis 13 Uhr arbeiten, klopfte es an unserer Tür, Oma öffnete. Draußen stand ein sehr schöner, blonder Junge und sagte:»Frau Moseleit«, so hieß meine Oma, »Sie haben doch Besuch, ein Mädchen, uns fehlt einer zum Völkerball, will die vielleicht mitspielen?«

Und ob ich wollte, ich war zu Hause in Mikuliczyn ein sehr guter Völkerballspieler, meistens stand ich im Tor. Ich ging zur Tür, reichte ihm die Hand und sagte:»Ich heiße Ruth und spiele sehr gerne mit.«

154

Er lachte verschmitzt, nahm meine Hand und sagte: »Und ich heiße Daniel, na dann komm gleich mit.«

Wir gingen die Bülowstraße entlang und durch das Sackheimer Tor, dort gab es mehrere verschiedene Sportanlagen. Wir liefen auf eine Gruppe junger Leute zu, und Daniel rief: »So, jetzt können wir anfangen, jetzt sind wir vollzählig.«

Die jungen Leute sahen mich an, und zu Daniels Erstaunen meinten sie: »Aber mit der spielen wir nicht« und gingen geschlossen weg.

»Kannst du mir sagen, warum die mit dir nicht spielen wollen, bist du krank, hast du die Pest?« fragte er mich.

»Ich bin nicht krank, ich bin, wie man jetzt sagt, Halbjude, mein Vater war Jude, und ich habe ihn sehr geliebt«, war meine Antwort.

Wir gingen noch lange durch die Sportanlagen. Daniel stellte viele Fragen, er wollte vieles wissen. Ich erzählte ihm weniges und sehr oberflächlich, denn noch hatte ich kein Vertrauen. Als er aber nach einer Weile sagte: »Was du erzählst, ist ja furchtbar, das macht es mir fast unmöglich, weiter in die HJ zu gehen«, ich glaube, ich hatte mich in diesem Moment in diesen Jungen verliebt.

Meine neue »Herrschaft« war die Familie Prof. Dr. Borndorf. Der Professor war der Chef der Kinderklinik in Königsberg. Seine Frau war Hausfrau und Mutter. Das Ehepaar hatte drei Kinder, zwei Mädchen und einen Buben. Das jüngste, ein Junge, war noch ein Säugling und wurde, wie es mir damals schien, fast ununterbrochen an der Mutterbrust gestillt. Herr und Frau Borndorf waren sehr, sehr nett zu mir. Der Vergleich mit Frau Maier war wie Tag und Nacht. Meine Aufgabe war es, mich ausschließlich um die zwei größeren Kinder zu kümmern. Sie waren beide unter zehn Jahre alt. Ich mußte sie waschen und baden, ihnen beim Anziehen helfen, bei den Mahlzeiten dabeisein, ich durfte sogar mitessen. Ich sollte mit ihnen spielen und spazierengehen. Dann gehörte zu meinen Aufgaben die tägliche Fahrt mit der Straßenbahn in die Klinik. Frau Borndorf hatte mehr Muttermilch, als das Baby brauchte, der Überschuß wurde abgepumpt, und den brachte ich dann in die Klinik. Für alle anderen Arbeiten war eine Frau da, sie kochte und putzte und war auch freundlich zu mir. Ich hatte plötzlich ein wunderbares Leben.

Daniel wohnte im Nachbarhaus, auf der gleichen Straßenseite wie ich, Bülowstraße 33. Dort hatte seine Mutter, Frau Klarer, ein Kolonialwarengeschäft, wie man damals sagte. Frau Klarer hatte eine junge Polin zur Hilfe, sicher auch eine dieser jungen Frauen, die auf ähnliche Weise wie wir nach Königsberg gekommen waren.

Daniels Mutter war Witwe, der Vater war vor einem Jahr an Krebs gestorben. Er hatte noch einen drei Jahre älteren Bruder, Wolfgang, der war Soldat an der Ostfront. Daniel besuchte das Gymnasium, und nach der Schule ging er ins Opernhaus zum klassischen Ballettunterricht. Er wollte Tänzer werden, mit dem Ziel, einmal Choreograph zu sein. Wir sahen uns, sooft es ging. Werktags nach 20 Uhr und am Wochenende schon am späten Nachmittag. Meistens trafen wir uns am Kupferteich, dort glaubten wir nicht gesehen zu werden. Doch nach einiger Zeit geschah es doch. Zu Frau Klarer kam eine ihrer Kundinnen und machte sie darauf aufmerksam, daß ihr Sohn sich regelmäßig mit der Halbjüdin aus dem Nachbarhaus trifft und daß das wohl nicht so gut für ihr Geschäft sei. Das war ein »Warnschuß«, wir mußten vorsichtiger sein. Wir trafen uns ab sofort in der Stadt. Daniel fuhr von der Haltestelle Sackheim ab, während ich erst eine oder zwei Stationen weiter in die Straßenbahn stieg, ich glaubte, daß mich hier niemand mehr kannte.

Mit Daniel in der Stadt fühlte ich mich unbeschwert und auch nicht unsicher. Oft gingen wir ins Kino. Marika Rökk und Zarah Leander verzauberten uns in eine schöne, gefahrlose Welt. Ich war plötzlich ein sehr glückliches Mädchen, ich hatte einen Verbündeten. Daniel war der verläßlichste, vertrauenswürdigste Mensch, der mir jemals im Leben begegnete. Er war meine erste große Liebe, ein wunderbares Gefühl, das glücklicherweise nicht einseitig war.

Mein Pflichtjahr ging langsam zu Ende. Der Professor rief mich zu sich, lobte mich für meine Arbeit, meinte, ich wäre immer pünktlich, zuverlässig und sehr lieb zu seinen Kindern gewesen, und er würde sich freuen, wenn ich länger bei ihnen bleiben würde. Die Sache mit dem Arbeitsamt würde er schon regeln. Ich war gerührt und bedankte mich herzlich. Ich bat ihn aber zu verstehen, daß ich gerne einen Beruf lernen und mich darum beim Arbeitsamt bemühen wolle. Er hatte Verständnis für mich.

Ende August 1943 war ich wieder mit meinem »reichsdeutschen Arbeitsbuch« beim Arbeitsamt zwecks Berufssuche. Der Besuch war unproblematisch, leider konnte er nicht befriedigend sein. Ohne Krieg und Nazis hätte ich mich nie und nimmer auf einem Arbeitsamt um einen Beruf bemüht. Ich hätte unbedingt studiert. Ich wollte vieles studieren, ich begeisterte mich für Medizin, Jura, Philosophie, Politik, ich wollte forschen, aber ich hätte mich bestimmt für das Richtige entschieden. Zu meiner Schulzeit hatte es immer viel Spaß gemacht, mit meinem Vater herumzurätseln, was wohl alles aus mir werden würde. Er hätte es gerne gesehen, wenn ich Mode studiert hätte und Designerin geworden wäre, mit eigenem Salon, versteht sich. Er konnte sich gut seine Tochter als mitbestimmende Person in der Modewelt vorstellen. Es war schön, ihm zuzuhören, wenn er schwärmend mich als Dame in der großen Modewelt sah. Aber wenn ich je die Möglichkeit gehabt hätte, frei zu entscheiden, Designerin wäre ich nicht geworden, ich hätte bestimmt studiert. Doch wie fast alle schönen Vorstellungen in jener Zeit, so war auch diese nur ein schöner Traum – denn geworden bin ich nur eine kleine, unbedeutende Zahntechnikerin.

In dem entsprechenden Zimmer für Arbeitsuchende fragte mich eine junge Frau nach meinen Wünschen. Ich sagte, daß ich mein Pflichtjahr beendet hätte und nun gerne einen Beruf erlernen würde.

»Was hast du für eine Schule besucht, Volksschule oder Mittelschule?« war ihre nächste Frage.

Ich wußte nicht, was man unter Mittelschule zu verstehen hat, und sagte vorsichtshalber:»Volksschule.«

»Gut«, sagte sie,»dann geh mal in das Nebenzimmer, dort gebe ich dir ein paar Probearbeiten, dann sehe ich schon, wozu du dich eignest.«

Im Nebenraum saßen schon zwei Mädchen, ungefähr in meinem Alter, und bastelten wohl auch an ihren Probearbeiten. Ich bekam einen Platz an einem Tisch zugewiesen, die junge Frau erteilte mir die Aufgaben. Ich sollte ein paar kleine Rechenaufgaben lösen, einen Baum und einen Blumenstrauß malen, nach einer Vorlage Draht biegen und zwei Stoffteile zusammennähen. Nachdem meine Bastelei beurteilt war, wurde mir gesagt, was ich werden konnte. Ich hatte die Auswahl zwischen: Kindergartenhelferin, Apothekenhelferin und Zahntechnikerin. An den zwei ersten Vorschlägen störte mich der Zusatz »Helferin«, also entschied ich mich für die Zahntechnik, obwohl ich nicht die geringste Vorstellung von diesem Beruf hatte. Die junge Frau war mit meiner Wahl einverstanden und gab mir eine Adresse, bei der ich mich vorstellen sollte, und einen geschlossenen Umschlag für meinen neuen Chef. Die Adresse lautete: Obermeister der Zahntechnik und Meister der Innung Ostpreußen, Klaus Jordt, Münzstraße, Königsberg.

Dorthin ging ich gleich am folgenden Montag. Das Labor befand sich in der ersten Etage. Auf mein Läuten öffnete eine Frau im weißen Kittel die Tür. Ich sagte, ich käme vom Arbeitsamt, zeigte ihr meinen Umschlag, und sie führte mich daraufhin in ein Büro. In diesem saß hinter einem großen Schreibtisch ein großer, starker Mann, ungefähr 40 Jahre alt. Er hatte einen strengen, militärischen Kurzhaarschnitt, es war Herr Jordt. Ich wunderte mich, warum ein so gesund und stark aussehender Mann kein Soldat war.

Ich sagte: »Ich heiße Ruth Rosenstock und soll hier die Zahntechnik erlernen, ich bin vom Arbeitsamt geschickt« und reichte ihm meinen Schrieb.

Er guckte mich freundlich an, nahm den Brief und sagte: »Man hat dich schon angekündigt, na dann wollen wir es mal mit dir probieren.«

Er drückte auf eine Klingel, herein kam die Frau, die mir schon die Tür geöffnet hatte.

»Das ist die Ruth, unser neuer Lehrling«, sagte er. »Nehmen Sie die Ruth mit ins Labor, und weisen Sie sie in den Gipsraum ein.«

Das Labor war riesig, fast ein Saal. An vielen Tischen saßen in weißen Kitteln Frauen, junge und ältere. Sechs Männer fielen auf. Sie trugen graue Kittel und hatten auf dem Rücken zwei große weiße Buchstaben aufgedruckt: PW (Prisoner of War). Die Männer waren französische Internierte.

Ich wurde von der Frau den anderen vorgestellt, sie sagte laut: »Hört mal her, das ist unser neuer Lehrling, sie heißt Ruth«, dann führte sie mich in den Gipsraum.

Der Gipsraum war auch groß, hier gab es aber keine Stühle, hier gab es nur ziemlich hohe Tische, an denen standen auf Holzrosten arbeitende Frauen. Ich wurde wieder vorgestellt, bekam auch einen weißen Kittel, und dann wurde auch gleich versucht, mir das Gipsen beizubringen.

Mein erster Arbeitstag war kein schlechter Tag, alle waren freundlich zu mir, und einige halfen mir bei der Gipserei. Ich stellte mich zwar nicht ungeschickt an, aber es war mir von Anfang an klar, mein »Lieblingsberuf« wird das nicht.

Ich lernte im üblichen Tempo, ich war sicher nicht schlechter und auch nicht besser, als man das von Lehrlingen gewohnt war. Der tägliche Trott hielt so etwas wie ein »Mäntelchen der Geborgenheit« über mich, was wollte ich mehr? Ich dachte, so läßt sich das Ende des Krieges abwarten, und das Ende, das konnte man schon fast riechen.

Aber ganz so ruhig sollte es nicht bleiben. Der erste Schreck war, als Herr Jordt eines Morgens in schwarzer SS-Uniform im Labor erschien. Ich dachte, hier bist du ja wohl mitten im Wespennetz gelandet. Jetzt war mir auch klar, warum ein Mann wie Jordt kein Soldat war, die Antwort war nun einfach, er diente bei der Heimat-SS. Später erkannte ich, daß er diese schwarze Uniform mit den silbrigen Runen auf dem Kragen immer dann trug, wenn er nach Berlin fuhr, und das geschah ziemlich oft in seiner Funktion als Innungsmeister.

Der zweite Schreck kam ein paar Wochen später. Herr Jordt

war gerade wieder in Berlin, als ich eines Vormittags ins Büro ans Telefon gerufen wurde. Ich ahnte gleich nichts Gutes, und das war es auch nicht. Ich nahm den Hörer, meldete mich mit meinem Namen, darauf folgte ein fürchterliches Geschrei: »Na du Judensau, hast dich bei einem SS-Mann eingeschmuggelt, treibst wohl Spionage, aber wir haben dich ja hoffentlich noch rechtzeitig erwischt. Morgen früh, wenn Herr Jordt wieder da ist, meldest du dich sofort bei ihm und berichtest ihm deine Machenschaften. Wir werden uns erkundigen ob du das getan hast.« Der Anruf kam vom Arbeitsamt.

Was sollte ich tun? Den ganzen Tag und auch die ganze Nacht ließ mich diese Frage nicht los. Ich sah keinen Ausweg, ich mußte mich dieser Beschuldigung stellen und abwarten, was dann passierte.

Am nächsten Morgen ging ich sofort ins Sekretariat, sagte, ich solle mich bei Herrn Jordt melden, und wurde gleich in sein Büro geschickt. Er saß hinter seinem großen Schreibtisch, er trug Zivil. Er sah mich ganz normal an und sagte: »Man hat mich bereits informiert, aber jetzt will ich von dir hören, was an der Sache dran ist. Hast du dich wirklich bei mir reinge-schmuggelt und betreibst hier Spionage? Lobenswert finde ich, daß du nicht feige bist, daß du nicht weggelaufen bist, sondern dich dieser Beschuldigung stellst.«

Der letzte Satz machte mir Mut, und ich beschloß, bei der absoluten Wahrheit zu bleiben, und sagte: »Herr Jordt, ich bin keine Spionin, ich bin Halbjüdin, und das ist jetzt mein einziger Fehler. Mein Vater war Jude, meine Mutter ist evangelische Christin. Ich bin hier, weil ich nach dem Pflichtjahr, das ich bei der Familie Professor Berndorf gemacht habe, die übrigens mit meiner Arbeit sehr zufrieden waren, sie wollten mich sogar gerne behalten. Ich wollte aber einen Beruf erlernen, und das

hat der Herr Professor verstanden. Ich ging also zum Arbeitsamt und wurde zu Ihnen geschickt. Das ist alles, Herr Jordt,
und das ist auch der einzige Grund, warum ich hier bin.«

Er hörte mir aufmerksam zu. Nach ein paar Sekunden des
Schweigens stand er von seinem Sessel auf und kam auf mich
zu. Ich dachte, was passiert jetzt? Er legte eine Hand auf meine
Schulter, mit der anderen strich er über mein Haar und sagte:
»Du bleibst bei mir, du wirst sicher keine Prüfung mehr machen
dürfen, du bist also kein Lehrling mehr, sondern Hilfsarbeiter,
aber das mußt du niemandem sagen. An deiner Ausbildung
ändert sich nichts, und bis du ausgelernt hast und die Prüfung
fällig geworden wäre, fließt noch sehr viel Wasser den Rhein
runter, vielleicht sogar den Rhein herauf. So, und nun geh an
deine Arbeit und mach dir keine Sorgen, ich werde den Denun-
zianten schon den Wind aus den Segeln nehmen, das erledige
ich schon.«

Das Glück, das ich in der Not immer hatte, war wieder da.
Gestern noch völlig ratlos, und heute waren die größten Sorgen
erst mal wieder weg. Nie aber hätte ich gedacht, daß ein SS-
Mann mal mein Beschützer sein wird!

Im Labor hatte niemand was gemerkt, auch später nicht, es
hätte also alles so bleiben können, wie es war, und trotzdem
war es anders. Ich hatte auf einmal eine besondere Stellung bei
Herrn Jordt. Für die anderen schien ich bevorzugt zu sein, aber
es war genau das Gegenteil, ich wurde »Mädchen für alles«.

Herr Jordt hatte eine Familie, Frau und zwei kleine Kinder.
Um die Familie vor Fliegerangriffen zu schützen, siedelte er sie
aufs Land um. Manchmal mehrmals wöchentlich, aber immer
am Wochenende fuhr er zu seiner Familie, und ich mußte ihn
immer zum Nordbahnhof begleiten und seine Koffer tragen.
Wenn er zurückkam, mußte ich ihn wieder abholen. Es durften

mir auch keine Fehler passieren. Manchmal wußte ich gar nicht, daß es ein Fehler war, aber immer mußte ich von ihm hören: »Du enttäuschst mich aber sehr« oder »Von dir hätte ich das am allerwenigsten erwartet«. Einmal sagte ich: »Ich habe gedacht, Sie würden es so wünschen.« Darauf seine ausgesprochen dumme Antwort: »Das Denken kannst du den Pferden überlassen, die haben größere Köpfe.«

Er hatte sich mit mir einen persönlichen Lakai geschaffen, und es machte ihm Spaß, mir immer wieder meine Abhängigkeit zu demonstrieren, und ich mußte ein freundliches Gesicht zu diesem blöden Spiel machen.

Ich fühlte aber, daß meine Zeit nicht mehr allzufern war, die Front rückte stetig näher, die Menschen wurden unruhiger. Öfter hörte ich einen zum anderen sagen: »Meinst du, wir können noch gewinnen?« oder »Wann werden wir endlich mal wieder siegen?« Die Angst der anderen war meine Hoffnung.

Bis jetzt war es in Königsberg ruhiger, als man das von anderen deutschen Städten hörte. Die paar russischen Fliegerangriffe im Monat waren relativ harmlos und machten nicht viel Angst. Daß aber die Russen immer näher kamen, das machte Angst. Die Richtung, in der sich die englischen und amerikanischen Flieger bewegten, erfuhren wir immer aus dem Radio, dem »Volksempfänger«. Die russischen Flieger wurden im Radio erst gar nicht gemeldet, es gab nur Alarm und meistens schnelle Entwarnung.

Es schien aber, als sei Ernsteres zu erwarten, denn die Haushalte bekamen alle ein neues Rundschreiben vom Blockwart, Herrn Lemke, in dem man erneut unterwiesen wurde, wie man sich bei Luftangriffen zu verhalten habe und welcher Schutzbunker für welche Straßen zuständig sei. Auch erfuhren wir, daß unser alter Onkel, der Schwager von Oma, der furchtbar dick war und kaum gehen konnte, bei Alarm von der Partei versorgt und betreut würde. Es machte alles den Eindruck, daß man wohl mit größeren Angriffen rechnete.

Darüber sprachen auch Daniel und ich. Er bestand darauf, mir bei Alarm zu helfen, die alte Tante zum Bunker zu transportieren. Der für die Bülowstraße zuständige Bunker befand sich hinter dem Sackheimer Tor, in den Grünanlagen. Es war ein in die Erde eingegrabener, großer Schutzraum, eigentlich war es nur ein Tunnel. Wie ein Tunnel war er auch durchgängig und somit von beiden Seiten zu betreten und zu verlassen. Das fanden wir aber gar nicht schlecht, wenn er auch sicher keine bombensichere Decke hatte, so konnte man darin aber kaum verschüttet werden. Das Problem war, daß der Weg von unserem Haus dorthin ziemlich lang war, sicherlich fast ein Kilometer. Da müßte der Alarm schon sehr früh gemeldet werden, um mit dieser alten Frau dort noch rechtzeitig anzukommen. Na ja, wie alles in dieser Zeit, kommt Zeit, kommt Rat.

Ende August 1944 war es dann soweit. Im Abstand von drei Tagen hatten wir zwei riesige englisch-amerikanische Fliegerangriffe, für die Königsberger änderte sich alles. Eigentlich hörte Königsberg schon in dieser letzten Augustwoche auf zu existieren.

Es war schon fast dunkel, als das Radio mit der gewohnten Musik eine Sondermeldung ankündigte: »Starke englisch-amerikanische Verbände im Anflug auf Ostpreußen«, und sofort heulten auch die Sirenen der ganzen Stadt. Es war der größte Lärm, den ich bis dahin je gehört hatte, ohrenbetäubend.

Zu Hause waren Oma und die beiden alten, hilflosen Leutchen. Mutter war wie meistens in letzter Zeit bei Herrn Schuster. Ich sagte zu Oma: »Nimm deinen kleinen Koffer und lauf, so schnell du kannst, in den Schutzbunker, ich kümmere mich um die Tante, Daniel wird mir helfen, für den Onkel wird ja gleich einer von der Partei kommen, die haben es ja angekündigt und versprochen, dann werden sie es wohl auch tun.«

Oma tat, wie ihr geheißen, und als sie die Tür öffnete, stand Daniel auch schon da. Wir beide hatten große Mühe, das alte Ehepaar voneinander loszueisen. Sie lagen sich in den Armen, beteten zusammen und weinten. Für uns war es schlimm, das zu tun, was wir tun mußten. Erst versuchten wir die beiden zu beruhigen, indem wir immer wieder sagten, daß ja gleich einer von der Partei komme, um den Onkel auch in den Bunker zu bringen, und daß sie ganz schnell wieder beisammen sein würden. Letztendlich haben wir sie dann doch fast mit Gewalt voneinander gelöst. Vereint trugen wir die alte Frau die Treppe runter. Draußen war es fast hell. Kreuz und quer rasten die riesigen Scheinwerfer über den schwarzen Nachthimmel. Der Lärm von den Sirenen war immer noch gleich stark, dazwischen dröhnten die Geschosse der Flak. Wir befahlen der Tante, ihre Arme auf unsere Schultern zu legen, und trugen sie laufend, dicht an den Mauern der Häuser entlang, zum Bunker. Außer Puste, aber unversehrt erreichten wir den Bunker. Er war ziemlich voll, sicher überfüllt. Wir fanden die Oma und übergaben ihr die Tante. Daniels Mutter war glücklich, ihren Sohn zu sehen, und schloß ihn in ihre Arme. Der Lärm von draußen wurde immer stärker, es war inzwischen ein Gemisch aus heulenden Sirenen, dumpfem Brummen der Flugzeuge und den krachenden Einschlägen der Bomben.

Trotz all der vielen Menschen fühlte ich mich allein. Reflexhaft zog auch ich wie alle anderen meinen Hals in die Schultern, wenn die nächste Bombe krachte, trotzdem war diese Angst nicht meine Angst. Ich sehnte ja für mich und für die vielen, die verfolgt waren wie ich, das herbei, was da draußen gerade geschah. Ich lehnte mich in einer Ecke an die Bunkermauer, sah und hörte dem Geschehen zu und empfand Hoffnung für die Zukunft, für meine Zukunft.

Bei Tagesanbruch heulten die Sirenen Entwarnung. Über Lautsprecher wurde uns gesagt, wir sollten uns alle draußen in den Anlagen versammeln und auf weitere Anweisungen warten. Es roch furchtbar nach Rauch, das tat es auch schon im Bunker, aber hier draußen war es noch viel, viel schlimmer. Der Himmel war feuerrot, es sah aus, als würde die ganze Stadt brennen. Die Menschen setzten sich auf den Rasen und warteten. Nach einer Weile wurden heißer Tee und Brötchen verteilt. Endlich hörte man auch durch den Lautsprecher, wie es weitergehen sollte. Es wurde uns ein Haus in der Nähe genannt, wo wir uns einfinden sollten. Dort würden wir erfahren, wo man unterkommt, falls man ausgebombt ist. Außerdem müßten sich alle registrieren lassen, um eventuelles Suchen durch Angehörige zu ermöglichen.

Obwohl alles verhältnismäßig gut organisiert war, die haben wohl mit dieser Katastrophe gerechnet, dauerte es doch fast zwei Stunden, bis wir, Oma, Tante und ich, dran waren. Wir mußten unsere Namen, Geburtsdatum und Adresse angeben. Falls unsere Wohnung nicht beschädigt, also weiter bewohnbar sei, sei alles in Ordnung, falls nicht, sollten wir uns wieder hier melden, wurde uns gesagt. Das betraf aber nur die zwei alten Frauen. Für mich gab es andere Order. Da ich jung sei, müsse ich sofort bei den Aufräumungsarbeiten helfen, hierzu solle ich mich am Sackheimer Tor einfinden, dort würde ich erfahren, was ich zu tun hätte. Ich begleitete aber erst die Oma mit der Tante in die Bülowstraße.

Wir durften die Straße gar nicht betreten. Gleich am Eingang zur Straße standen zwei ältere Männer, Oma kannte einen davon, der sagte: »Die Straße kann man nicht betreten, die brennt immer noch, außerdem gibt es hier sicher jetzt und auch später nichts mehr zu sehen oder gar zu holen. Sie müssen zurück, dorthin, wo Sie sich gemeldet haben, da bekommen Sie gesagt, wo Sie untergebracht sein werden.«

»Um Gottes willen, wo ist mein Mann?« schrie die Tante. Es gab ihn nicht mehr, die gute Partei hatte ihn vergessen, er war in dieser Nacht mit dem Haus verbannt. Oma tröstete ihre Schwester, so gut sie konnte, und begab sich mit ihr zurück zur Registratur, und ich ging, wie mir geheißen, zum Sackheimer Tor.

Die Stadt so zerstört zu wissen tat auch mir leid, sonst war ich eigentlich nicht betroffen. Bei allem, was geschah, mußte ich nicht leiden wie alle anderen, ich hatte nicht das Gefühl, wirklich dazuzugehören, ich empfand mich mehr als Betrachterin. Vielleicht lag es daran, daß ich nichts besaß, konnte also nichts verlieren, außer natürlich die Menschen, die mir noch wichtig waren, Mutter, Oma und Daniel. Ich wußte zwar nicht, wo Mutter war, ich wußte nur, daß Herr Schuster außerhalb der Stadt wohnte.

Am Sackheimer Tor hatten sich viele junge Menschen eingefunden, Jungen und Mädchen, alle sehr jung, denn spätestens mit siebzehn Jahren wurden in Ostpreußen die jungen Leute eingezogen. Die Jungen wurden Soldaten und nannten sich »Wehrwölfe«, und die Mädchen, wenn sie nicht in einem kriegswichtigen Beruf waren, wurden zum Arbeitsdienst gerufen, dann wurden sie Nachrichtenhelferin, Helferin im Lazarett oder auf dem Feld bei den Bauern. Und viele konnten ihrem Führer nicht schnell genug dienen und meldeten sich, noch jünger, freiwillig. Wir, die Jüngsten, die noch nicht eingezogen waren, waren jetzt aufgerufen, Königsberg aufzuräumen, es vom Bombenschutt zu befreien.

Ich schaute mich um und sah Daniel, er hatte mich auch schon gesucht. Er kam zu mir und sagte:»Egal, was wir werden tun müssen, mit dir zusammen macht mir alles Spaß, wir müssen nur sehen, daß wir zusammenbleiben, aber das werden wir ja wohl schaffen.«

Ein uniformiertes BdM-Mädchen klatschte in die Hände und rief:»Achtung, ab sofort hört hier alles auf mein Kommando, ich werde euch in die Straßen einweisen, in denen Aufräumungsarbeiten zu leisten sind.«

Sie bildete Gruppen mit zehn Personen, Daniel und ich waren in der gleichen Gruppe. Wir wurden in die Straße der SA, frühere Königsstraße, geschickt.

Was wir auf dem Weg dorthin sahen, war unglaublich, wir sahen nicht ein einziges heiles Haus. Die ganze Stadt qualmte oder lag zerbombt am Boden. In der Königsstraße arbeiteten schon viele junge Leute, alle hatten wir die gleiche Aufgabe, die Straße von den Trümmern zu befreien, damit der Verkehr wieder fließen konnte, vor allem die Straßenbahn. Es gab überhaupt keine Geräte, wir mußten alles mit blanken Händen tun. Das erste und wichtigste ist es, die Schienen wieder befahrbar zu machen, wurde uns gesagt. Auf den Schienen lagen die ganzen Oberleitungen, das waren schwere Metallteile, die zum Teil noch heiß waren. Manche Teile trugen wir zu dritt, weil sie so schwer waren. Die Trümmer wurden an den Straßenrand getragen und dort gestapelt.

Daniel sagte:»Hier kann das Zeug doch auch nicht liegenbleiben, das scheint mir hier eine Lebensaufgabe zu werden.« Bei diesem Anblick von Königsberg konnte man nur entweder heulen oder mit Galgenhumor reagieren – dann doch lieber Galgenhumor.

Um die Mittagszeit wurde mit einem Pferdewagen eine Gulaschkanone herbeigebracht, und es gab eine köstliche, wunderbare Erbsensuppe mit Fleisch und einer Scheibe Brot, zu trinken gab es Wasser und Tee. Eigentlich ging es mir gut.

Während wir den Schutt räumten, versuchten Soldaten, neue Oberleitungen zu konstruieren. Wir arbeiteten, bis es dunkel wurde, aber die Straßenbahn konnte noch lange nicht fahren. Länger konnten wir aber nicht arbeiten, denn man durfte doch, in welcher Form auch immer, kein Licht machen, es war Verdunkelungspflicht.

Wir wurden zurück zu unserem Ausgangspunkt geschickt. Daniel und ich gingen noch mal zur Bülowstraße, wir wollten sehen, was dort alles passiert war. Dieses Mal konnten wir ungehindert die Straße betreten, aber die Straße gab es nicht mehr. Es gab kein einziges bewohnbares Haus, sie waren entweder ausgebrannt und qualmten immer noch oder waren zu einem Steinhaufen zusammengesunken. Nummer 35, wo wir wohnten, war solch ein Steinhaufen, und unter den Trümmern lag wohl der alte Onkel begraben. Nummer 33, Daniels Zuhause, war bis in die untere Etage, wo sich das Geschäft befand, ausgebrannt. Wir standen vor der Vergangenheit und waren sprachlos. Bei der Traurigkeit in Daniels Augen empfand auch ich Wehmut.

In dieser Nacht schliefen wir in einer Turnhalle auf Turnmatten in den Anlagen außerhalb der Stadt, hinter dem Sackheimer Tor.

Bevor ich mich am nächsten Morgen wieder auf den Weg machte, die Stadt vom Bombenschutt zu befreien, ging ich zuerst ins Suchbüro. Es hatten sich schon viele dort gemeldet und eintragen lassen, Mutter war nicht dabei. Der Tag verlief gleich wie der erste, und der Schutt nahm kein Ende. Am Abend besuchte ich wieder das Suchbüro, und diesmal hatte Mutter dort eine Adresse hinterlassen. Sie wohnte mit Schuster zusammen in einer Laube in den Schrebergärten bei der Cranzer Allee.

Am dritten Tag nach dem Angriff durfte ich früher aufhören, um noch bei Tageslicht die Laube zu finden. Daniel und ich nahmen Abschied und verabredeten, unsere zukünftige Adresse hier im Registraturbüro zu hinterlassen. Es war ein ziemlich langer Fußweg zu den Schrebergärten, und endlich fand ich auch die Laube. Die Begrüßung mit meiner Mutter hatte etwas Befremdendes. Ich hatte wohl erwartet, daß sie mich in den Arm nimmt, ganz festhält und viele Fragen stellt, aber das tat sie nicht, nicht so, wie ich das erwartet hatte. Sie stellte kaum Fragen, wenige nach ihrer Mutter und der Tante. Sie fragte nicht einmal, wie ich diese Bombennacht überstanden und was ich in den folgenden Tagen getan hatte, im Gegenteil, sie schimpfte, warum ich mich nicht früher gemeldet hatte, dabei war es doch an ihr, sich zu melden, meine Daten waren ja schon seit drei Tagen bei der Meldestelle bekannt. Ich hatte den Eindruck, sie wollte vor diesem Mann den Erzieher und Stärke demonstrieren, aber das war nach allem, was ich bis dahin geleistet hatte, bei mir vergebliche Mühe.

In der Nähe dieses Mannes war Mutter völlig verändert, sie betreute ihn auch wie ein kleines Kind. Ich fand das ekelhaft und kaum zu ertragen, so beschloß ich, hier ganz schnell wieder zu verschwinden. Ich sagte, daß ich mich wieder bei den Aufräumungsarbeiten melden müsse und daß ich mich auch um eine neue Unterkunft für uns kümmern wolle. Mutter hatte nichts dagegen, sie ließ mich teilnahmslos gehen.

170

Eine Nacht mußte ich aber wohl oder übel in der Laube übernachten, und in dieser Nacht folgte der zweite große Angriff. Der Lärm war der gleiche, wegen der Entfernung von der Stadt etwas leiser, dumpfer. Die Flakscheinwerfer erhellten wieder die Nacht, nur nicht direkt über mir, etwas weiter weg. Ich war dieses Mal nicht mittendrin, aber meine Angst war sehr viel größer. Ich hatte Angst um Daniel und betete, er möge mit seiner Mutter verschont bleiben, und konnte es kaum erwarten, wieder in der Stadt zu sein.

Bei Tagesanbruch machte ich mich auf den Weg zum Bunker und hoffte, dort Daniel zu finden. Als wir uns sahen, flogen wir uns in die Arme und erdrückten uns fast gegenseitig.

Daniel sagte: »Ich wußte es, daß du nach dieser Nacht sofort kommen wirst.«

Das Wissen, einen Menschen zu haben, auf den man sich hundertprozentig verlassen kann, war für uns beide ein wunderbares, phantastisches Gefühl.

Ein paar Tage räumten wir noch Trümmer, dann bekam ich für Mutter, Oma und mich eine möblierte Wohnung zugewiesen. Die Wohnungen, die an Ausgebombte vergeben wurden, gehörten Menschen, die aus unterschiedlichen Gründen die Stadt verlassen durften. Meistens weil sie kleine Kinder hatten oder aber weil sie alt waren und bei Verwandten oder Freunden außerhalb der Stadt unterkamen. Wenn man aber in einem kriegswichtigen Betrieb arbeitete, und kriegswichtig war sehr vieles, zum Beispiel Mutters Arbeit in der Militärschneiderei oder das Krankenhauspersonal, aber auch Verwaltung, all diese durften die Stadt nicht verlassen. Wir bekamen eine auf diese Weise frei gewordene Wohnung mit der Auflage, diese zu pflegen und das fremde Eigentum zu schützen. Die Wohnung war auch auf dem Sackheim, in der Yorckstraße. Sie hatte zwei

Zimmer und eine Küche, und das beste an ihr war, daß mich hier niemand kannte, daß ich jemand war wie alle anderen.

Einmal mußte ich noch zur Laube, um Mutter unsere neue Unterkunft mitzuteilen. Sie freute sich und kam gleich mit mir mit. Das Verhältnis zu Herrn Schuster schien mir etwas abgekühlt zu sein. Oma hatte ich über das Suchbüro gefunden, die war auch froh, uns wiederzuhaben. Die Tante war in einem Altenheim außerhalb der Stadt untergekommen.

Daniel wohnte jetzt mit seiner Mutter in der Berliner Straße. Die begann am Brandenburger Tor und führte kilometerlang aus der Stadt heraus, Richtung Elbing. Die Straße war nur zu Anfang städtisch besiedelt, danach kamen nur vereinzelt Häuser, und als zu beiden Seiten der Straße nur noch Wiesen waren, stand dort eine große Militärkaserne. Dann kamen weitläufig nur noch Friedhöfe, zwei Steinmetze, Blumengeschäfte und ein einziges Wohnhaus, genannt »das Berliner Haus«. In diesem Haus gab es im Parterre eine Kneipe und die dafür nötigen Wirtschaftsräume, in zwei weiteren Etagen waren Wohnungen. Die Kneipe war viel besucht von Leuten, die zu den Friedhöfen wollten, oder auch Spaziergängern.

In diesem Haus, in der ersten Etage, wohnte jetzt Daniel mit seiner Mutter. Frau Klarer hatte sich diese Wohnung selbst besorgt, sie kannte den Pächter der Kneipe, Herrn Böllko. Um uns zu begegnen, hatten wir jetzt einen langen Weg, das war zwar unbequem, aber nicht hinderlich.

Nach zwei Tagen in der Yorckstraße ging Mutter wieder in ihre Schneiderei, es konnte dort behelfsmäßig gearbeitet werden, und ich ging ins Labor. Die Münzstraße war auch sehr zerstört, aber einige Häuser standen noch, darunter auch das Haus, in dem das Labor war. Im Treppenhaus lag viel Verputz, der von den Wänden durch die Detonation der Bomben abgesplittert war, aber die Treppe war gut begehbar. Ich ging rauf in die erste Etage und läutete an der Labortür. Herr Jordt öffnete persönlich und sah mich voller Erstaunen an: »Kaum zu glauben, daß sich noch jemand an seine Pflichten erinnert, es wird aber auch Zeit«, sagte er, »komm rein, du bist bis jetzt die einzige«, und ich blieb auch die einzige.

Es war gut, daß Sommer war und sehr warm, denn es gab im Labor kein einziges heiles Fenster mehr, die Scherben lagen alle auf dem Boden. Herr Jordt war dabei, das Labor aufzulösen, und ich half nun mit bei allem, was es zu tun gab. Wir bauten die Bohrmaschinen ab, verpackten die Materialien und Instrumente. Vieles wurde von zwei älteren Männern abgeholt. Herr Jordt selbst nahm auch täglich immer noch etwas mit, wobei ich ihm auch dabei half, denn ich begleitete ihn wieder täglich zum Nordbahnhof, da er nach wie vor mit seiner Familie im Samland wohnte. Nach ein paar Tagen war diese Arbeit erledigt. Ich mußte aber wie gewohnt täglich im Labor erscheinen, um die Edelmetalle an ihre Besitzer bei Abholung auszuhändigen. Damals mußten die Zahnärzte für ihre Metallarbeiten das Metall selbst liefern, und weil viele Arbeiten unerledigt waren und Herr Jordt nicht vorhatte, das Labor weiterzuführen, sollte nun das Metall den Ärzten zurückgegeben werden. Herr Jordt hatte die Ärzte deswegen schriftlich benachrichtigt. Er übergab mir, »zu treuen Händen«, wie er sagte, die Laborschlüssel und meinte: »Ich verlasse mich auf dich, du trägst die Verantwortung, daß hier alles ordnungsgemäß abgewickelt wird, ich komme nicht täglich, aber ab und zu komme ich vorbei. Du hast aber täglich zur gewohnten Arbeitszeit hier zu sein, bis alle Metalle abgeholt sind.«

Es war ein großes Vertrauen, das Herr Jordt mir schenkte. Irgendwie freute mich das.

Nach zwei Wochen war diese Arbeit beendet. Herr Jordt verabschiedete sich von mir und sagte: »Du hast deine Sache gut gemacht, leider kannst du deine Ausbildung bei mir nicht beenden«, er zuckte mit den Schultern, strich mir mal wieder über das Haar und sagte: »Der Krieg, versuch ihn zu überleben, er dauert nicht mehr lange, ich wünsche dir alles Gute.«

Die Episode Jordt und die Zahntechnik waren zu Ende.

Ich traf mich sehr oft mit Daniel, wir begegneten uns immer auf der Hälfte des langen Weges und gingen dann mal zu mir in die Yorckstraße, mal in die Berliner Straße. Auf dem Rückweg begleiteten wir uns gegenseitig wieder bis zur Hälfte des Weges, so daß bei jedem Treffen einer von uns den langen Weg zweimal ging, nämlich hin und zurück, der andere ging dreimal die Hälfte des Weges. So machten wir das abwechselnd. Verrückt, aber es war eben die ganz große Liebe!

Wir sprachen viel über den Krieg und über die Zukunft. In die Zukunft versuchte ich durch Kartenlegen zu schauen. Ich konnte das damals ganz gut und glaubte auch fest daran. Ich kannte die Bedeutung der einzelnen Karten, und je nach ihrer Position kombinierte ich das Schicksal, und oft traf meine Vorhersage zu. In dieser Zeit legte ich mir täglich die Karten, schon im Bett, morgens vor dem Aufstehen.

Im Keller des Hauses in der Bülowstraße, wo Daniels Mutter ihr Geschäft hatte, gab es noch einige Vorräte an Lebensmitteln, und die sollten ins Berliner Haus gebracht werden. Das betreten der Häuser in der Bülowstraße war wegen Einsturzgefahr verboten. Wir machten es trotzdem, denn die Lebensmittel waren etwas sehr Wertvolles. Wir luden alles in einen Handleiterwagen und zogen ihn gemeinsam in die Berliner Straße.

Die Zeit ging weiter, und die Ostfront rückte immer näher an Königsberg heran. Ende Februar 1945 wurden wir »Festung«. Man sah immer mehr Soldaten aller Gattungen in der Stadt, Marine, Luftwaffe und vor allem Landser. Die letzten noch in der Stadt vorhandenen Männer wurden zum Volkssturm eingezogen und die Jungen zum Wehrwolf. Am Himmel konnte man Luftkämpfe zwischen deutschen und russischen Flugzeugen beobachten, die Bomben, die dabei runterkamen, fielen ohne Vorwarnung, ohne Alarm. Die Artillerie beschoß mehrmals täglich die Stadt, und vor diesen Geschossen war man nirgends mehr sicher, je nach Ausfallwinkel schlugen sie in Kellerhöhe oder in der ersten Etage ein oder explodierten irgendwo. Nicht nur in die Stadt herein wurde geschossen, auch aus der Stadt heraus. Daniel und ich lernten schnell zu unterscheiden zwischen den Granaten, die die Stadt verließen, und denen, die hereinkamen. Beim Verlassen hörte man erst den Knall und dann das dumpfe, rollende Geräusch. Umgekehrt hörte man erst den rollenden, immer lauter werdenden pfeifenden Lärm und dann den unberechenbaren, ohrenbetäubenden Knall. Wir befanden uns mitten im Krieg, und das direkt an der Front!

Trotz der gefährlichen Zeit sahen wir uns fast täglich, meistens ging ich ins Berliner Haus. Frau Klarer gewöhnte sich langsam an meinen Anblick, das war anfänglich etwas schwierig. Sie wurde aber mit der Zeit zu meiner besten, zuverlässigsten Freundin. Manchmal war sie mir näher als meine Mutter, sie war mir einfach ähnlicher, sie hatte Mut und Charakter.

Im Berliner Haus wurde ein Vorposten für die nahe Kaserne eingerichtet. Sechs Soldaten hatten im Haus Quartier bezogen. Sie hatten zwei Zimmer in der ersten Etage belegt und ihre gesamten Gerätschaften in zwei Kellerräumen etabliert, das waren Handgranaten, Maschinengewehre, Munition und Mörsergeräte. Mit den Mörsern standen die Soldaten in ständiger Verbindung mit der Kaserne. Mitte März waren die Russen der Stadt so nahe, daß man die Stalinorgeln pfeifen hören konnte.

Manchmal übernachtete ich im Berliner Haus, dabei hatte ich nicht das Gefühl, zu Hause vermißt zu werden. Frau Klarer achtete dann aber immer peinlich genau darauf, daß Daniel und ich uns nicht zu nahe kamen, was uns allerdings nur wenig behinderte.

Wenn der Kriegslärm zu stark und zu beängstigend wurde, flüchteten die Hausbewohner in den Keller, der war in allen Räumen mit Liegen zum Übernachten ausgestattet. Als ich auch einmal bei dieser »Flucht in den Keller« dabei war, schrie Böllko, der sich als Chef des Hauses aufspielte: »Dieses Judenweib kommt nicht in den Keller.« Ich verließ den Keller, Daniel folgte mir, wir fragten uns, woher Böllko von mir wußte? Ich biß die Zähne zusammen und dachte, meine Zeit kommt bald, und dich werde ich im Auge behalten.

Wir hatten uns ein paar Tage nicht gesehen. Es war der 5. April 1945 um die Mittagszeit, als ich zu Daniel unterwegs war. Erst wunderte ich mich, daß er mir nicht entgegenkam, dann wußte ich, es muß was passiert sein. Ich rannte, so schnell ich konnte, und hatte leider recht. Eine verzweifelte Frau Klarer empfing mich: »Gott sei Dank, daß du da bist, die haben vorgestern den Daniel zum Wehrwolf eingezogen, und ich habe keine Ahnung, wo er ist.«

Sie weinte und nahm mich in den Arm, und ich sagte: »Wenn Daniel noch in der Stadt ist, werde ich ihn finden, das verspreche ich Ihnen, ich mache mich sofort auf den Weg.«

Ich dachte, er könnte in einer der Kasernen sein, von denen es in Königsberg inzwischen viele gab. Die erste lag auf meinem Heimweg, und es sollte auch die erste sein, bei der ich mit meiner Suche begann. Zu dem schon älteren Wachposten, er gehörte sicher zum Volkssturm, auf den ich am Kasernentor traf, sagte ich: »Entschuldigen Sie bitte, ich suche meinen Bruder, er ist sechzehn Jahre alt und wurde vor zwei Tagen zum Wehrwolf geholt, falls er noch in der Stadt ist, würde ich ihn so gerne nochmals sehen.«

»Tut mir leid, Mädelchen, hier bei uns kann er nicht sein, wir haben hier nur richtige Soldaten und Volksstürmer wie mich, da mußt du weitersuchen, viel Glück.«

Oft in meinem Leben habe ich das Gefühl, ohne es wirklich zu spüren, es hat jemand ganz zart, wie ein Hauch, meine Schulter berührt und flüstert mir zu, was ich tun soll. Vielleicht habe ich den sechsten Sinn, vielleicht ist es mein Schutzengel? So geschah es jedenfalls auch jetzt bei der Suche nach Daniel.

In der Yorckstraße, in der ich jetzt wohnte, war ein Lazarett, und das fiel mir jetzt ein. Ich hatte dort nämlich oft Soldaten ein und aus gehen sehen, und die waren nicht alle verwundet. Vielleicht ist da außer dem Lazarett auch ein Soldatenquartier, dachte ich und beschloß, dort gleich hinzugehen. Wieder wurde ich von der Wache gefragt, was ich hier suche, und ich sagte den gleichen Spruch auf wie in der ersten Kaserne.

»Na dann geh mal rauf in den ersten Stock, da gibt es welche, vielleicht ist er dabei«, meinte er – und er war dabei!

Daniel saß auf seiner Pritsche und konnte seinen Augen kaum glauben, als er mich sah. »Mein Gott, wo kommst du denn her, wer hat dir gesagt, wo ich bin?«

Ich beschrieb ihm den Verlauf des Tages, er fiel mir um den Hals und meinte: »Du bist wahrhaft ein Teufelsweib.«

Dann erzählte er: »Vor zwei Tagen haben die mich eingezogen, wir sind zusammen vierundzwanzig, fast alles Königs-

177

berger und so alt wie ich. Auf den Feldern hinter dem Flughafen sind wir zwei Tage ausgebildet worden, und die meinen, wir können jetzt mit dem Maschinengewehr schießen und Handgranaten werfen. Die Königsberger bekommen morgen noch einen Urlaubstag, dann sollen wir an die Front, ins Samland. Kommst du mit mir noch einmal nach Hause?«

Natürlich ging ich mit, und es folgten zwei sehr dramatische Tage.

Frühmorgens holte Daniel mich ab. Man spürte, daß der Ring um Königsberg immer enger wurde, die Russen kamen näher, der Kriegslärm wurde noch lauter. Solange wir in der Stadt waren, zwischen den Ruinen gingen, fühlten wir uns einigermaßen geschützt. Als wir aber außerhalb der Stadt auf der Höhe der Kaserne waren, gingen wir nur noch im Straßengraben, um vor den Granaten und deren Splittern etwas geschützt zu sein. Bei jeder neuen Salve warfen wir uns auf die Erde. Endlich hatten wir das Berliner Haus erreicht. Frau Klarers Freude war grenzenlos. Sie umklammerte ihren Sohn, als wolle sie ihn nie mehr loslassen. Sie war eine leidenschaftliche Mutter, und das fand ich so liebenswert an ihr.

Die sechs Soldaten im Haus waren spürbar nervös, die Gefahr lag in der Luft, man konnte sie spüren. Während draußen der Kriegslärm von Luftkämpfen und Granatgeschossen tobte, ging der Tag langsam zu Ende, und Daniel meinte, es sei Zeit für ihn, zurück zur Kaserne zu gehen. Da sagte seine Mutter: »Ich lasse dich nicht gehen, du bleibst hier, ich lasse dich nicht im Samland sterben, das alles hat keinen Sinn mehr, und wir müssen was riskieren, um vielleicht unser Leben zu retten.«

Sie hatte recht, aber was sie vorhatte, war für Daniel lebensgefährlich. Die Nazis nannten das Fahnenflucht, und wenn sie einen solchen jungen Menschen erwischten, dann hängten sie ihn auf. Sie ließen die Erhängten zur Abschreckung ein paar Tage hängen. Ich habe einen solch unglücklichen Menschen selbst gesehen. Er hing vor dem Nordbahnhof und hatte ein in Druckschrift geschriebenes Schild an den Bauch gebunden. »Ich feige Sau war fahnenflüchtig«, stand da zu lesen.

Das Risiko war also groß. Wir setzten uns in eine Ecke des Kellers, in dem ich jetzt auch war, Herr Böllko war inzwischen kleinlaut geworden, und besprachen das Für und Wider der Situation. Ich hielt mich mit meiner Meinung zurück, es ging um Daniels Leben, ich konnte die Verantwortung nicht tragen. Als aber der Entschluß bei Mutter und Sohn feststand, da war ich natürlich voll dabei.

Es war die Nacht vom 7. April 1945. Ein Ereignis jagte das andere, besser gesagt ein Drama das andere. Gegen 3 Uhr morgens stürzten ein paar versprengte deutsche Soldaten ins Haus, darunter auch ein Offizier. Er gab Frau Klarer eine Dose Kaffee und sagte: »Junge Frau, kochen Sie uns noch einen Kaffee, in ein bis zwei Stunden ist der Russe da.«

Ein wunderbarer, echter Kaffeeduft durchzog den Keller, es war wie ein Hohn. So plötzlich wie die Soldaten erschienen waren, so schnell waren sie auch wieder verschwunden. Was sollten wir bloß tun? Mit den bewaffneten Soldaten im Keller waren wir ein wehrhaftes Haus, und was geschehen würde, wenn die Russen das merkten, war nicht schwer zu erraten. Ich wußte, daß es nicht ungefährlich war, was ich vorhatte, aber ich nahm meinen ganzen Mut zusammen, ging zu den sechs Soldaten und machte ihnen folgenden Vorschlag: »Ich spreche fließend Russisch, und wenn Sie wollen, gehe ich den Russen entgegen, wenn sie das Haus betreten.«

»Was ist denn das für eine Idee, das Haus wird verteidigt bis zum letzten Mann, die Russen werden von uns nicht empfangen, die Russen werden bekämpft.«

Damit ist unser Schicksal besiegelt, dachte ich, und Daniel und seine Mutter dachten genauso. Wir saßen schweigend eng zusammen und warteten. Nach einer Weile hörte man lautes Geschrei von draußen und gleich darauf das schrille Rufen im Haus:»Orej, orej.« Einer der Soldaten stürzte gehetzt und völlig außer sich auf mich zu und sagte zu mir:»Fräulein, gehen Sie jetzt doch rauf, die Russen sind da!«

Jetzt fühlte ich mich völlig überrumpelt, ich hätte mich gerne gedanklich vorher darauf eingestellt, aber jetzt gab es kein Überlegen mehr, mit rasendem Herzklopfen ging ich die Kellertreppe rauf nach oben.

Ich sagte:»Sdrastwujtie, Towarischi«, was soviel heißt wie »Seid gegrüßt, Freunde«, aber es hörte mir niemand zu. Vor mir standen zwei junge russische Soldaten, in jeder Hand eine Pistole mit sehr langem Lauf, und schrien mich an:»Wie viele Menschen sind im Haus, wie viele Soldaten und wie viele Zivilisten?«

So schnell konnte ich gar nicht zählen, wie das erwartet wurde. Ich sagte:»Sechs Soldaten und ungefähr fünfzehn Zivilisten.«

»Alle hier sofort antreten«, war das nächste Kommando.

Ich rannte in den Keller und gab den Befehl weiter.

Jetzt waren wir alle oben und standen im langen Flur des Hauses. Die Soldaten brauchten nicht entwaffnet zu werden, sie kamen schon ohne ihre Koppel rauf. Sie mußten sich an die Wand auf der einen Seite des Flurs stellen, die Zivilisten mußten sich ihnen gegenüber aufstellen. Ein Glück, daß Daniel nicht vergessen hatte, die Uniform auszuziehen, und somit jetzt mit auf unserer Seite stand. Inzwischen waren zwei weitere Russen ins Haus gekommen. Es war überhaupt ein ständiges Kommen und Gehen. Sie besprachen alle etwas untereinander, nahmen die sechs deutschen Soldaten mit und verschwanden wieder. Wir waren wieder allein und gingen zurück in den Keller. Eine gespenstische Stille war auf einmal um uns, als ob der Krieg zu Ende wäre. Aber die Stille hielt nur sehr kurz an. Lautes, schmerzvolles Geschrei hörte man von oben und deutsche Laute. Daniel und ich gingen rauf. Zwei deutsche Soldaten trugen einen schwerverwundeten jungen Kameraden ins Haus. Wir führten die Männer in den Keller, und sie legten den Verwundeten auf eine Liege. Er mußte in eine Maschinengewehrsalve gelaufen sein, er hatte einen waagerechten roten Strich mit Geschoßlöchern in seinem Bauch und schrie wahnsinnig. Als wir das sahen, stockte uns der Atem, es gab ja keine Hilfe, weit und breit keinen Arzt.

Während wir ratlos vor dem Verwundeten standen, faltete er die Hände wie zum Gebet, guckte an uns vorbei und schrie: »Bitte, bitte, erschießen Sie mich.«

»Was willst du«, sagte jemand auf russisch. Ich sah mich um, wir hatten gar nicht bemerkt, daß ein Russe hinter uns stand.

Der junge Deutsche schrie weiter vor Schmerzen und mit gefalteten Händen immer wieder, bitte, bitte, erschießen.

Wieder sagte der Russe: »Ich kann dich nicht verstehen, was willst du?«

Wie automatisch sagte ich auf russisch: »Er ist so stark verwundet, er bittet darum, erschossen zu werden.«

Als ich das ausgesprochen hatte, war ich über mich selbst entsetzt. Was hatte ich getan, wie konnte ich das dolmetschen? Lange haben mich die Zweifel gequält, ob ich richtig oder falsch gehandelt hatte.

Der Russe zog seine Pistole und schoß zwei Mal. Noch einmal hörte ich den Mann stöhnen, dann war Stille. Ein Kamerad nahm ihm die Erkennungsmarke vom Hals, und ein weiteres junges Leben war zu Ende. Daniel war kreidebleich geworden, ich sagte:»Geh bitte zu den anderen und erzähl ihnen irgend etwas, warum hier geschossen wurde, wir können auf keinen Fall eine Panik gebrauchen.«

Der Russe war ein circa 25jähriger junger, sehr gut aussehender Mann. Er wollte wissen, woher ich so gut Russisch spreche, und ich sagte, daß ich es in der Schule gelernt hätte. Er meinte, das sei ja wunderbar, dann könne ich ihn durch den Keller führen, er müsse ihn nach Waffen inspizieren. Der Raum, in dem die Soldaten ihre Waffen hatten, war bereits ausgeräumt, dort standen nur noch ein paar Mörser herum. Der Russe wollte aber den ganzen Keller sehen, und der war sehr weitläufig und ziemlich dunkel. Er betrat jeden Raum und schaute sich nach Waffen um, aber außer den Liegen zum Übernachten, die in jedem Raum standen, gab es nichts zu finden. Im letzten Raum blieb er stehen, zog seinen Munitionsgürtel ab, stieß mich auf eine der Liegen und fiel über mich her. Was sollte ich machen, schreien, was hätte es geholfen? Dann zog er den Gürtel wieder an, richtete seine Uniform und verschwand.

Ich weiß nicht, wie lange ich in diesem Kellerraum geblieben bin, waren es fünf Minuten, war es eine halbe Stunde? Dann hörte ich Daniel nach mir rufen, und so begab ich mich wieder zu den anderen.

»Wo warst du, ich habe mir schon Sorgen gemacht.«

»Ich mußte einen Moment mal ganz allein sein«, sagte ich.

Daniel legte seinen Arm um mich und meinte:»Ich weiß, du Arme, die Sache mit dem jungen deutschen Soldaten macht mir genauso zu schaffen, aber was hättest du tun können, du hast dich richtig verhalten, der Soldat hatte doch bei der furchtbaren Verwundung keinerlei Chancen.«

Ich hatte große Mühe, mir das »Geschehene« vor Daniel und den anderen nicht anmerken zu lassen. Ich fühlte mich mit Unrat begossen, ich hatte Ekel vor meiner eigenen Haut, ich hielt meine Hände möglichst fern von meinem Körper. Wenn es möglich gewesen wäre, wäre ich mit meinem »Ich« aus meiner Haut gesprungen, in der ich mich jetzt wie gefesselt fühlte. Sicher war es gut für mich, daß die weiteren Ereignisse mir keine Zeit ließen, wirklich zu Bewußtsein zu kommen.

Oben wurde es wieder sehr laut, russische Laute überschlugen sich, und einige Frauen im Keller flehten mich an: »Fräulein, bitte, bitte, gehen Sie rauf, helfen Sie uns.« Ich war so etwas wie ein Schutzengel für die übrigen geworden, ich ein Schutzengel für die Deutschen?!

Oben in der Gasthausküche lag auf dem Boden ein schwerverwundeter, hochdekorierter russischer Offizier. Zwei russische Soldaten bemühten sich um ihn. Ich fragte, ob ich vielleicht helfen könne. »Hol ein Kopfkissen, Decken, Handtücher und sauberes Wasser, aber ganz schnell.« Ich rannte runter, überhörte alle Fragen, nahm alles, was ich finden konnte, und brachte es nach oben. Ich kniete neben dem Offizier auf den Boden nieder, schob ihm das Kissen unter den Kopf, machte ein Handtuch naß und kühlte ihm die Stirn. Die nebenstehenden Soldaten, die ständig wechselten, ließen mich gewähren. Dem Schwerverwundeten sickerte das Blut unterhalb der linken Schulter durch die Uniform. Es war mir klar, es gibt keine Möglichkeit, die Wunde abzubinden, auch dieser Mann war rettungslos verloren. Er röchelte laut, und zwischen Stöhnen hörte ich ihn »Woda, Woda« sagen. Ich schaute den Soldaten an, der sich neben mir auch gerade über den Verwundeten beugte, er nickte. So holte ich ein Glas Wasser, hob dem Sterbenden den Kopf an, und während ich ihm das Wasser einflößte, tropften meine Tränen in sein Gesicht.

Draußen tobte der Krieg weiter, es war ein Wunder, daß das Haus von wirklich starken Treffern verschont blieb. Das Elend schien an diesem Tag kein Ende zu finden. Der Mann, der neben mir auf dem Boden sein Leben aushauchte, war vielleicht 45 Jahre alt, hatte zu Hause sicher Familie und mußte jetzt hier in Königsberg sein Leben lassen. Als er tot war, deckte ein Soldaten mit einem Handtuch sein Gesicht zu, und ich ging zurück in den Keller, erzählte Daniel und seiner Mutter, was oben los war. Frau Klarer nahm mich in die Arme, und wir hielten uns sprachlos eine lange Weile fest.

Die Menschen im Keller hatten sich in einem der größten Räume versammelt, es war zwar eng, aber zusammen ließ sich die Furcht wohl leichter ertragen. Mittendrin auf einer Liege saß in sich zusammengesunken Böllko. Ich ging auf ihn zu, stand ganz nah vor ihm und sagte: »Na, Böllko, hast du heute gar keine Lust mehr, das Judenweib, mich, aus dem Keller zu jagen?« Mit gebeugtem Kopf sah er von unten zu mir hoch, seine ganze Haltung war eine einzige Angst.

Immer wieder kamen andere, neue Russen ins Haus und in den Keller, manchmal zwei, drei zusammen und manchmal auch einer allein. Ich hatte das Gefühl, die Soldaten wollten sich kurz mal von dem Krieg da draußen erholen, mal kurz Luft holen. Auf einmal stand einer mit einem Buch in der Hand vor uns und blätterte darin herum. Es war ein Fotoalbum, er hatte es wohl in einem der Kellerräume gefunden. Jäh flehte mich Böllko an: »Fräulein, bitte, bitte verzeihen Sie mir, helfen Sie mir.« Es war wohl sein Album. Der Russe ging auf Böllko zu, zeigte auf ein Foto und sagte:»Bist du da dabei?«Einen kurzen Moment zögerte ich, dann ging ich zu dem Russen hin und fragte, ob ich ihm helfen könnte, ich spräche russisch. Der Soldat wiederholte seine Frage und zeigte auf ein Farbgruppenbild einer SA-Gruppe. Ich verstand mich selbst nicht, als ich sagte:»Nein, der ist doch viel zu alt, und kaputte Beine hat er auch noch, solche konnten die in ihrer Partei nicht gebrauchen.«

Von draußen waren wieder stärkere Geschoßeinschläge zu hören, der Russe schaute Böllko nochmals an, dann schmiß er das Buch auf den Boden und verließ den Raum. Ich nahm das Album auf und schaute mir das Bild nochmals genauer an. Zwar einige Jahre jünger, aber zweifellos, Böllko war in brauner Uniform auf diesem Foto. Ich warf das Album gegen Böllko, es traf ihn an der Brust, ich spuckte ihn an und sagte:»Du bist doch eine verdammte, feige Nazikreatur, schämst dich nicht, ausgerechnet mich um Hilfe zu bitten, pfui Teufel!«

Es war nur eine winzige, kleine Rache, aber hätte ich ihn nicht vor dem Russen geschützt, wer weiß, was passiert wäre. An diesem 7. April 1945 war man schnell ein toter Mann, und das hätte vielleicht mit der Zeit mein Gewissen belastet, und das war er wiederum nicht wert.

Die Stunden vergingen in gleicher Weise, einzelne Soldaten kamen und gingen, bis am späten Nachmittag ein Offizier in Begleitung von zwei Soldaten den Keller betrat. Er schaute sich kurz um, dann fragte er:»Kann mich hier jemand verstehen?« Ich meldete mich, und er sagte:»Wir brauchen dieses Haus als Quartier, und ihr müßt es alle verlassen. Ihr könnt mitnehmen, was ihr wollt, aber in zehn Minuten müßt ihr alle draußen sein, also macht schnell. Geht alle in Richtung Elbing.

Ihr werdet auf weitere Zivilisten stoßen, schließt euch denen an und geht immer weiter raus aus der Stadt, denn dort ist der Krieg schon zu Ende.«

Ich dolmetschte den anderen die Order, und nun war das Lamentieren groß. Jeder hatte andere Sorgen, andere Probleme, und alle hatten Fragen. Alle glaubten, ich wäre für alles zuständig, gar verantwortlich und könnte auch alles regeln. Da mischte sich Frau Klarer ein: »Jetzt laßt mal das Mädchen endlich in Ruhe, sie hat schon genug getan, mehr geht nicht, uns bleibt nur übrig zu tun, was der Russe gesagt hat.«

Um uns gegen die Kälte zu schützen, zogen wir alles an, was wir passend im Keller fanden. Daniel hatte für uns drei Rucksäcke organisiert, die stopften wir voll mit etwas Wäsche zum Wechseln, Brot, Wurst, Flaschen mit Wasser und vielen Zigaretten. Unser Glück, daß das Berliner Haus eine Kneipe gewesen war, wir uns somit alle etwas versorgen konnten.

Draußen war es ziemlich ungemütlich. Königsberg wehrte sich immer noch. Tiefflieger, das Heulen der Stalinorgeln und immer wieder Artillerieeinschläge, alles war zu sehen und zu hören. Wir drei führten den kleinen »Treck« an, ungewollt, aber die anderen fühlten sich hinter uns unbegründeterweise sicherer. Um uns vor den Geschossen zu schützen, gingen wir, wann immer es möglich war, im Straßengraben.

Wir waren vielleicht ein bis zwei Stunden unterwegs, es begann langsam dunkel zu werden, und es wurde Zeit, eine Unterkunft zu finden. Weit und breit war kein Haus, kein Stall zu sehen, aber ein großes Feld mit Schützengräben, Panzergräben und Ein-Mann-Löchern. Es muß wohl ein Schlachtfeld gewesen sein, denn es standen auch zwei ausgebrannte Panzer herum, und es lagen tote Soldaten, sowohl deutsche wie auch russische, auf dem Feld. Gestern noch hätte mich der Anblick entsetzt, aber inzwischen war so viel passiert, ich hatte zwei Männer sterben sehen, war selbst überwältigt worden, ich glaube, meine Seele machte nach all den Erlebnissen Pause.

Wir drei beschlossen, auf diesem Feld, in einem der Löcher, die Nacht zu verbringen, und sagten das den anderen. Die hatten sich daran gewöhnt zu tun, was wir tun, und machten das gleiche. Ich bestand aber darauf, daß wir drei ein Loch für uns allein beziehen. Die anderen mußten sich wohl oder übel fügen. Solch ein Erdloch ist gar nicht so kalt, wie man das glauben mag. Wir hängten alles um uns herum, was in den Rucksäcken für diesen Zweck zu finden war, rückten ganz dicht zusammen und wärmten uns so gegenseitig. Ich fragte mich, was wohl mit meiner Mutter geschehen war. Im Moment konnte ich nichts für sie tun, aber sobald das möglich wäre, würde ich sie suchen. Wir mußten sogar eingeschlafen sein in diesem Schützenloch, denn am Morgen war das Feld wie gezuckert, es hatte nachts etwas geschneit, das hatten wir gar nicht gemerkt.

Wir machten uns fertig für den weiteren Weg. Ich bestand darauf, daß wir drei allein gehen, ohne die anderen, die sollten ihren Weg selbst machen, ich wollte auch endlich den Böllko loswerden. Frau Klarer machte das den anderen klar, die waren wohl nicht begeistert, aber es blieb ihnen gar nichts anderes übrig, ehe sie sich versahen, waren wir weg.

Wir gingen weiter die Straße entlang Richtung Elbing. Immer wieder sahen wir tote Soldaten auf den Feldern liegen, zu beiden Seiten der Straße, sowohl Deutsche wie Russen. Wir schienen uns einer Ortschaft zu nähern, denn sporadisch standen Bauernhäuser auf den Feldern, aber bis jetzt war die Gegend völlig menschenleer. Wo waren wohl die Leute, auf die wir stoßen sollten, wie der Offizier das gemeint hatte. Aber dann tauchten plötzlich, wie aus dem Erdboden, drei russische Soldaten auf. Sie kamen direkt auf uns zu.

»Woher kommt ihr, und wohin wollt ihr?« schrie einer von ihnen.

Ich sagte: »Wir kommen aus Königsberg, russische Soldaten haben uns aus der Stadt gewiesen, wir sollen Richtung Elbing gehen, und das machen wir jetzt.«

Der Soldat meinte, das wäre ja ganz recht, aber er müsse unsere Rucksäcke inspizieren, wir könnten ja auch Spione sein, und dazu sollten wir ihnen in das Bauernhaus folgen. Das bedeutete nichts Gutes, und wir hatten auch mächtig Angst. Ich dachte, vielleicht erschießen die uns, aber es kam für mich noch schlimmer! Als wir das Haus erreichten, wurden wir getrennt. Daniel und seine Mutter mußten mit einem Soldaten in einen anderen Raum, und ich mußte den anderen beiden folgen. Wohl um ihre Befehle zu bekräftigen, trugen sie ihre Kalaschnikows im Anschlag.

Als die beiden Männer den für sie geeigneten Raum fanden, mußte ich den Rucksack ablegen. Einer stieß so stark gegen meine Brust, daß ich stolperte und auf den Boden fiel. Dann stürzte er sich auf mich. Während er über mich herfiel, stand der andere mit offener Hose wartend daneben. Nach einer Weile kam der dritte und stand gleichermaßen wartend da.

Diese Machtlosigkeit, dieser entsetzliche Ekel, dieser Raub der Würde, das war das Schlimmste, was ich körperlich je ertragen mußte. Ich wollte diesen Körper nicht mehr. Ich flehte zu meinem Gott, er möge eine Bombe in dieses Haus leiten und mich mit diesem Körper vernichten.

Gefesselt in einem besudelten, blutenden Körper, schlich ich aus dem Bauernhaus. Draußen standen Daniel und seine Mutter. Sie wollten mich in die Arme nehmen, aber ich ließ es nicht zu, ich konnte keine Berührung mehr ertragen, ich fühlte mich zu eklig für Berührungen. Erst war ich wie in Trance, dann stieß ich einen tierähnlichen, langen, lauten Schrei aus, und danach sprach ich nicht mehr. Es war schon dunkel, als ich langsam meine Sprache wiederfand. Daniel und seine Mutter stellten keine Fragen, und wir haben nie über dieses Verbrechen gesprochen.

Ich bin noch viele Male vergewaltigt worden. Wenn das »Grauen« so geblieben wäre wie am ersten Tag, hätte ich mich umbringen müssen. Aber es wurde mir bewußt – vielleicht auch nur, weil ich überleben wollte –, daß ich nicht geschändet werde, weil ich Jude bin, sondern es wurden alle jungen Frauen vergewaltigt, die für die Soldaten gerade greifbar waren. Die Russen feierten ihren Sieg und ihre Rache. Und ich? In mir war doch auch soviel Wut und ein wahnsinniges Verlangen nach Rache. Nun erlebte ich, wie die »stolze arische Rasse«, die eingebildeten »HJ-Damen« klein und machtlos waren, und das erfüllte mich doch auch mit Genugtuung und ließ mich ertragen, wenn es mir geschah. Ich hatte das Gefühl, einen persönlichen Preis zahlen zu müssen, um ein wenig Vergeltung zu erleben. Vergeltung und Rache, für meinen Vater und die vielen Toten von Mikuliczyn. Ich war halt immer wieder mal die Person, die es gerade sehr unbequem war zu sein. Mein junges Leben war voll von solchen Erfahrungen.

So war ich im deutschen Kindergarten der Jude und wurde aussortiert. In der polnischen Schule wollte ich in den jüdischen Religionsunterricht, wurde abgelehnt, weil ich evangelisch getauft war. Die Christen wollten mich aber auch nicht, weil ich nicht katholisch getauft war. Bei den Polen bin ich die Deutsche. Bei den Deutschen bin ich dann wieder der Jude und daß ich evangelisch getauft bin, ist den Deutschen völlig egal, weil man Pferde auch taufen kann, wie sie sagten. Das war eben mein Schicksal. Heute lache ich darüber, doch damals als Kind tat es schon auch weh und machte mich traurig. Aber letztlich, dank der Erziehung meines Vaters, zementierten die vielen Ablehnungen nur noch stärker mein Selbstbewußtsein.

Langsam trafen wir auf unserem Weg Richtung Elbing auf gleichsam Vertriebene oder Geflüchtete, und mit der Zeit bildete sich eine richtige Kolonne. Immer wieder scherten welche aus, um auf den Gehöften entlang der Straße nach etwas Eßbarem zu suchen, wir taten das auch. Die Menschen kamen alle aus den umliegenden Ortschaften von Königsberg und waren zum Teil schon einige Tage mit Kind und Kegel auf der Straße. Nachts versuchte man auf den leerstehenden Gehöften, in Häusern, in Scheunen, unter Bäumen etwas Schutz vor Kälte und Nässe zu finden.

Diese Notunterkünfte wurden oft von Soldaten, die gerade in der Nähe waren und Lust auf Vergewaltigung hatten, aufgesucht. Die Mütter versteckten dann ihre Töchter unter Decken, das half nur selten, denn die Soldaten waren nicht so wählerisch, die nahmen auch die Mütter. Mich haben Daniel und seine Mutter in diesen Unterkünften immer erfolgreich versteckt. Wie auch die Nächte verliefen, am nächsten Tag ging es weiter. Oft kamen wir an Straßenkreuzungen. Die Masse entschied sich dann für einen der Wege, ob es immer noch nach Elbing ging, war völlig egal. Es gab kaum Richtungsschilder, der Krieg hatte sie vernichtet.

Immer größer wurde der Treck, und es fiel uns auf, daß sich eine etwas auffällige Gruppe bildete, die von einigen Männern geführt schien. Der galt nun unsere Aufmerksamkeit, und ich machte mich daran, dies zu ergründen. Es waren Polen, die, befreit aus ihrer deutschen Sklaverei, auf dem Weg nach Hause waren. Das Besondere an der Gruppe war, daß sie einigermaßen verpflegt wurden. Sie bekamen Brot und Fleischdosen.

Ich machte meinen beiden den Vorschlag, uns vorsichtig abzusondern und uns dieser polnischen Gruppe anzuschließen. Das bedeutete, daß die beiden sich nicht auf deutsch unterhalten durften, aber ich dafür um so auffälliger auf polnisch. So geschah es dann auch, und ich hatte das Gefühl, als würde sich immer wieder alles wiederholen.

Nun ging es uns nicht schlecht. Jeden Morgen stellte ich mich in die Reihe derer, die ihre Tagesration abholten. Es war nur immer für eine Person, aber davon konnten wir zu dritt ganz gut leben. Das war nicht ganz ungefährlich, ich durfte mich nicht erwischen lassen, aber ohne Mut und Risiko ging in dieser Zeit gar nichts. Die Nächte waren auch ruhiger. Die jeweiligen Unterkünfte wurden von den Anführern der Gruppe nachts bewacht und somit vor den Soldaten geschützt.

Wir hatten keine Ahnung, wie lange wir schon unterwegs waren. Wir besaßen weder Uhr noch Kalender, wir wußten nur, daß wir nicht bis nach Polen wollten. Als wir Allenstein erreichten, glaubten wir, daß es Zeit zur Umkehr sei. Frau Klarer, die sich auskannte, sagte, daß es mit dem Zug von Königsberg nach Allenstein mindestens hundertzwanzig Kilometer seien. Das waren wir also schon alles gelaufen und genauso weit von zu Hause entfernt. Als uns das bewußt wurde, beschlossen wir, uns am kommenden Tag von der Gruppe zu trennen.

So, nun waren wir wieder allein auf der Landstraße und das war auch wieder gefährlicher, dessen waren wir uns bewußt. Aber was blieb uns übrig, wir wollten zurück nach Königsberg, und ich fand auch, daß es höchste Zeit sei, nach meiner Mutter zu forschen. Auf diesem Weg zurück erlebten wir einige schier unglaubliche Dinge.

Wir mußten uns ja irgendwie ernähren, und dazu gingen wir in die leerstehenden Bauerngehöfte, um dort nach Eßbarem zu suchen. Wir wußten inzwischen, daß die Bauern vor ihrer Flucht Nahrung versteckten, um bei Heimkehr noch etwas vorzufinden – und danach suchten wir. Gegen Mittag betraten wir ein solches verlassenes Haus. Frau Klarer teilte uns ein. Daniel sollte den Keller durchsuchen, ich sollte auf den Dachboden, und sie selbst wollte sich um die Wohnräume kümmern. Auf dem Dachboden war es ziemlich dunkel, ich mußte mich erst an das schwache Licht gewöhnen, bevor ich anfangen konnte zu suchen. Es roch schwach nach Geräuchertem. Ich wußte, daß die Bauern ihre Räucherkammern auch auf dem Dachboden hatten, und ging bei meiner Suche dem Geruch nach. Durch die Mitte des Raumes ragte ein Schornstein, und an diesen war ein schrankähnliches Etwas mit einer Tür gemauert. Das war wohl die Räucherkammer, dachte ich. Die Tür war nur angelehnt, ich öffnete sie und tastete mit meinen Händen den dunklen Raum ab, in der Hoffnung, einen Schinken, einen Fisch oder eine Wurst zu finden. Meine Hände fühlten Stoff, erst dachte ich, es wollte jemand seine Kleider verstecken, aber dann merkte ich, daß diese Kleider gefüllt waren. Es hatte sich jemand in der Räucherkammer erhängt. Ich schrie hysterisch, und das Herz klopfte mir bis zum Hals, als ich fluchtartig den Boden verließ. Daniel hörte mein Schreien und kam mir entgegengelaufen. Als er hörte, was mich so entsetzt hatte, meinte er: »Du Arme, dir bleibt auch nichts erspart.«

Ob in der Kammer etwas Eßbares zu finden war, weiß ich nicht, das war auch egal, denn das hätten wir sowieso nicht mehr essen wollen. Auch Daniel und seine Mutter hatten nichts Eßbares gefunden. Wir mußten also in anderen Häusern weitersuchen.

Wir waren schon wieder eine Weile auf der Landstraße, als wir das laute Gebrüll einer Kuh hörten. Wir schauten uns um, und da stand sie mitten auf dem Feld. Frau Klarer meinte, die habe Schmerzen, die müsse gemolken werden. Welches Glück, das war doch genau das, was unseren Hunger stillen konnte. Wie kamen wir aber an die Milch? Daniel rannte zurück zu dem Gehöft und brachte einen Eimer und drei Töpfe zum Trinken mit. Nun gingen drei Städter auf die arme Kuh los und versuchten sie zu melken. Nachdem wir auf das Tier beruhigend eingeredet hatten, machte sich Daniel vorsichtig an das Euter. Das muß der Kuh nicht wirklich gepaßt haben, denn sie schlug um sich mit dem Schwanz, trampelte mit den Füßen und wollte davon. Frau Klarer und ich legten unsere Arme um den Kuhhals und versuchten sie so festzuhalten. Nach einer Weile hörten wir die Milch in den Eimer spritzen, und je länger Daniel melkte, um so ruhiger wurde das Vieh. Bei fast vollem Eimer hörte Daniel auf, wir waren vor dem »Hungertod« gerettet.

Bei all der Aufregung hatte ich ganz vergessen, daß ich absolut keine Milch mochte, Milch ekelte mich. Frau Klarer sagte, zwar lachend, aber bestimmt: »Kommt gar nicht in Frage, du trinkst die Milch, wir brauchen dich noch.« Ich gab nach, hielt mir die Nase zu und schluckte voller Ekel die körperwarme Kuhmilch.

Für den weiteren Weg nahmen wir einen halben Eimer Milch mit. Dank der Milch und einiger Brotstücke, die wir von den polnischen Rationen gehamstert hatten, und vor allem dank der Zigaretten, von denen wir glücklicherweise immer noch genug hatten, kamen wir nicht nur auf der Strecke gut weiter, sondern auch ohne Hunger über den Tag. Wir gingen, bis es dunkel wurde, dann fanden wir eine Scheune, in der wir übernachteten.

Einige Tage vergingen ohne besondere Vorkommnisse. Wir hatten das Bedürfnis, schnell wieder in Königsberg zu sein, und machten uns bereits bei Tagesanbruch auf den Weg, und bei beginnender Dunkelheit suchten wir ein Dach, unter dem wir die Nacht verbringen konnten. Mit dem Essen ging es mal gut, mal weniger gut. Groß fündig wurden wir eigentlich nie, wir fanden immer nur Kartoffeln, Äpfel, einmal auch getrocknete Pflaumen. Für die Kartoffeln machten wir ein Lagerfeuer, das war dann eine ganz gute Mahlzeit.

Wir waren vielleicht fünf Tage unterwegs, als, wie aus heiterem Himmel, von einem seitlichen Feldweg ein Jeep mit zwei Russen auftauchte. Sie fuhren direkt auf uns zu und hielten vor uns an. Der eine, ein etwas älterer und freundlich dreinschauender fragte: »Woher kommt ihr, und wohin wollt ihr?«

Ich hatte mir inzwischen einen Spruch für diese Fragen ausgedacht und antwortete: »Wir sind Königsberger und wurden zur deutschen Zeit zur Landarbeit in die Nähe von Allenstein geschickt, und jetzt, wo die Deutschen nichts mehr zu sagen haben, gehen wir zurück in unsere Heimat.«

»Ja, das ist ja ganz schön, das dürft ihr auch machen, aber vorher kommt ihr noch zu uns, wir brauchen ein paar Leute für die Küche, also steigt mal alle ein«, sagte er freundlich.

Während wir in den Jeep einstiegen, dolmetschte ich, was jetzt wieder los sei und auch was ich dem Russen erzählt hatte. Das mußten sie unbedingt wissen, denn wir könnten ja auch mal auf einen deutschsprechenden Russen stoßen, dann sollten wir doch alle das gleiche Märchen parat haben. Wir stiegen in den Jeep und fuhren mit den Russen quer über die Felder.

Daniel legte seinen Arm um mich, drückte mich an sich und meinte schmunzelnd: »Ich hoffe nur, du findest wieder zurück zur Wahrheit, falls mal wieder alles normal sein sollte.«

Auf die Fragen der Russen, woher ich ihre Sprache könne, sagte ich immer, ich hätte in der Schule Russisch gewählt, weil ich das Volk und somit auch die Sprache so mag – das war aber auch nur eine halbe Lüge.

Nach ein paar Minuten erreichten wir ein Bauerngehöft, das von mehreren russischen Soldaten bewohnt war. Wir wurden gleich in die Küche gebracht, in der ein rundlicher, auch freundlicher Soldatenkoch Regie führte. Unsere Aufgabe war es, Mengen von Kartoffeln, Karotten, roter Beete und Kraut zu putzen, das der Koch dann verarbeitete.

Gegen Abend wurde es fast festlich, das Essen verbreitete einen guten, appetitanregenden Geruch, und aus den anderen Räumen erklang Gesang und Balalaikamusik. Es wurde wohl ein Fest gefeiert. Wir bekamen vom Koch jeder einen großen Teller mit rotem Mischmasch von Gemüse und Fleisch, das aber ganz gut schmeckte und uns satt machte, wie wir das schon lange nicht mehr waren.

Kurz bevor es dunkel wurde, kam der Russe, der uns auf der Straße aufgegabelt hatte, in die Küche. Er hatte eine Flasche Wodka und ein paar Wassergläser in der Hand. Er schenkte die Gläser halb voll, reichte uns jedem ein Glas und sagte: »Na sdrowie.« Wir stießen mit ihm an und nahmen einen guten Schluck. Er hob das Glas ein zweites Mal und sagte: »Und nun auf Mütterchen Rußland.« Diese Aufforderung durfte man nicht ablehnen, also tranken wir mit. Er stellte sein Glas ab, kam auf mich zu und sagte fast väterlich: »Ihr habt gut gearbeitet, aber jetzt ist es besser, ihr macht euch wieder auf den Weg, es ist nicht gut, wenn zwei Frauen mit so vielen Soldaten zusammen sind.« Ich übersetzte, wir bedankten uns und verließen die freundlichen Russen.

Draußen wurde es dunkel, und jetzt an der frischen Luft

machte sich der Wodka bemerkbar. Wir hatte keine Lust mehr, nach einer Unterkunft zu suchen, wir wollten nur noch schlafen, egal wo und wie. Wir gingen rauf zur Straße und sahen auf der anderen Seite einen kleinen Wald, dort gingen wir hin. Unter eine breite Tanne, deren Äste fast bis zur Erde reichten, krochen wir, rückten dicht zusammen, um uns gegenseitig zu wärmen. Die Nächte waren nicht mehr sehr kalt, das Frühjahr machte sich langsam bemerkbar.

Bevor wir einschliefen, sagte Frau Klarer: »Kinder, wir sind so schön satt wie schon lange nicht mehr, und besoffen sind wir anscheinend auch noch, jetzt rauchen wir noch eine Zigarette, und dann möchte ich, daß Ruth zu mir Tante Herta sagt, sie ist mir schon lange so nahe wie eine Tochter.«

Es folgten ein paar Tage ohne besondere Vorkommnisse. Auf der Straße tauchte das Schild »Nach Bartenstein 5 km« auf. Tante Herta sagte: »Kinder, wir haben die Hälfte erreicht.« Das war eine Freude, darauf rauchten wir gleich eine Zigarette.

Immer, wenn wir uns einer Stadt oder Ortschaft näherten, begegneten wir mehr Menschen, und dann kamen immer die gleichen Fragen, wo geht ihr hin, wo kommt ihr her, seid ihr Russen begegnet? Und dann ging man weiter.

Bartenstein lag schon hinter uns, als der Wind uns einen wunderbaren Geruch von gebratenem Fleisch in die Nase wehte. Wir blieben stehen und versuchten zu erkennen, woher dieser herrliche Duft kam, durch den wir unseren Hunger noch mehr spürten. Dann sahen wir weit draußen auf dem Feld Rauch aufsteigen, der wohl von einem Lagerfeuer herrührte. Dort gingen wir hin, der Fleischduft wurde immer stärker, wir waren auf der richtigen Spur.

Über einem großen, freien Feuer war eine Halterung konstruiert, an der hingen große Fleischstücke. Um das Feuer herum saßen im großen Kreis viele Zigeuner, Männer, Frauen und Kinder.

Die Glücklichen, dachte ich, haben auch das »tausendjährige Reich« überlebt.

Die Zigeuner waren sehr freundlich. Erst fragten sie, ob wir auch Hunger hätten, das haben wir natürlich bejaht, dann luden sie uns ein, mit ihnen zusammen zu essen. Wir saßen im Kreise der großen Familie und unterhielten uns über die Zukunft. Auf einmal sagte einer der Männer: »Jetzt seid ihr auch keine Herrenmenschen mehr, jetzt seid ihr genauso arm wie wir. Gott sei Dank sind die Russen endlich gekommen, sonst wären wir sicher auch noch vor die Hunde gegangen.« Er sprach mir aus der Seele.

Das Fleisch war gar und wurde verteilt. Es schmeckte ein bißchen alt, aber es war so scharf gebraten und gewürzt, daß der ranzige Geschmack etwas übertüncht wurde, außerdem hatten wir Hunger, und der ist der beste Koch, wie man sagt. Nach dem Essen wurde Wodka verteilt. Langsam werden wir zu Säufern, meinte Daniel, aber der Schnaps tat wirklich gut. Wir blieben noch eine Weile sitzen, dann verließen wir die gastfreundliche Runde. Auf dem Weg zur Straße kamen wir an einem halbverwesten Pferd vorbei, an dessen Hinterteil große Fleischteile rausgetrennt waren. Frau Klarer zeigte auf das fehlende Fleisch bei dem Tier und sagte: »Das war wohl gerade unsere Mahlzeit.« Sicher hatte sie recht.

Jetzt, da wir mehr als die Hälfte des Weges zurückgelegt hatten, gingen wir immer schneller und machten uns Gedanken darüber, was uns wohl in Königsberg erwarten würde und wo wir in dieser zertrümmerten Stadt unterkommen würden. Frau Klarer hatte eine Idee. Sie kannte einen Gemüsehändler, der früher ihr Geschäft mit Obst und Gemüse belieferte. Dieser wohnte zehn Kilometer außerhalb der Stadt, in Arnau. »Dort gehen wir hin«, sagte sie. Es wäre toll, wenn wir dort unterkämen, aber zuerst wollte ich unbedingt in die Bülowstraße und eine Nachricht für meine Mutter an die Ruine des Hauses Nummer 35 heften.

Täglich der gleiche Trott, die Beine und Füße taten mit der Zeit ziemlich weh, die Schuhsohlen waren inzwischen durchgelaufen, an manchen Tagen fanden wir genügend zu essen, und an anderen mußten wir hungern. Dann geschah etwas, was wir uns nicht erklären konnten. Es war einfach ein Wunder! Wie täglich legten wir viele Kilometer Strecke hinter uns und suchten erst spät am Tage nach einer Unterkunft, da sahen wir tief in den Feldern ein ziemlich großes Gehöft und beschlossen, dieses anzusteuern. Als wir das Haus erreichten, war es fast dunkel. Das Haus war leer, und wir beschlossen, es erst am nächsten Tag zu durchsuchen. Wir suchten uns einen passenden Raum, sammelten ein paar Matratzen zusammen und bauten uns auf dem Boden ein Schlaflager. Unsere Nachtlager waren immer gleich geordnet, in der Mitte lag Frau Klarer und wir rechts und links zu ihrer Seite. Wir rauchten noch eine Zigarette, dann war der Tag zu Ende.

Am frühen Morgen wachte ich erschreckt auf, weil Tante Herta laut »Kinder! Kinder!« rief, ich dachte, es sei wieder mal etwas Schlimmes passiert, aber es war nichts geschehen. Sie saß ganz aufrecht zwischen uns auf ihrer Matratze und sagte: »Ihr glaubt nicht, was ich geträumt habe, ich habe geträumt, daß hinter dem Haus hier in einer Scheune, in einem Trog, ein großer Schinken liegt. Der Traum war so wirklich, wir müssen sofort nachgucken.«

Ich dachte, da ist wohl der Wunsch der Vater des Traumes, aber sie bestand darauf, dem Traum sofort nachzugehen, und wir folgten ihr nach draußen. Das Gehöft hatte zwei Scheunen, wir durchsuchten die erste und fanden nichts. Daniel und ich waren eigentlich nicht enttäuscht, den wir hatten auch nichts erwartet, aber Tante Herta sagte sehr bestimmt: »Dann ist es die andere Scheune.«

Wir gingen also in die zweite Scheune. Schon als wir reinkamen, sagte Tante Herta laut und aufgeregt: »Genau so sah es aus, hier muß es sein.« Obwohl wir nur an einen Traum glaubten, begannen wir doch, gründlich den Raum zu durchsuchen, und standen dann tatsächlich vor einem umgekippten Trog. Wir drehten den circa einen Meter langen Holztrog um, und da lag er – ein riesiger geräucherter Schweineschinken. Wir standen wie angewurzelt vor dem Schinken, für einen Moment blieb mir die Luft weg. Dann löste sich unsere Starre, wir sprangen hoch, schrien, lachten und fielen uns in die Arme. Jetzt waren wir versorgt, bis Königsberg reichte dieses Fleischteil, um uns satt zu machen. Wir hatten das Gefühl, von Engeln begleitet zu sein. Im Polen meiner Kindheit hätte man bestimmt einen passenden »Geist« gewußt, der für dieses Wunder verantwortlich war. Uns war es letztlich egal, wer oder was uns geholfen hatte, Hauptsache, wir hatten den Schinken. Das einzige Problem war, der Schinken war sehr schwer. Soweit das möglich war, teilten wir ihn mit einem Messer auf und verteilten die fabelhafte Last in unsere drei Rucksäcke.

Der Mai war fast zu Ende, als wir wieder in Königsberg waren. Es war schwer und manchmal fast unmöglich, sich zu orientieren. Die Stadt war ein einziger Trümmerhaufen. Nur wenige wichtige Hauptstraßen waren von den Trümmern freigeräumt. Die lagen dann da, wo sie vorher als Häuser gestanden hatten. An den Kreuzungen regelten russische Soldatinnen den wenigen Verkehr. Ab und zu fuhr ein Jeep mit Soldaten vorbei. Wenige Zivilisten huschten zerlumpt und ängstlich schnell durch die Gegend.

Der Anblick der Stadt machte Frau Klarer sehr traurig. Mich machte er auch nicht gerade froh, aber traurig konnte ich auch nicht sein. Ich war erleichtert, daß der Spuk endlich vorbei war. Daß die Herrschaft dieser mörderischen Bande zu Ende war. Das, was wir sahen, war einer der Preise für die ungeheuren Verbrechen, die sie begangen hatten. Ich glaube, ich empfand sogar Genugtuung, aber das ließ ich mir nicht anmerken.

Wir fanden die Bülowstraße. Die Straße gab es eigentlich nicht mehr. Von dem Haus Nummer 35 stand nur noch ein Stück Mauer, das fast bis zur ersten Etage reichte und an der mit weißer und roter Kreide Nachrichten geschrieben waren. Von meiner Mutter stand nichts da. Ich schrieb mit einem Sandstein an die Mauer, daß ich wieder in der Stadt sei, aber noch keine Unterkunft hätte und daß ich mich wieder melden würde.

Wir machten uns auf den Weg nach Arnau, am späten Nachmittag hatten wir es erreicht. Das Haus vom Bauern Pavert, dem Gemüselieferanten, stand noch, und er selbst war auch anwesend. Frau Klarer und der Bauer begrüßten sich herzlich, und als er ihr Anliegen erfuhr und Frau Klarer auch noch sagte, daß ich Russisch spreche, was sicher kein Schaden sei, sagte er: »Ein großes Zimmer hätte ich, wenn euch das reicht, könnt ihr es haben.«

Also, was wollten wir mehr? Wir hatten auf einmal nicht nur ein Dach über dem Kopf, sondern sogar eine richtige Stube mit zwei Betten, und ein drittes Bett konnten wir uns hereinstellen. Es war wie im Paradies.

Der Bauer Pavert hatte noch Kartoffeln, Kohlrabi, Rüben, Sauerkraut und Äpfel in seinem Keller. Er sagte: »Bis ihr selbst was organisiert habt, könnt ihr mit uns essen.« Uns, das waren seine Frau und zwei Kinder.

Wir hatten auch ein Gastgeschenk. Wir spendeten den großen Schinkenknochen, an dem immer noch viel Fleisch dran war.

Satt, müde und mit dem Gefühl, ein großes Ziel erreicht zu haben, schliefen wir einen wunderbaren Schlaf.

Am nächsten Morgen erzählte der Bauer, daß gegenüber der Straße eine russische Kooperative sei, die die umliegenden Felder verwaltet. Sie werde von russischen Soldaten geleitet, und die kämen oft, redeten und redeten, und kein Mensch verstehe sie. Manchmal plünderten sie in seinem Keller herum, er hätte schon manches in die Erde vergraben, denn er wolle ja auch leben. Vielleicht wäre es ganz gut, wenn ich doch russisch spräche, ich sollte mich da mal vorstellen, vielleicht könnte ich ihnen helfen, es wäre gut, man könnte sie bei guter Laune halten. Ja, das wollte ich gerne tun.

Noch am gleichen Tag suchte ich die Kooperative auf. In einem Raum saßen zwei circa fünfundvierzig Jahre alte Soldaten. Ich stellte mich vor und sagte, ich hätte von dem freundlichen Bauern gegenüber gehört, daß sie vielleicht eine Dolmetscherin brauchten. Wenn das stimmt, würde ich das gerne machen. Die beiden bekamen vor lauter Staunen den Mund kaum zu, und ohne viele Fragen zu stellen, meinten sie, ich solle gleich dableiben. Ich erklärte ihnen, daß ich nur noch zu Hause Bescheid sagen wolle und in einer halben Stunde zurück sei und anfangen könne.

So war ich unerwartet in Arbeit und Brot. Brot, weil ich täglich eine amerikanische 500-Gramm-Fleischdose und einen großen Laib Brot bekam. Somit brauchten wir dem Bauern nicht mehr auf der »Lebensmitteltasche« zu liegen, denn ich gab natürlich alles in den allgemeinen Haushalt.

Die großen Bauern in Arnau, aber auch noch einige Nachbarorte wurden von der Kooperative verwaltet, und meine Aufgabe war es, meinen neuen Boß, »Towarisch Petrow«, überallhin zu begleiten, zu dolmetschen und über die Anweisungen, die er gab, Notizen zu machen. Später im Büro mußte ich darüber Buch führen. Es sollte festgehalten werden, wo Gerste, Roggen, Weizen gesät und wo Kartoffeln gepflanzt wurden. Die Bauern nannten die jeweiligen Mengen, die sie zur Aussaat brauchten, was sie hatten und was ihnen fehlte. Letzteres wurde, wenn es glaubhaft war, dann von der Kooperative geliefert.

Ich war Sekretärin geworden, und das machte sogar Spaß. Ich mußte nur über die Straße, und schon war ich bei den »Meinen«, besser konnte es gar nicht kommen. Frau Klarer half der Familie Pavert im Haushalt und Daniel im Garten, so waren wir alle recht zufrieden, was wollten wir mehr? Es wurde nicht mehr geschossen, es flogen keine Bomben, der Krieg war zu Ende, wir hatten ein Dach über dem Kopf, und hungern mußten wir auch nicht. Wer hätte das noch vor zwei Monaten gedacht? Die einzige Sorge war, wo wohl meine Mutter ist?

An einem Sonntag, zwei Wochen nach unserer Ankunft in Arnau, ging Daniel mit mir in die Bülowstraße. Von meiner Mutter noch keine Nachricht. Ich gab die Hoffnung nicht auf, ich hatte das feste Gefühl, daß sie lebte, ich mußte Geduld haben, aber ein geduldiger Mensch war ich nicht und bin es auch nie geworden.

Bauer Pavert hatte keine so großen Felder, er baute hauptsächlich Gemüse und Kartoffeln an. Er meinte, obwohl in Ostpreußen der Winter länger und strenger sei, sei es zur Kornaussaat ziemlich spät, aber erst die Kämpfe, und dann fehlte vielen die Saat.

Im kommenden Jahr sollte die Saat wieder rechtzeitig aus-
gesät und noch mehr Felder bebaut werden, deshalb schickte
mich mein Boß mit einer Art Holzzirkel ins Nachbardorf zum
Feldvermessen. Der Zirkel war ein aus dünnen Brettern zusam-
mengenageltes großes A und hatte eine Spannweite von 1,50
Metern. Die Felder, die ich vermessen sollte, waren circa acht
Kilometer entfernt, und damit ich nicht so lange unterwegs war
und alles schneller ging, gab mir mein Chef ein Pferd, so einen
richtigen Ackergaul – hätte er das bloß gelassen. Das Pferd war
nicht so hoch, aber ziemlich breit, es hatte keinen Sattel, und
zur Führung hatte es nur eine dicke Schnur um den Hals. Ich
stand vor dem Gaul wie der Ochs vor dem Berg und sagte zu
meinem Chef: »Ich kann nicht reiten, ich habe noch nie auf
einem Pferd gesessen.«

Er sagte: »Das wird schon gehen, man macht alles ein erstes
Mal«, hob mich auf das Pferd, gab mir in die rechte Hand die
Schnur, in die linke den Zirkel, schnalzte mit der Zunge, und
der Gaul setzte sich in Bewegung.

Ich hatte schon lange keine Angst mehr, aber jetzt. Den Weg
wußte ich einigermaßen, aber mit dem Pferd da hinzukommen,
das war das Problem. Das einzig angenehme war, das Pferd
war schön warm, aber ich rutschte auf dem breiten Rücken hin
und her und hatte ständig Angst runterzurutschen. Mit der Zeit
merkte ich aber, daß mit unterschiedlichem seitlichem Zug an
der Leine das Pferd etwas die Richtung änderte. Das war schon
mal ein Fortschritt. Ich hätte den Gaul gerne schneller gemacht,
ich fürchtete aber, er könnte mich mißverstehen und anfangen
zu galoppieren, dann wäre ich vollends verloren gewesen.

Ich fand den Ort und auch die Felder. In der Nähe floß ein
kleiner Bach, ich dachte, vielleicht hat das Pferd Durst und
band es dort, so daß es trinken konnte, an einer Weide fest. Vor

mir lag ein riesiges, unbebautes Feld, es würde Stunden dauern, bis ich das vermessen hatte, und wo sollte ich anfangen? Aber während ich darüber noch nachdachte, tauchte ein älterer Mann auf, wohl der Besitzer des Feldes und sagte: »Was machen Sie denn da?« Ich erklärte ihm mein Anliegen, und der freundliche Mann meinte: »Kommen Se, Fräulein, ick helfe Ihnen.«

Während er mich nach meinem früheren Wohnsitz fragte und warum ich auf der Kooperative arbeite und Russisch könne, bewegten wir zusammen das unhandliche A. Zu zweit ging es doch viel leichter – ich hatte wieder mal Glück! Ich erzählte, daß ich ausgebombt in Königsberg sei und jetzt in Arnau auf der Kooperative arbeite, weil ich Russisch gelernt hatte. Er meinte: »Ick wußte gar nicht, daß es beim Führer auch Russisch auf der Schule gab, na ja, vielleicht Ausbildung für spätere Spione, hat halt bei Ihnen nicht mehr mit der Zeit gelangt, aber so ist es doch auch besser, der Krieg ist zu Ende, nicht, Fräuleinchen?«

Ich sagte nur: »Ja, da haben Sie wirklich recht.«

Nach circa vier Stunden hatte ich alle Notizen und konnte wieder heimreiten. Ich bat den alten Mann noch, mir auf das Pferd zu helfen, der staunte und sagte: »Da sind Sie aber eine tapfere Städterin, Fräuleinchen, können reiten ohne Sattel und auch noch ohne Trense.«

Zurück ging es schon ein bißchen besser mit dem Reiten, ich war etwas sicherer geworden, aber im letzten Drittel vor Arnau machte ich doch noch einen Fehler mit dem Pferd. Um den Weg etwas abzukürzen, verließ ich die Straße und wollte über Wiesen querfeldein reiten. Das hatte das Pferd nicht begriffen, denn als es das Gras sah oder roch, neigte es seinen Kopf zum Boden – ich wäre beinahe runtergefallen – und fing an zu grasen. Es gelang mir nicht, den Gaul wieder in Bewegung zu bringen, also stieg ich ab und zog das störrische Tier wie einen Hund an der Leine heim. Das war mein Reiterabenteuer.

Am folgenden Sonntag wollte Daniel mit mir wieder in die Bülowstraße. Daraus wurde leider zunächst nichts, denn ich wurde krank, wie wir glaubten. Ich hatte schlimme, krampfhafte Leibschmerzen, die immer stärker wurden, dabei hatte ich aber kein Fieber. Frau Klarer und Daniel machten sich große Sorgen um mich, sie glaubten, das sei der Blinddarm, und der könnte womöglich, den Schmerzen nach zu urteilen, durchbrechen, und weit und breit gab es keinen Arzt. Ich hatte noch nie solche starken Schmerzen und jammerte ziemlich laut. Nach einigen Stunden bekam ich einen Blutsturz – ich hatte einen Abort. Frau Klarer half mir mütterlich. Für mich war es ein Schock! Die schlimmen Erinnerungen waren wieder sehr lebendig, und ich konnte viele Stunden nicht mehr sprechen. Der große Blutverlust hatte mich sehr blaß gemacht, aber körperlich hatte ich mich schnell wieder erholt. Nur meine Seele erhielt eine weitere Narbe.

Daniel und ich gingen in die Stadt, und jetzt war eine Nachricht von meiner Mutter an die Hausmauer geschrieben. Sie war in Mühlenhof, in der Eylauer Straße, in einem Haus, in dem sie arbeitete. Es gab also scheinbar doch noch am Rande der Stadt ein bewohnbares Haus. Wir wären in die Dunkelheit gekommen, wenn wir gleich hingegangen wären, also gingen wir zurück nach Arnau und beschlossen, am kommenden Sonntag meine Mutter aufzusuchen.

Das Haus in der Eylauer Straße war groß, es hatte drei Etagen, und außer ein paar Granateinschlägen war es nicht zerstört. Wir gingen rein und wurden gleich von einem Wachposten empfangen. Ich erzählte ihm, daß ich meine Mutter suche und daß sie in diesem Haus arbeiten solle. Als er hörte, daß ich russisch spreche, meinte er zu unserem Erstaunen: »Ach, bist du die Tochter, die Russisch spricht, auf dich warten wir schon lange, dann geh mal rauf in die erste Etage, dort arbeitet sie.«

Was war da wohl passiert? Hatte meine Mutter wieder mal ihr Mitteilungsbedürfnis geplagt, hatte sie wieder mehr erzählt, als es nötig war? Ich ahnte nichts Gutes und sollte recht behalten.

In einem großen Raum standen mehrere Nähmaschinen, an einer saß meine Mutter. Als sie mich sah, rief sie: »Mein Gott, endlich bist du wieder da, ich habe mir so viele Sorgen gemacht.« Wir fielen uns um den Hals und weinten beide.

»Du kannst sicher gleich dableiben«, sagte sie weiter, »ich habe dem Kommandanten hier erzählt, daß du fließend Russisch sprichst, der braucht dringend eine Dolmetscherin, der wartet schon auf dich.«

Ich erklärte ihr, wo ich bin und was ich tue und daß es mir nicht möglich ist, meinen jetzigen Chef einfach im Stich zu lassen, und daß ich eigentlich dachte, daß sie mit mir käme.

Das schien aber nach dem, was Mutter alles hier in diesem Haus erzählt hatte, nicht so einfach zu sein. Ich ging aber trotzdem in das Büro des Kommandanten, sagte, wo ich bereits als Dolmetscherin arbeitete, und bat ihn, meine Mutter mitnehmen zu dürfen.

»Das kommt nicht in Frage«, meinte der, »ich warte schon lange auf eine Dolmetscherin, ich gebe dir einen Brief für den Towarisch Petrow mit, der läßt dich dann gehen. Die Kooperative ist meiner Kommandantur untergeordnet, spätestens übermorgen bist du hier.«

Das war ja was. Ich hatte einen wahnsinnigen Zorn. Immer wenn meine Mutter versuchte, mein Leben zu planen, wenn sie die Führung übernahm, war es eine Katastrophe. Es kam mir immer vor wie Wichtigtuerei, bar jeder Vernunft. Aber es blieb mir wohl nichts anderes übrig, als mich mit den neuen, völlig unnötigen Schwierigkeiten neu zu arrangieren.

Towarisch Petrow war enttäuscht und wütend. Ich versprach ihm, ihn zu besuchen, wenn ich zu Hause wäre. Wenn er mich dann brauche, würde ich ihm helfen. Was blieb ihm und mir anderes übrig, wir konnten ja nichts daran ändern, wir mußten es einfach hinnehmen.

Mein neuer Chef wurde Kommandant Smirnow genannt. Er war ungefähr fünfundvierzig Jahre alt, er war freundlich zu mir und mit meiner Arbeit zufrieden. In diesem Haus, in dem ich nun war und eine kleine Kammer zum Schlafen bekam, arbeiteten viele unterschiedliche Handwerker in jeweils getrennten Räumen und waren gut mit Maschinen und allem Werkzeug, das sie brauchten, versorgt. Sie wohnten und schliefen auch alle in diesem Haus, zum Teil in großen Gemeinschaftsräumen. Es gab Uhrmacher, Tischler, Schuster, Maler und Schneider. Sie hatten alle viel Arbeit. Die Kunden waren russische Soldaten und Soldatinnen.

Ich arbeitete in einem Vorzimmer von Smirnow und wurde zum Dolmetschen gerufen, wenn Kunden kamen. Und es kamen viele, besonders beschäftigt waren die Uhrmacher. Die Russen hatten ja den Deutschen Uhren und Schmuck abgenommen, und das mußte oft repariert werden, aber auch viele Schuhe und Uniformen wurden ausgebessert.

Die Menschen in diesem Haus, einige hatten kleine Kinder dabei, waren alle unterernährt, und die meisten hatten Hungerödeme, Wassersucht in den Beinen. Die Beine sahen aus, als würden sie jeden Moment platzen. Die Beine meiner Mutter begannen sich auch schon zu verformen, und ich beschloß, meine Mutter so schnell wie möglich aus diesem Haus herauszubekommen und nach Arnau zu bringen.

Die deutschen Bewohner im Haus hatten sich schnell an mich gewöhnt, sie mochten mich sogar, konnte ich doch durch mein Dolmetschen so manches Mißverständnis aufklären oder gleich verhindern. Ich fragte mich, wie sie vorher zurechtgekommen waren, denn ich hatte laufend was zu tun, ich rannte ständig von einem Raum in den nächsten.

Ein älterer Mann, er arbeitete als Schuster, sagte schon am dritten Tag zu mir: »Fräulein, Sie sind jetzt unter uns hier die wichtigste Person, Sie dürfen ja nicht wegbleiben, ich wüßte gar nicht, was wir ohne Sie machen sollten. Es wäre wieder, wie es war, und wir haben doch nie wirklich verstanden, was die von uns wollten.«

Mit dieser »Wichtigkeit«, die man mir jetzt hier zuschrieb, beschloß ich, etwas gegen den Hunger zu unternehmen, und inspizierte die Küche. Dort kochte eine circa 25jährige Deutsche, und wie ich schnell feststellte, bekam sie täglich aus der Vorratskammer, die von einem Russen verwaltet wurde, Fleischdosen, Öl, Schmalz, Kartoffeln, Gemüse und Brot. Das waren die Tagesrationen und einiges auch Wochenration zur Verpflegung für die arbeitenden Menschen in diesem Haus. Wenn sie all das, was sie bekam, auch verkocht hätte, wären die Arbeiter einigermaßen satt geworden und hätten nicht diese entstellten Beine. Ich beobachtete nun die Köchin und stellte schnell fest, daß sie noch nicht mal die Hälfte der Zuteilung in die Töpfe tat, sie klaute, sie schmuggelte mehr als die Hälfte in ihr Zimmer.

Als ich mir meiner Sache völlig sicher war, stellte ich die Köchin zur Rede. Ich ging direkt auf mein Ziel zu und sagte:

»Wissen Sie, wer ich bin? Ich bin hier die Dolmetscherin und habe mit Ihnen zu reden, und ich hoffe, daß wir uns einigen und keinen Ärger bekommen, sonst müßte ich mir Unterstützung beim Kommandanten holen, und ich glaube nicht, daß das für Sie gut wäre.«

»Was fällt Ihnen ein, raus aus meiner Küche«, unterbrach sie mich.

Ich behielt die Ruhe und sagte weiter: »Ich weiß, daß Sie von den Speisenzuteilungen große Teile für sich privat entwenden, es also den Menschen hier stehlen und den Kommandanten gleichermaßen betrügen. Ich verlange von Ihnen, daß sie alles, was sie gehortet haben, hierher in die Küche zurückbringen und im Laufe der nächsten Tage zusätzlich verwenden.«

Sie fing an zu weinen, erzählte was von ihrer kranken Mutter und Tante, und sie hätte das nur für die beiden getan, sie werde aber, was noch vorhanden ist, zurückbringen, und ich solle bitte, bitte nichts dem Kommandanten sagen.

Ich nahm mir vor, die Sache weiter zu beobachten. Ein paar Tage später sagte der Mann, der mich schon mal so »wichtig« fand: »Jetzt ist sogar das Essen besser geworden, seit Sie da sind, Fräuleinchen.«

Mein neuer Chef rief mich zu sich, um mir zu sagen, er sei sehr zufrieden mit meiner Arbeit und ich solle so weitermachen. Ich nützte die Gelegenheit, nahm meinen Mut zusammen und sagte: »Ich habe eine große Bitte an Sie, ich bitte Sie, jetzt, da ich hier bin, meine Mutter zu entlassen. Ich möchte sie zu ihrer Schwester, meiner Tante, bringen, wo ich auch am Wochenende immer bin, dort ist sie bei der Familie, und sie möchte das so gerne.«

Er sagte nur: »Charascho.«

Das war das erste Mal in all den Jahren, daß ich froh war, daß Mutter nie Russisch gelernt hatte. Sie hätte sicher wieder dazwischengefunkt und womöglich alles vermasselt!

Daniel holte mich am Samstag mittag ab. Mit meiner Mutter zusammen gingen wir nach Arnau. Mutter war jetzt doch glücklich in ihrem neuen Zuhause. Sie meinte, sie sei jetzt doch ein richtig freier Mensch. Ich war es nun leider nicht mehr. Daß ich jetzt auf dieser Kommandantur arbeiten mußte, das wäre wirklich nicht nötig gewesen. Ich mußte eben in Zukunft besser aufpassen, damit Mutter nicht irgendwann mal wieder die Regie übernahm.

Immer wenn ich in Arnau war, besuchte ich Towarisch Petrow, und jedesmal fluchte er und schimpfte, daß er immer noch keine Dolmetscherin hatte und daß er dem, der ihm das eingebrockt hatte, am liebsten den Hals umdrehen würde. Wenn er es wollte, begleitete ich ihn zu den Bauern und half ihm zu regeln, was es zu regeln gab. Daniel kam dann mit, damit wir in der wenigen Zeit, die wir hatten, zusammensein konnten.

Noch jemand hatte meine Nachricht in der Bülowstraße gelesen und stand plötzlich bei uns in Arnau in der Stube – mein lieber Onkel Max mit seiner Frau, Tante Leni. Glücklicherweise kamen sie zu uns an einem Samstag, so daß ich auch in Arnau war. Beide hatten den Krieg körperlich unversehrt überstanden. Sie wohnten zusammen mit Oma in einem der vielen Schrebergärten am Rande der Stadt. Sie ernährten sich und Oma von Brot und Kartoffeln. Die Kartoffeln, es waren Saatkartoffeln, die bereits gepflanzt waren, gruben sie bei Nacht und Nebel aus den Feldern wieder aus. Das Brot bekamen sie von den Russen, täglich einen dicken Brocken. Dafür arbeiteten sie den ganzen Tag draußen auf den Straßen, sie räumten diese von den Trümmern frei.

Wir hatten uns viel zu erzählen, sie hatten auch viel erlebt und es einmal beinahe nicht überlebt. Tante Leni rettete sich eines Nachts vor zwei Russen durch den Sprung in den dunklen, kalten Pregel, und wenn Onkel Max, der das gerade noch mitbekam, nicht ein so guter Schwimmer gewesen wäre, hätten wir sicher jetzt nicht hier zusammengesessen. Wir freuten uns sehr, uns gefunden zu haben, und wollten uns öfter besuchen. Wir gaben ihnen noch eine amerikanische Fleischdose mit, dann verabschiedeten wir uns.

Das Elend in Königsberg nahm kein Ende, es wurde immer schlimmer. Im Sommer traten die ersten Typhusfälle und auch gleich Typhustote auf. Ohne Medizin und ohne Ärzte wurde diese Pest ganz schnell zur Epidemie. Smirnow meinte, wenn es so weitergehe, werde die Stadt in Kürze zugesperrt und zur Quarantänestadt erklärt. Bei uns im Haus wurde zur Vorbeugung Knoblauch verteilt, der sollte die Krankheit abwehren.

Die ausgehungerten Menschen starben wie die Fliegen. Am Rande und außerhalb der Stadt, bei den Schrebergärten, sah man anfänglich einzelne einen Toten im Schubkarren zum Friedhof transportieren. Später legten die Leute ihre Toten, zugedeckt mit Zeitungspapier, an den Straßenrand. Von der russischen Verwaltung wurden Arbeitsgruppen aufgestellt, die täglich die Toten mit Pferdewagen einsammelten und zu einem der Friedhöfe brachten. Dort wurden sie dann in Massengräbern begraben.

Im September erlag auch Oma dieser schlimmen Krankheit. Onkel Max sammelte Bretter und zimmerte einen Sarg. Er und ich schaufelten für Oma ein Grab, direkt neben Lia. Daniel hätte uns gerne geholfen, er konnte aber nicht, er war krank, hatte Fieber, und wir hatten große Angst, er könne auch Typhus bekommen. Onkel Max hatte für die Beerdigung sogar einen Pfarrer aufgetrieben. Dieser Mann hatte in dieser außergewöhnlichen Zeit eine fast feierliche Aussegnung gestaltet.

Der weitere Sommer verlief im gleichen Trott. Daniel wurde Gott sei Dank wieder gesund, und ich pendelte weiterhin oft mehrmals wöchentlich zwischen Arnau und meiner Arbeitsstelle. Wir machten uns immer öfter Gedanken darüber, wie wir wohl den Winter überleben würden, wenn es von den Feldern nichts mehr zu holen gäbe, denn seit Kartoffeln und Gemüse auf den Äckern reiften, bedienten wir uns, wann immer wir glaubten, nicht erwischt zu werden. Wir zerbrachen uns den Kopf, wie wir Königsberg noch vor Einbruch des Winters verlassen könnten. Wir wären gerne in den Westen geflohen, möglichst in die amerikanische Zone, aber zunächst war daran nicht zu denken, denn über Königsberg wurde Quarantäne verhängt.

Eines Tages, Ende Oktober 1945, tauchte bei uns in Arnau Herr Schuster auf. Der Mann, mit dem meine Mutter mal zusammengelebt hatte und den ich gefressen hatte wie zehn Pfund Schmierseife. Er kam aber nicht zu meiner Mutter, mich wollte er sprechen. Zu unser aller Erstaunen erzählte er eine schier unglaubliche Geschichte.

»Ich war im Westen, in der amerikanischen Zone«, begann er, »ihr werdet es nicht glauben, aber im Vergleich mit hier leben die Menschen dort wie im Schlaraffenland. Sie bekommen Geld für ihre Arbeit, und Arbeit gibt es genug. Sie räumen wie ihr hier die Straßen auf, aber im Westen werden sie dafür bezahlt. Sie bekommen auch Lebensmittelkarten, und Lebensmittel gibt es zu kaufen. Es sieht so aus, als hätten wir hier allein den Krieg verloren.«

Nachdem ich mir das angehört hatte, meinte ich: »Das hört sich alles ganz wunderbar an, ich verstehe nur nicht, warum Sie dieses Schlaraffenland wieder verlassen haben? Da stimmt doch etwas nicht, das müssen Sie mal erklären.«

»Das will ich dir gerne erklären«, sagte er. »Hier in Königsberg liegt das Geld auf der Straße, weil es keinen Wert hat. Ich bin zurückgekommen, um einiges einzusammeln. Wenn ich genug habe, möchte ich wieder zurück in den Westen, aber dafür brauche ich Papiere, um über die Grenze zu kommen, und deshalb bin ich hier. An der polnisch-russischen Grenze, in Preußisch Eylau, kontrollieren die Russen die Züge. Du kannst Russisch reden und schreiben, du arbeitest, soweit ich weiß, auf einer Kommandantur, du kommst also an Stempel ran, du könntest also Papiere besorgen. Gemeinsam könnten wir es schaffen, mit dem eingesammelten Geld in den Westen zu kommen. Mein Beitrag zu der Flucht ist die Idee. Außerdem zeige ich euch, wie ihr hier vom Güterbahnhof wegkommt. Du kannst mitnehmen, wen du willst, möglichst aber nicht zu viele Menschen, je mehr, um so schwieriger. Ich bringe drei Personen mit, Herrn und Frau Weißenberg mit einem sechsjährigen Jungen. Du mußt jetzt nicht gleich ja sagen«, beendete er seine Rede, »aber überlegt es euch gut, wenn ihr hier bleibt, verreckt ihr alle im Winter wie die Fliegen an Typhus. Ich komme morgen wieder vorbei, dann können wir alles weiterbesprechen und richtig planen.«

Daß er ein raffinierter, verschlagener Gauner war, hatte ich immer geahnt, nun sah ich mich bestätigt. Bevor er zu uns kam, hatte er bereits alles über mich erforscht. Er wußte, wo ich arbeitete und wohnte. Das war schon erstaunlich, ohne Einwohnermeldeamt, ohne jegliche Registratur.

Für eine kurze Weile hatte er uns sprachlos gemacht. Ich wußte, jetzt hängt wieder mal alles von mir ab, und war sehr aufgewühlt. Daniel sah mich an und sagte: »Was denkst du? Lassen wir uns darauf ein? Es ist eine sehr riskante, gefährliche Sache, anderseits ist hierzubleiben auch nicht gerade ungefährlich.«

Ich sagte: »Seid bitte nicht böse, ich bin so durcheinander, ich muß mal ganz allein sein, ich laufe mal um das Haus herum und sortiere meine Gedanken, sortiert ihr bitte auch die euren. Wenn ich wieder reinkomme, werden wir hoffentlich eine Lösung finden.«

Das war eine zündende Idee. Weg aus diesem Elend, wo täglich an Typhus Verstorbene auf den Straßen lagen. Außerdem war es doch genau das, worüber wir uns schon lange den Kopf zerbrachen – wie kommen wir aus Königsberg raus? Nun hatten wir das Wie direkt ins Haus geliefert bekommen. Ich sah plötzlich alles wie einen Wink des Schicksals an und bekam das Gefühl, es wagen zu müssen. Es war wieder mal eine große, gefährliche Herausforderung. Ich sah die Gefahr und hatte auch Angst. Aber könnte ich damit leben, wenn unsere Situation im Winter noch schlechter würde und ich die Chance gehabt hätte, es vielleicht zu verhindern? Es blieb mir nichts anderes übrig – wenn die anderen mitmachen würden, mußte ich es tun!

Es gibt und gab, dachte ich, in meinem Leben immer wieder Situationen, wo mir gar nichts anderes übrigblieb, als die Flucht nach vorn zu ergreifen, auch wenn es gefährlich war. Nach hinten – ich weiß nicht, ob es auch gutgegangen wäre, ich habe es nie versucht, das ist nicht meine Art, das widerspricht meiner Natur, das hätte ich gar nicht tun können.

Als ich ins Haus zurückging, war ich mir der großen Verantwortung wohl bewußt, aber mein Entschluß stand fest. Wenn Daniel, Frau Klarer und meine Mutter das Risiko mit mir gehen wollten, dann würde ich es machen.

Ich brauchte niemanden zu überreden, das hätte ich auch nicht getan, aber kaum war ich im Zimmer, sagte Daniel: »Wenn du den Mut hast, es zu riskieren, gehen wir mit dir.« Ich hatte schon wirklich eine wunderbare Truppe!

Am nächsten Tag, es war Sonntag, kam um die Mittagszeit Herr Schuster. Kaum hatten wir uns begrüßt, sagte er: »Na, wie ist es, habt ihr nachgedacht, machst du mit?«

Ich antwortete: »Ja, wir machen mit, aber meine Bedingung ist, daß mir niemand ins Handwerk pfuscht. Das bedeutet, bis wir über der Grenze sind, hat nur einer das Sagen, und das bin ich.«

Er meinte: »Das ist in Ordnung, das verspreche ich, da hab ich nichts dagegen.«

Nun begannen wir die Vorbereitungen und den Ablauf der Flucht zu besprechen. Er erzählte uns, wie er es anstellt, an Geld zu kommen. Er durchsuchte halbzerstörte Häuser am Rande der Stadt nach brauchbaren Dingen und verkaufte diese dann auf dem Land bei den Bauern. Die Bauern hätten alle Geld, das sie freizügig hergaben, weil es ja nichts wert war, man es zu nichts gebrauchen konnte. Das Geld müsse man dann gut verstecken, einnähen in Kleider und in Brot einbacken, falls man unterwegs gefilzt werde. Nachdem er uns diese Ratschläge gegeben hatte, wollte er wissen, wie ich mir das »Dokument« vorstelle, was ich hineinschreiben wolle.

Wir hatten uns gemeinsam Gedanken gemacht und auch einen plausiblen Text gefunden, wie ich glaubte. »Das ›Dokument‹«, sagte ich, »soll bestätigen, daß wir – bis jetzt standen die Personen ja noch nicht fest – aus dem Westen sind und während des Krieges nach Ostpreußen zur Landarbeit verschickt waren. Wir hätten in diesem Sommer noch bei der Kommandantur auf dem Feld gearbeitet, und jetzt, da es Winter ist und es keine Feldarbeit mehr gibt, hat uns auf unser Bitten hin der Kommandant Smirnow nach Hause entlassen. Das alles versehen mit Stempel und gefälschter Unterschrift. Sinngemäß, es muß natürlich noch etwas besser formuliert werden.«

Schuster meinte: »Das ist sehr gut, das haut genau hin, genau so mußt du schreiben. Ich werde jede Woche mal vorbeikommen und sehen, wie weit ihr seid. Weihnachten will ich hier wieder weg sein.« Sprach es und verabschiedete sich. Ich war immer froh, wenn der Kerl wieder weg war.

Systematisch, aber auch sehr energisch bereiteten wir unsere Flucht vor. Wir erzählten es niemandem, auch Herrn Pavert nicht. Als erstes war es wichtig zu wissen, wen wir mitnehmen. Vier Personen standen fest, die beiden Mütter, Daniel und ich. Schuster mit seiner Gruppe, zusammen nochmals vier, somit waren wir schon acht.

Daniels Mutter sagte: »Ich würde gerne die Freundin von Wolfgang, Gerda, mit ihrer Mutter, Frau Müller, und meiner Schwester Hanni mitnehmen. Ich glaube fest daran, daß Wolfgang lebt, und irgendwann werden wir uns wiedersehen, deshalb möchte ich, daß er seine Freundin dann auch vorfindet.« Wolfgang war Daniels drei Jahre älterer Bruder und Soldat in Rußland.

Ich meinte: »Gut, dann wären wir jetzt elf. Ich werde mich bemühen, Onkel Max und Tante Leni zu überzeugen, mit uns zu kommen, und werde so bald wie möglich die beiden aufsuchen, spätestens am Wochenende. Endgültig wären wir dann dreizehn, keine schlechte Zahl.«

Weiterhin planten wir, die leerstehenden Hausruinen nach brauchbaren Dingen zu durchsuchen und das Gefundene dann gegen Geld an den Mann zu bringen. Mutter meinte, sie hätte im Haus bei Herrn Pavert eine Nähmaschine gesehen, vielleicht dürfte sie die benutzen und für Russinnen ein bißchen nähen, für Geld natürlich. Das war eine sehr gute Idee. Vor allem weil die Russen anderes Geld hatten. Es waren schmale, längliche Scheine, ähnlich wie Dollarscheine, und es nannte sich »Alliiertes Geld«. Dieses Geld schien einen Wert zu haben. Die deutsche Bevölkerung hatte nur die alte »Deutsche Reichsmark«, die bei uns völlig wertlos war. Im Westen sollte das ja anders sein, dort sollte sie immer noch Zahlungsmittel sein, wie Schuster sagte. Mit dem Glauben, daß er recht hatte, wollten wir so viel wie nur möglich davon ergattern. Auch wollte ich versuchen, in meiner Kommandantur ein paar Kunden für meine Mutter abzuwerben, um auch an möglichst viel »Alliiertes Geld« zu kommen. Die Russinnen hatten oft Stoffe und wußten nicht recht, was man daraus machen kann, die wollte ich dann beraten und sie zu meiner Mutter bringen. Unser Plan sah gar nicht so schlecht aus, es könnte alles ganz gut klappen.

Oft bat ich jetzt meinen Chef Smirnow um freie Zeit. Ich erzählte ihm, daß ich auch ein wenig dem Towarisch Petrow helfen wolle, daß ich es ihm versprochen hatte, als ich hierherkam. Zur Not könnte doch auch mal die Köchin dolmetschen, sie spreche doch schon ganz gut Russisch. Ich wollte auch nur freihaben, wenn ich mit meiner Arbeit fertig war. Meistens war er einverstanden, und ich durfte gehen.

Wenn ich in Arnau war, besuchte ich tatsächlich immer den Towarisch Petrow. Ich half ihm ein, zwei Stunden aus und bekam dafür ein paar Lebensmittel, und oft war auch eine

Fleischdose dabei. Wenn wir die Fleischdose nicht unbedingt brauchten, verscherbelten wir auch diese. Wir versuchten alles, um an Geld zu kommen.

Die meiste freie Zeit, die ich bekam, verbrachte ich aber mit Daniel zusammen auf unseren »Raubzügen« in den Kellern der meist völlig ausgebrannten Häuser. In den Häusern roch es immer noch stark nach Rauch. In einem Haus lag im Hausflur eine männliche Leiche. Wir stiegen vorsichtig darüber, um den Toten nicht zu berühren, und wunderten uns, wie wenig uns ein Toter noch bewegte. Wir hatten so viele tote Soldaten und auch Zivilisten auf unserem Weg nach Allenstein und sogar immer noch Wochen später auf dem Weg zurück nach Königsberg gesehen, daß ein einzelner Toter uns nicht mehr berührte, wir waren ziemlich abgebrüht geworden.

Wir fanden erstaunlich viele brauchbare Sachen. Decken, Schuhe, Kleider, Koffer und Handtaschen. Die Koffer waren sehr geschickt, damit hatten wir gleich etwas zum Verstauen der Beute. Auch später, wenn wir das Zeug wieder loswerden wollten, waren die Koffer sehr nützlich. Das Glück schien mit uns zu sein.

Inzwischen hatte ich auch eine junge Soldatin zu Mutter gebracht. Mutter hatte ihr einen Rock geschneidert. Die Russin war begeistert und meinte, sie werde bald mit einer Freundin wiederkommen. Bezahlt hat sie mit »Alliiertem Geld«. Mutter war doch immer wieder mit ihrer Nähkunst ein Helfer in der Not.

Erfolgreich war auch unser Handel bei den Bauern. Immer wurden wir alle Sachen los, und fast immer wurden wir gefragt, was wir mit dem Geld vorhätten, ob wir nicht wüßten, daß es nichts wert sei, daß man gar nichts damit anfangen könne. Wir hatten verschiedene Ausreden parat, mal hatten wir die Sachen übrig und wohnten so begrenzt, daß wir nicht wußten, wie wir alles unterbringen sollten, mal sammelten wir einfach Geld, in der Hoffnung, daß es vielleicht doch noch einmal etwas wert sein würde. Bei letzterem wurden wir dann immer etwas müde belächelt.

Weniger erfolgreich war ich bei Onkel Max. All meine Überredungskunst, auch zum Teil Schönfärberei, konnte ihn nicht überzeugen. Ich hatte mir wirklich Mühe gegeben und wollte es lange nicht glauben, gerade hier zu versagen. Es lag mir doch so viel an ihm, seit meiner frühsten Kindheit liebte ich ihn. Als er aber sagte: »Kannst du garantieren, daß wir durchkommen?«, da mußte ich passen. Für dieses »Unterfangen« brauchte man Mut, und das Risiko trug jeder für sich selbst. Eine Garantie gab es nicht.

Ich blieb noch eine Weile da, wir redeten aber nicht mehr über die Flucht. Als ich mich verabschiedete, wußte ich, daß es ein Abschied für immer war. Und so wurde es auch, wir haben uns nie wieder gesehen und auch nie mehr voneinander gehört.

Inzwischen hatten wir einen ganz schönen Haufen Geld angesammelt, nun machten wir uns daran, das Geld fluchtgerecht zu verstauen. Bei unseren »Raubzügen« fanden wir auch eine HJ-Mütze. Die war wunderbar dazu geeignet, Geld zu verstecken. Die Mütze hatte einen circa fünf Zentimeter breiten Rand, den trennten wir auf, nahmen die Versteifung heraus und ersetzten sie mit Geldscheinen. In gleicher Weise füllten wir Stoffgürtel und auch den Bund an Röcken und Hosen. Selbst aus Hüfthaltern zogen wir die Stäbe heraus und füllten die entstandenen Hohlräume mit zusammengerollten Geldscheinen wieder aus.

Obwohl wir schon ziemlich viel Geld erbeutet hatten, gingen wir, immer wenn wir Zeit hatten, weiter auf die Suche nach

Brauchbarem. Wir konnten anscheinend nicht genug bekommen, wir wurden richtig gierig, aber auch das Verkaufen der Sachen, der Handel, machte uns Spaß.

Es lief alles zeitgerecht nach Plan, bis Weihnachten wollten wir weg sein, und inzwischen war es Ende November.

Nun fehlten nur noch die »Dokumente«, unsere »Ausreisepapiere«, und das war ganz allein meine Aufgabe. Ich beschloß, mehrere Papiere mit gleichem Text zu schreiben. Es kam nämlich oft vor, daß ein Russe auf der Straße einen Ausweis verlangte, und hatte er ihn dann eingesehen, zerriß er das Papier und meinte, es sei nichts wert, er selbst sei der Kommandant. Das war reine Schikane, aber so war man schnell den Ausweis los und mußte diesen dann erneut bei der zuständigen Stelle besorgen. Die Russen auf den Meldeämtern waren nicht gerade erfreut, wenn man mit diesem Anliegen bei ihnen ankam, und es brauchte lange Erklärungen, bis man endlich einen neuen Ausweis hatte. Aus dieser Erfahrung heraus beschloß ich, mehrere Dokumente zu schreiben, auch die Anzahl der Personen wollte ich offenlassen. Ich wollte für alle Eventualitäten gewappnet sein, man konnte ja nie wissen, was alles passiert.

Worüber wir bis jetzt noch gar nicht gesprochen hatten, war, wo wollten wir eigentlich hin? Aus welcher Gegend wurden wir – laut Dokumententext – während des Krieges nach Ostpreußen zur Arbeit verschickt, wohin demnach würde uns – laut Text – der Kommandant entlassen? Was war also unser Ziel?

Ich empfand mich als Leiter und auch an erster Stelle verantwortlich für dieses Unternehmen und somit auch berechtigt, das Ziel zu bestimmen. Und über mein Ziel brauchte ich nicht lange nachzudenken. Ich wollte nach Frankfurt am Main. Frankfurt war die letzte mir bekannte Adresse meiner beiden

Halbbrüder, und ich glaubte, daß Frankfurt somit der günstigste Platz wäre, meine Suche nach ihnen zu starten. Ich wollte ihnen von ihrem Vater erzählen. Das empfand ich auch, falls ich überleben sollte, als meine Pflicht, sowohl meinem Vater wie auch seinen Söhnen gegenüber.

Ich schrieb unsere »Ausreisepapiere« mit der Hand, mit Tinte, in dem Büro von Towarisch Petrow. Hier fühlte ich mich ungestörter und deshalb beim Schreiben sicherer als auf meiner Arbeitsstelle. Außerdem sah ich es als etwas weniger gefährlich an, falls es schiefgehen sollte, in diesem Büro gefälscht zu haben als auf der Kommandantur. Beide Büros besaßen keine Schreibmaschine, und so machte es ohnehin keinen Unterschied. Heute käme man mit einem solchen Papier kaum um die nächste Ecke, aber damals war, wenn man Glück hatte, und auf Glück hoffte ich, fast alles möglich. Mein Text lautete folgendermaßen:

»Die hier sich ausweisenden (Anzahl und viel Platz für Namen) Personen haben auf meiner Kommandantur Feldarbeit geleistet und werden zum Ende der Erntezeit in ihre Heimat nach Frankfurt am Main entlassen. Sie stammen alle aus der Frankfurter Gegend und waren von den Deutschen zur Landarbeit nach Ostpreußen verschickt worden.« Es folgten Stempel und Unterschrift. Gezeichnet hatte ich mit »Smirnow«, und davon schrieb ich fünf Exemplare.

Es war nun alles erledigt, Brot für unterwegs gebacken, Gelder gesammelt und verstaut, Dokumente geschrieben. Das große Abenteuer konnte beginnen.

Flucht aus Ostpreußen

W ir verabredeten uns mit Herrn Schuster am 22. Dezember morgens bei Tagesanbruch auf dem Güterbahnhof. Am Tag vor unserem Aufbruch trafen die anderen bei uns ein. Frau Müller mit Tochter Gerda und Tante Hanni. Somit waren wir sieben Personen. Meine Mutter, Frau Klarer, Daniel und ich hatten jeder einen Rucksack, in dem wir das gebackene Brot, Flaschen mit Wasser und etwas Wäsche zum Wechseln verstauten. Von den Kleidern zogen wir mal wieder alles an, was auf uns paßte, denn es war sehr kalt. Für Herrn Pavert hinterließen wir einen kleinen Brief, in dem wir uns für die Unterkunft bedankten und ihm mitteilten, daß wir zu flüchten versuchten. Falls es uns nicht gelänge, hofften wir, wiederkommen zu dürfen.

In dunkler Nacht, es war vielleicht 2 Uhr, machten wir uns auf den Weg. Der Weg war weit, mindestens fünfzehn Kilometer, und es war eisig kalt. Bei Tagesanbruch erreichten wir dann den Bahnhof. Herr Schuster war mit der Familie Weißenberg auch schon da.

Nachdem wir uns begrüßt und bekannt gemacht hatten, sagte ich zu Herrn Schuster: »Und wie geht es jetzt weiter?«

Schuster meinte: »Zuerst müssen wir uns ein bißchen verteilen, wir dürfen keine große Gruppe sein, da fallen wir zu sehr auf. Dann müssen wir warten, bis ein Zug einläuft, der Richtung Westen fährt, auf den müssen wir dann aufspringen.«

Wie das geschehen sollte, war mir ein Rätsel, wie meine Mutter oder die anderen Frauen auf einen fahrenden Zug aufspringen sollten, das konnte ich mir beim besten Willen nicht vorstellen, aber was soll's, jetzt waren wir hier, jetzt mußten wir es wagen.

Wie Herr Schuster es wollte, teilten wir uns auf. Daniel und ich blieben zusammen und in unserer Nähe unsere Mütter. Wir schlenderten über den verschneiten Bahnhof. Überall standen Güterwagen herum, aber kein einziger Zug, der sich bewegte. Wir froren mächtig. Um nicht zu erfrieren, schlugen wir die Arme aneinander und machten wiederholt kleine Spurts. An einem der Waggons stand die Schiebetür etwas auf, durch die krochen wir rein. Im Waggon lagen viele Panzerketten, wir blieben trotzdem drin, denn hier waren wir wenigstens vor dem eisigen Wind etwas geschützt.

Daniel und ich gingen immer wieder raus, um zu sehen, ob vielleicht doch ein Zug zu sehen oder zu hören war, aber weit und breit nur frostige Stille, und so blieb es den ganzen Tag über. Wir verloren langsam die Hoffnung, aber Herr Schuster meinte: »Ihr müßt schon Geduld haben, manchmal fahren mehr Züge und manchmal weniger, heute ein bißchen weniger.« Der Mensch nervte mich!

An diesem Tag kam kein einziger Zug, und wir verbrachten dicht aneinandergekauert die Nacht in dem Waggon mit den Panzerketten. Der kleine Junge von den Weißenbergs, sechs Jahre alt, war bewundernswert, er jammerte und weinte nie, man spürte nicht, daß ein Kind bei uns war.

Am nächsten Tag geschah ein Wunder, das Glück, das mich so oft begleitete, schien wieder dazusein.

Daniel und ich verließen als erste bei Tagesanbruch unser Nachtquartier und trauten unseren Augen kaum. Auf den

Gleisen stand ein sehr langer Güterzug, der war gestern noch nicht dagewesen. Wir hatten wohl doch fest in dieser eisigen Unterkunft geschlafen, niemand hatte den Zug gehört. Wir schritten die Waggons ab und lauschten nach menschlichen oder tierischen Lauten, und dann hörten wir beides. Es waren polnische Worte, die ich hörte, die Insassen mußten Polen sein. Wir gingen den Zug entlang, immer wieder hörten wir vereinzelt polnische Laute. Bis auf den ersten, oder war es der letzte Wagen, das konnten wir nicht erkennen, dort klangen die Stimmen etwas anders, wir blieben stehen, lauschten, und dann wußten wir es, in diesem Wagen wurde deutsch gesprochen. Wir klopften mit den Fäusten gegen die Tür, daraufhin wurde es drinnen ganz still. Es war klar, die »Bewohner« wollten nicht entdeckt werden und auch niemanden reinlassen. Wir ließen nicht locker, wir klopften stärker gegen die Tür, und ich rief: »Wir wissen, daß Deutsche in diesem Wagen sind, wir haben es gehört, wir wollen Ihnen auch nicht schaden. Wir sind auch eine kleine Gruppe, und wir wollen auch nichts anderes als nur weg von hier. Wenn Sie aufmachen, wird es bestimmt nicht Ihr Schaden sein. Ich spreche fließend Polnisch und auch Russisch, und das war schon immer von Nutzen.«

Kurze Zeit blieb es noch still, dann ging die Tür auf, und wir durften in den Waggon. Drinnen war es warm. In der Mitte des Wagens stand eine große Blechtonne, in der Kohle glühte. Sechs Männer waren die Insassen, sie waren alle schwarz wie die Schornsteinfeger, kein Wunder, die Tonne hatte kein Abzugsrohr.

Daniel sagte: »Ihr wollt wohl lieber im warmen Mief ersticken als im kalten Frost erfrieren.«

»Da magst du recht haben, falls wir euch aufnehmen sollten, wirst du das auch noch zu schätzen lernen«, antwortete einer der Männer und fragte dann gleich:»Wer seid ihr, wie viele seid ihr, wo kommt ihr her, und wo wollt ihr hin?«

»Willst du oder soll ich«, fragte ich Daniel, und er sagte:»Mach du.«

»Wir sind elf Königsberger«, beantwortete ich die Fragen,»und wollen in den Westen. Ich spreche und schreibe Polnisch und Russisch. Ich habe für uns Entlassungsdokumente von einer Kommandantur, auf der ich als Dolmetscherin gearbeitet habe. Die habe ich natürlich selbst geschrieben. Ich habe uns sozusagen selbst entlassen. Ich habe auch noch, was die Personenzahl betrifft, Blankoformulare und kann die Zahl erweitern. Soweit zu uns, und wer seid ihr? Wo kommt ihr her, und wieso seid ihr frei?«

»Uns ist es gelungen, der Gefangenschaft zu entkommen«, erklärte einer,»Teile der Uniform konnten wir auswechseln, einiges haben wir noch an, wir wollen nach Hause zu unseren Familien in den Westen. Ich denke, wir sind uns einig, ihr dürft zu uns in den Wagen, und es wäre schön, wenn du uns auch in dein Wunder-Dokument schreiben könntest.«

Ich sagte:»Das werde ich machen, aber jetzt holen wir erst mal unsere Leute.«

Unsere Leute wollten die gute Nachricht zunächst gar nicht glauben, aber dann kamen sie doch zögernd mit. Nun waren wir zusammen siebzehn Personen, aber so ein Güterwaggon ist groß, jeder fand bequem, auf dem Boden sitzend, an der Wand entlang Platz. Die Männer hatten untereinander ausgemacht, im Wechsel Heizmaterial zu besorgen, dazu verließ immer einer den Waggon und kam mit etwas Kohle, Briketts oder auch Holz zurück. Diese Ausflüge waren nicht ungefährlich, für uns alle nicht.

Ich verbrannte mein erstes Dokument und schrieb in das

neue siebzehn Personen und die neuen Namen rein. Das Ganze war eine riskante Geschichte, aber wer nicht wagt, der hat noch nicht mal die Chance zu gewinnen. Es gibt jetzt auch kein Zurück mehr, dachte ich, wenn man weiterkommen will, muß man nach vorne und nicht zurück laufen, es wird schon gutgehen. Bis jetzt hat mich das Glück immer begleitet.

Wir verbrachten noch eine Nacht auf dem Bahnhof. Wir mußten aber nicht mehr frieren wie in der ersten Nacht, es war schön warm. Wir mußten nur aufpassen, daß wir nicht erstikken, weil der ganze Rauch und Ruß im Wagen blieb. Damit das nicht passierte, blieb die Schiebetür immer ein wenig offen.

Einer der Männer hatte eine Uhr. Es war 9 Uhr am nächsten Morgen, als es draußen unruhig zu werden begann. Wir horchten auf und spähten vorsichtig durch den Türspalt. Zwei russische Soldaten standen auf dem Bahnsteig, redeten miteinander, und dann gab es plötzlich einen starken Ruck, der Zug bewegte sich etwas nach hinten.

»Jetzt haben die die Lok angehängt«, sagte einer der Männer, »wir sind jetzt der erste Wagen direkt hinter der Lok, wir hätten genausogut der letzte sein können, aber das wird für unseren Plan egal sein, Hauptsache, es passiert was, aber nicht zu schnell, Paul ist noch draußen, er sammelt Kohle.«

Der Betrieb draußen wurde lauter, und mir wurde klar, daß es jetzt an der Zeit war, die Dinge in die Hand zu nehmen und alle eventuellen Mitwirkungen auszuschalten. Immer wenn es ernst wurde, glaubte ich, daß ich allein es am besten regeln kann. In ernsten Situationen, von denen ich auch betroffen war, konnte und wollte ich mich nur auf mich selbst verlassen.

Ich sagte leise, so daß man mich gerade noch verstehen konnte: »Hört mal alle her, auch wenn es euch nicht so recht gefällt, weil ich ein Mädchen und auch noch ziemlich jung bin, ich möchte, daß ihr mir alle ab sofort, bis wir über der Grenze sind, die Maßnahmen und das Kommando überlaßt. Ihr könnt mir vertrauen, ich habe einige Erfahrung. Außerdem, wenn es schiefgeht, bin ich die erste, die dran ist. Ich habe die Dokumente geschrieben, ich werde als erste zur Verantwortung gezogen. Deshalb will ich es auch selbst in die Hand nehmen und dafür sorgen, daß es nicht schiefgeht. Mit Gottes Hilfe wird es gutgehen, darum werde ich mich bemühen. Ihr müßt euch auf meine Intuition verlassen. So, und jetzt sage ich euch, was ich vorhabe. Ihr solltet euch alle ganz ruhig verhalten, während ich mich in den Türspalt stelle und versuchen werde, jeden abzuhalten, der eventuell hier in diesen Wagen reinwill. Kneift uns halt die Daumen.«

Einer der Männer sagte: »Mach, Fräulein, uns bleibt ja nichts anderes übrig, als zu tun, was du willst, wir haben keine bessere Idee, und die deine hört sich ja nicht schlecht an, und wenn es klappt, lassen wir dich hochleben!«

Die Lok wurde startklar gemacht, ein paarmal pfiff sie laut. Paul war immer noch nicht zurück. Er wollte wohl nicht gesehen werden, denn draußen war inzwischen reger Betrieb. Und dann passierte das, was ich vermutet hatte.

Wie meistens auf den Bahnhöfen kommen immer noch verspätete Passagiere, und so war es auch auf diesem Güterbahnhof. Nacheinander kamen russische Offiziere, mit einem Seesack über der Schulter, und wollten mit dem Zug mit. Sie gingen schnell, sie liefen fast den Zug entlang, auf der Suche nach einem Platz. Zweimal wollte einer zu uns in den Wagen und fragte, ob hier noch Platz sei? Ich stand im Türspalt und sagte: »Nein, leider nicht, dies ist ein Viehwagen und ungeheizt, aber weiter hinten, da gibt es noch viel Platz, sogar beheizte Waggons.«

Die Offiziere glaubten mir und ließen sich abwimmeln, keiner bestand darauf, in den Wagen zu schauen, sie liefen weiter den Zug entlang, auf der Suche nach einem geeigneten Platz.

Als sich der Zug nach einer Weile in Bewegung setzte, atmete ich tief durch. Alle, besonders die Männer, waren außer sich vor Freude, jedem fiel ein Stein vom Herzen. Paul hatte es leider nicht geschafft, wir fuhren ohne ihn.

Die fünf Männer klatschten mir Beifall, einer sagte: »Das hast du einmalig, phantastisch gemacht«, und lachend meinte er: »Du kannst unser Befehlshaber bleiben.«

Daniel umarmte und küßte mich und rief: »Jetzt kennen alle mein Teufelsweib, bravo, Ruth!«

Ich war auch zufrieden, aber richtig freuen konnte ich mich noch nicht, denn vor uns lag noch die Grenze in Preußisch Eylau. Wenn wir die passiert hätten, dann würde ich das Gefühl haben, eine große, mutige Sache gewagt zu haben, dann würde ich stolz sein.

In knapp drei Stunden war es soweit, der Zug hielt in Preußisch Eylau. Meine Spannung stieg ins Unermeßliche. Ich machte wieder einen Spalt die Tür auf und beobachtete, was da draußen wohl geschehen würde. Ein russischer Offizier, begleitet von zwei Soldaten mit Akten unter den Armen, betrat den Bahndamm. Aus dem Zug stieg ein junger, sehr gut aussehender Pole aus und schritt den Russen entgegen. Er hatte auch Papiere in der Hand. Schräg vor unserem Waggon trafen sich die Männer, und ich konnte ihr Gespräch gut hören.

Zu den Polen gewandt, sagte der Offizier: »Sind Sie der Führer dieses Zuges?«

»Ja«, sagte der Pole, »hier sind meine Ausweise und auch die meiner Leute. Wir sind Polen aus dem früheren Ostpolen und werden in die früheren deutschen Ostgebiete umgesiedelt. Wir haben Mobiliar, Hausrat und auch unser Vieh dabei. Auch das weisen meine Papiere aus. Der Zug hat zwanzig Waggons, neunzehn gehören mir. Die Menschen in dem ersten Waggon kenne ich nicht.«

Jetzt war es wohl an der Zeit für mich, der Sache entgegenzugehen. Ich erklärte den anderen, was draußen gesprochen wurde und daß ich jetzt unseren Waggon erklären mußte. Ich bat sie, einfach ruhig abzuwarten, wir würden sehen, wie sich die Dinge weiterentwickelten.

Ich nahm mein zum dritten Mal geändertes »Dokument«, denn ohne Paul waren wir nicht mehr siebzehn, sondern sechzehn Personen und verließ mit klopfendem Herzen den Waggon.

Ich begrüßte die Soldaten und sagte zu dem Offizier: »Ich möchte den ersten Waggon erklären, wir sind fünfzehn Erwachsene und ein Kind. Wir haben das Jahr über in der Landwirtschaft gearbeitet und sind auf unser Bitten hin, da es jetzt keine Arbeit auf den Feldern mehr gibt, von unserer Kommandantur nach Hause entlassen worden. Wir stammen alle aus dem Westen und waren schon von den Deutschen während des Krieges zur Feldarbeit nach Ostpreußen verschickt worden. Hier habe ich für unsere Entlassung von der Kommandantur eine Bestätigung.«

Der Offizier nahm das Papier und las, dann sagte er: »Wenn ich den Zug inspiziert habe, werde ich mich mit der Kommandantur telefonisch in Verbindung setzen. Wenn das Papier echt ist, könnt ihr weiterfahren.«

Ich dolmetschte den anderen unsere Situation, und es wurde ziemlich unruhig, alle redeten durcheinander, jeder wußte was anderes, es war fast panisch. Es war und ist meine Stärke, daß ich in ernsten Situationen ganz ruhig bleibe. Ich werde nur panisch, wenn eine Spinne oder ein anderes Insekt auf mir kriecht.

Ich wartete, bis es etwas ruhiger wurde, und sagte dann: »Jetzt behaltet doch erst mal bitte die Nerven, noch ist alles drin. Überlegt doch mal, mit wem will er denn telefonieren? Auf dem Papier steht keine Telefonnummer, und ich werde mich mit Sicherheit an keine erinnern können. Also, abwarten, wir werden sehen, was passiert, es bleibt uns doch auch gar nichts anderes übrig.«

Mit der Zeit wurde es ruhiger, sie schienen zu begreifen, daß Lamentieren uns auch nicht weiterbrachte, und dann sagte plötzlich Herr Schuster: »Ja, wenn es hart auf hart geht, müssen wir sagen, daß du die Papiere geschrieben hast.«

»Bevor du das ausgesprochen hast, habe ich dir mein Messer in den Ranzen gerammt, darauf kannst du dich verlassen, und ich spaße nicht«, sagte Frau Klarer.

Wir hielten es im Wagen kaum aus, die Spannung war doch zu groß, wir wechselten immer zwischen draußen und drinnen. Es war eine seelische Folter. Der Zug war lang und die Inspektion wohl ziemlich gründlich. Doch dann endlich, nach circa zwei Stunden, sah man die Russen hinten am Ende des Zuges auftauchen. Als sie näher kamen, erkannte ich, daß sie ziemlich heiter waren, sie schienen etwas angetrunken zu sein. Um sie bei Laune zu halten und damit sie die Inspektion nicht gar so streng nahmen, hatten die Polen sie wohl in jedem Waggon mit Wodka begrüßt. Später erfuhr ich von den Polen, daß es tatsächlich so war. Und das war unser riesenhaftes Glück!

Als der Offizier unsere Gruppe erreicht hatte, wir standen alle draußen, sagte er: »Und was ist mit euch los?«

Ich sagte: »Nichts, wir warten nur, bis es weitergeht.«

Darauf meinte er: »Ja, dann rein mit euch, es geht sofort weiter.«

Ich sagte zu den Meinen: »Los, ganz schnell einsteigen. Dawei! Dawei!« Das »dawei« verstand inzwischen jeder.

Kaum waren wir eingestiegen, fuhr der Zug los. Jetzt glaubte ich endgültig, auf dem Weg in die Freiheit zu sein, das Ende meiner langen Flucht. Vier Jahre hatte sie gedauert. Nun wollte ich das Gefühl des Sieges, des Stolzes in mir spüren und es genießen. Dafür bekam ich aber keine Zeit, die anderen wollten mich feiern.

Vier Männer packten mich an der Schulter und an den Beinen und warfen mich mehrmals in die Luft, so wie man das oft bei Sportlern sieht. Ich hatte Angst, in die Tonne zu fallen. Als sie mich endlich losließen, ergriff einer der Männer feierlich das Wort: »Ich habe gesagt, daß wir dich, wenn es gutgeht, hochleben lassen. Es ist gutgegangen, es ist phantastisch gut gegangen. Ich spreche für uns fünf Landser, wenn ich sage, du hast uns mit Sicherheit das Leben gerettet. Du bist wahrhaft ein Teufelsweib, wie dein Freund das sagt. Wir werden dich nie vergessen!« Dann klatschten alle lange Applaus.

Ich stand da, und die Tränen liefen über mein Gesicht. Ich war nicht der stolze Sieger, wie ich mir das wünschte, ich war eine Heulsuse – und das ärgerte mich fürchterlich!

Meine Aufgabe war nun zu Ende, und ich fühlte mich erleichtert, so ganz ohne Pflichten zu sein. Die überflüssigen Dokumente flogen in die Tonne und verbrannten, ich konnte endlich auch nur ein Mensch auf dem Weg zu neuen Ufern sein, wie alle anderen in diesem Zug. Aber dann gab es doch noch etwas für mich zu tun. Das war zwar ganz harmlos, fast zum Schmunzeln, aber doch wichtig.

Der Zug schlenderte langsam durch die Gegend und hielt

bereits nach etwa einer Stunde, um die ersten polnischen Aus-
siedler aussteigen zu lassen. Wir benutzten diese Aufenthalte,
um hinter dem Zug einen versteckten Winkel als Toilette zu
nutzen, und hofften dabei immer, den Zug nicht zu verpassen.
Die Unterbrechung der Fahrt dauerte aber doch immer eine
ziemliche Weile, denn das Inventar mußte ja ausgeladen werden, und oft wurde ein ganzer Waggon abgekoppelt. Die Polen
waren also schon sehr organisiert eingestiegen.

Während ich das Geschehen beobachtete, fiel mir auf, daß
in dem vergitterten Kästchen, das sich an jedem Wagen befand,
ein Zettel hing mit der jeweiligen Zielangabe. Nur bei uns
nicht. Das mußte ich doch noch ändern, und so schrieb ich auf
ein Stück Papier unseren Zielort, und der hieß Berlin. Berlin
war auch an zwei weiteren Waggons angegeben. Ab jetzt wurden auch wir an- und umgekoppelt. Das war nun endgültig
meine letzte Tat, und die kam mir vor wie eine »Köpenickiade«.

Der Zug fuhr Richtung Stettin und hielt sehr oft, um Waggons abzukoppeln und umzurangieren, und wurde immer kürzer. Auch unsere Landser wurden immer weniger. Wenn es für
sie geschickt war, ihr Ziel zu erreichen, stiegen sie aus. Ich
wurde dann immer noch einmal zum Abschied mit viel Dank
und der Versicherung, mich nie zu vergessen, in den Arm ge-
nommen. Der Abschied war für alle etwas wehmütig.

In Stettin waren wir Königsberger wieder allein, ganz unter
uns. Stettin war nun zum zweiten Mal eine Station auf meiner
langen Flucht.

In Berlin verließen wir endgültig den Zug. Wir trennten uns
auch ohne Trauer von Herrn Schuster. Wir suchten eine An-
laufstelle für Flüchtlinge auf und bekamen eine Unterkunft in
einem großen Schlafsaal, auch, soviel wir wollten, zu essen, zu
trinken, und das wichtigste, eine Möglichkeit zum Waschen.

Das wurde auch allerhöchste Zeit, ich konnte mich schon selbst nicht mehr riechen.

Ich drängte darauf, gleich am nächsten Tag nach Frankfurt am Main zu fahren. Ich hatte das Unterwegssein satt.

In Frankfurt suchten wir wieder eine Sammelstelle für Flüchtlinge auf. Die wollten uns unsere Geschichte nicht glauben. Die hielten es für unmöglich, daß sieben Zivilisten sich allein von Königsberg bis Frankfurt in dieser Zeit »durchschlagen«, wie sie es nannten.

Mich kümmerte die ganze Geschichte überhaupt nicht mehr, mir war es völlig egal, was die da redeten, das ging mir alles in ein Ohr rein und zum anderen wieder raus, ohne mein Gehirn zu berühren. Ich hatte genug getan, jetzt überließ ich alles Frau Klarer und Daniel.

Ich glaubte, Daniel würde gleich der Kragen platzen, als er mit weniger freundlichen Worten den zuständigen Damen erklärte:»Sie scheinen keine Ahnung von Krieg und Flucht zu haben, aber gut, wenn Sie uns keine Bleibe geben wollen, dann bleiben wir eben hier in Ihrem Büro, Sie glauben gar nicht, wie schnell wir es uns bequem machen können.«

Schließlich gaben die Damen auf und gaben uns eine Einweisung in den Wittelsbacher Bunker. Das war ein Hochbunker in der Stadt, ein Sammelhaus für Flüchtlinge. Innen gab es Zellen mit Stockwerkbetten und gar keine Fenster, es brannte ständig elektrisches Licht. Nachts waren Männer und Frauen getrennt, und jede Nacht kamen Polizisten und inspizierten die Zellen.

Daniels Geburtstag am 8. Januar 1946 feierten wir in diesem Bunker. Er wurde siebzehn Jahre alt, und ich liebte diesen schönen, mutigen jungen Mann mit meiner ganzen Seele und Leidenschaft.

Zwei Tage nach Daniels Geburtstag kam eine zuständige Person in unsere Zelle und sagte, wenn wir evangelisch sind, sollten wir uns unten im Bunker einfinden. Alle, die ich mitgenommen hatte, waren evangelisch, also beschloß ich, es auch zu sein. Wir und viele andere wurden mit einem Lastwagen nach Oberems im Taunus gefahren. Oberems war ein kleiner, rein evangelischer, etwas hügeliger Ort. Dort verbrachte ich ganz ohne Verfolgung einige Jahre …

Ich habe meinen Halbbruder gefunden. Er lebt in Chicago, ist verheiratet und hat zwei Söhne und eine Tochter. Er war Philosophieprofessor an der Universität in Chicago und reformierter Rabbiner an einer Synagoge. Sein Bruder Berthold ist beim Widerstand in Holland ums Leben gekommen – wie er erzählte.

Daniel und ich, wir haben nicht geheiratet.

Nachwort

Die Neuauflage meines Buches macht es möglich, ein neues Nachwort zu schreiben.

Eines Tages wurde mir bewusst, dass es meine Aufgabe und Pflicht ist, als einzig Überlebende des letzten Massakers in Mikuliczyn Zeugnis abzulegen, den Ermordeten eine Stimme zu geben.

Den Anfang machte ich in Jerusalem, in Yad Vashem. Ich meldete den Holocaust von Mikuliczyn. Er war bis dahin dort nicht bekannt, mein Bericht war der erste. Das Gleiche war es auch bei der Meldestelle für die »Nazi-Verbrechen« in Ludwigsburg.

In Berlin, im Informationszentrum des Denkmals »Für die ermordeten Juden Europas« gab es vor mir auch keine Meldung. Dort habe ich ein zweistündiges Videointerview gemacht. Dabei habe ich alle mir bekannten Namen der Ermordeten genannt .Ich bin auch zum Zeitzeugen-Gespräch gebeten worden. Im »Raum der Namen« kann man, in einer Dauerschleife, nun auch den Namen meines Vaters »Aron Rosenstock« hören.

Nachdem 2010 mein Buch in den Buchläden war, bin ich öfters zu Lesungen und Zeitzeugen-Gesprächen gebeten worden, letzteres mache ich an Schulen und bei Veranstaltungen, wann immer ich gebeten werde, auch heute noch.

Die erste Einladung zu einer Lesung kam von der »Christlich jüdischen Gesellschaft« in Stuttgart. Ich ging zu der Lesung mit einem festen Plan. Ich wollte jemanden finden, der fließend Ukrainisch und Russisch spricht und bereit ist, mit mir nach Mikuliczyn zu fahren, um das Massengrab zu finden. Mein Russisch schien mir nach der langen Zeit nicht mehr gut genug.

Nach der Lesung sprach ich ein älteres Paar an. Ich erklärte ihnen mein Anliegen, sagte, dass ich natürlich für alle Kosten aufkomme, vom Flug bis zum Glas Wasser. Das Ehepaar überlegte kurz, dann sagte er: »Ja, das machen wir gerne.«

Es war ein jüdisches Ehepaar, sie hießen Händler, er kam aus Odessa, sie aus Lemberg. Sie wohnten seit 10 Jahren in Stuttgart. Wir besprachen gleich die Handhabung. Er wollte den Flug und das Hotel in Mikuliczyn buchen und der Termin sollte Mitte August sein.

Ein paar Tage später rief mich Herr Händler an, er hatte einen wunderbaren Vorschlag. Er sagte, sie hätten sehr gute Freunde in Lemberg, diese wären bereit, falls ich einverstanden sei, mit ihrem eigenen Auto uns drei vom Flughafen in Lemberg abzuholen und uns am folgenden Tag mit ihrem Auto nach Mikuliczyn zu fahren, dann hätten wir dort ständig ein Auto zur Verfügung. Ich war begeistert und konnte mein Glück kaum glauben!

Am Montag, dem 16. August, flogen wir mit Lufthansa nach Lemberg. Das Ehepaar Rudowski erwartete uns. Ein sehr freundliches christliches Ehepaar. Er, ein sehr schlanker Mann, die ganze Kriegszeit Soldat gewesen, einer, dem man ansah, mit ihm konnte man Pferde stehlen. Ich mag solche Menschen, in Gedanken nannte ich ihn »Haudegen«. Eine Nacht übernachteten wir in Lemberg und am folgenden Tag fuhren wir fünf in einem kleinen Golf, ich saß hinten zwischen den beiden Damen, Richtung Mikuliczyn. Die Straßen waren besser als erwartet und auf die Asphaltlöcher nahm Haudegen keine Rücksicht, da gab er einfach mehr Gas, manchmal glaubte ich, wir heben zum Flug ab.

Nach drei Stunden waren wir in Mikuliczyn, für mich nach 67 Jahren ein unglaubliches Gefühl. Von dem Flair, den der Ort mal hatte, war nichts mehr, aber auch rein gar nichts mehr zu sehen. Das Hotel, ein neues Gebäude, wir waren die ersten Gäste. Nach dem Einchecken sprach ich, mit Hilfe von Herrn Händler, den Hotelchef an und sagte, ich sei hier, um das Massengrab zu besuchen. Er meinte, so was gäbe es hier nicht. Es ging ein paar Mal hin und her, er sagte immer wieder: »Das gibt es in Mikuliczyn nicht!«, und ich sagte sehr bestimmt: »Doch, das gibt es, ich bin dabei gewesen!«

Endlich gab er nach, er verband mich telefonisch mit einer Lehrerin und meinte, die wisse vielleicht etwas. Die Lehrerin, sie heißt Olga und ist meine Verbindung mit Mikuliczyn bis heute, wollte um 17 Uhr im Hotel sein.

Nun hatten wir vier Stunden Zeit, und ich wollte die Plätze meiner Kindheit sehen. Unsere Straße, den Prut, das Sanatorium, für das ich als Kind so viel Holz gesägt und gehackt hatte, den jüdischen Friedhof. Unsere Straße gibt es nicht mehr, die Juden sind alle ermordet, und die Menschen, die danach dort gesiedelt hatten, haben nach weiteren Überschwemmungen die Straße verlassen. Jetzt wachsen dort Bäume, mit sehr viel Unterholz. Das Sanatorium gibt es auch nicht mehr, das ist abgebrannt. Der jüdische Friedhof war total zugewachsen. Haudegen holte aus seinem Auto eine Art Säbel und säbelte ein paar wunderschöne, hebräisch beschriftete, große Grabsteine frei. Die Steine verrieten, dass hier mal wohlhabende Menschen gelebt haben.

Am nächsten Morgen war Olga, in Begleitung eines Mannes, Marek, er sollte unser Führer zum Grab sein, um 10 Uhr mit eigenem Auto im Hotel. Wir fuhren knapp 10 km Richtung Tatarow, vor einer Hängebrücke über den Prut stellten wir die Autos ab. Es gibt keine Straße zum Grab, will man dort hin, muss man über diese knapp 1,20 Meter breite, morsche Holzhängebrücke. Zwischen den morschen Brettern konnte man 12

Meter tiefer den Prut sehen. Es war gruselig, da rüber zu gehen, aber wenn es der einzige Weg ist, was blieb mir übrig? Am anderen Ufer führte Marek uns 15 Minuten durch den Wald, dann stand ich vor dem Grab.

Eine baumfreie Fläche von circa 8 mal 8 Metern, um die herum Teile eines zusammengebrochenen Holzzaunes lagen. Die Mitte war mit Gestrüpp überwuchert.

Meine Begleiter blieben respektvoll ein paar Schritte zurück und ich betrat das Grab. Nun stand ich auf der Erde, unter der mein Vater, meine Freunde, unsere Nachbarn, und alle Juden von Mikuliczyn lagen, denen es nicht gelungen war, vor dem letzten Massaker der Deutschen über Rumänien oder durch die Wälder zu den Russen zu fliehen – Kinder, Mütter, Väter, Großeltern – alle!

Seit August 2010 ist das nun mein Grab. Mit Hilfe von Olga, die vor Ort dafür sorgt, dass meine Anweisungen erfüllt werden, wird das Grab langsam bekannt. Junge jüdische Männer waren dort und haben am Grab gebetet, sogar Menschen aus Israel haben das Grab mit Blumen besucht.

Ich habe einen Zaun machen lassen, die Innenfläche säubern und begrünen lassen, eine Bank zum Ruhen und Nachdenken aufstellen lassen, ich habe eine Gedenktafel angebracht. Auf der Tafel steht in russischer Schrift:

> Zur Erinnerung an meinen Vater, Aron Rosenstock,
> und alle Juden von Mikuliczyn,
> die hier am 12. Dezember 1941
> von Deutschen bestialisch ermordet wurden.
> *Ruth Michel Rosenstock*

Ich denke, mein Vater wird mit mir zufrieden sein.